DELIUS KLASING

PATRICK WIEDEMANN

MOUNTAINBIKE PARADIES PFÄLZER WALD

DELIUS KLASING VERLAG

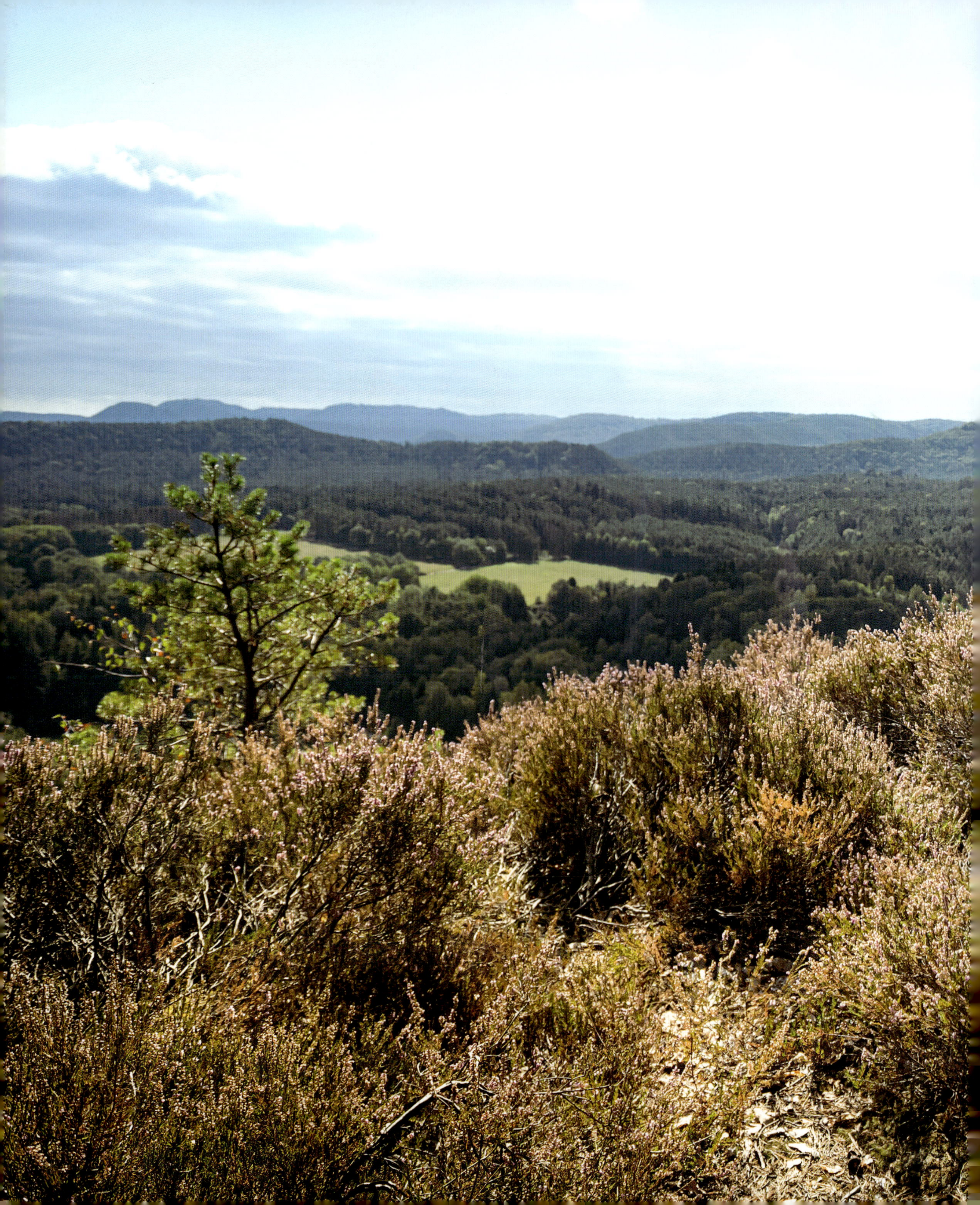

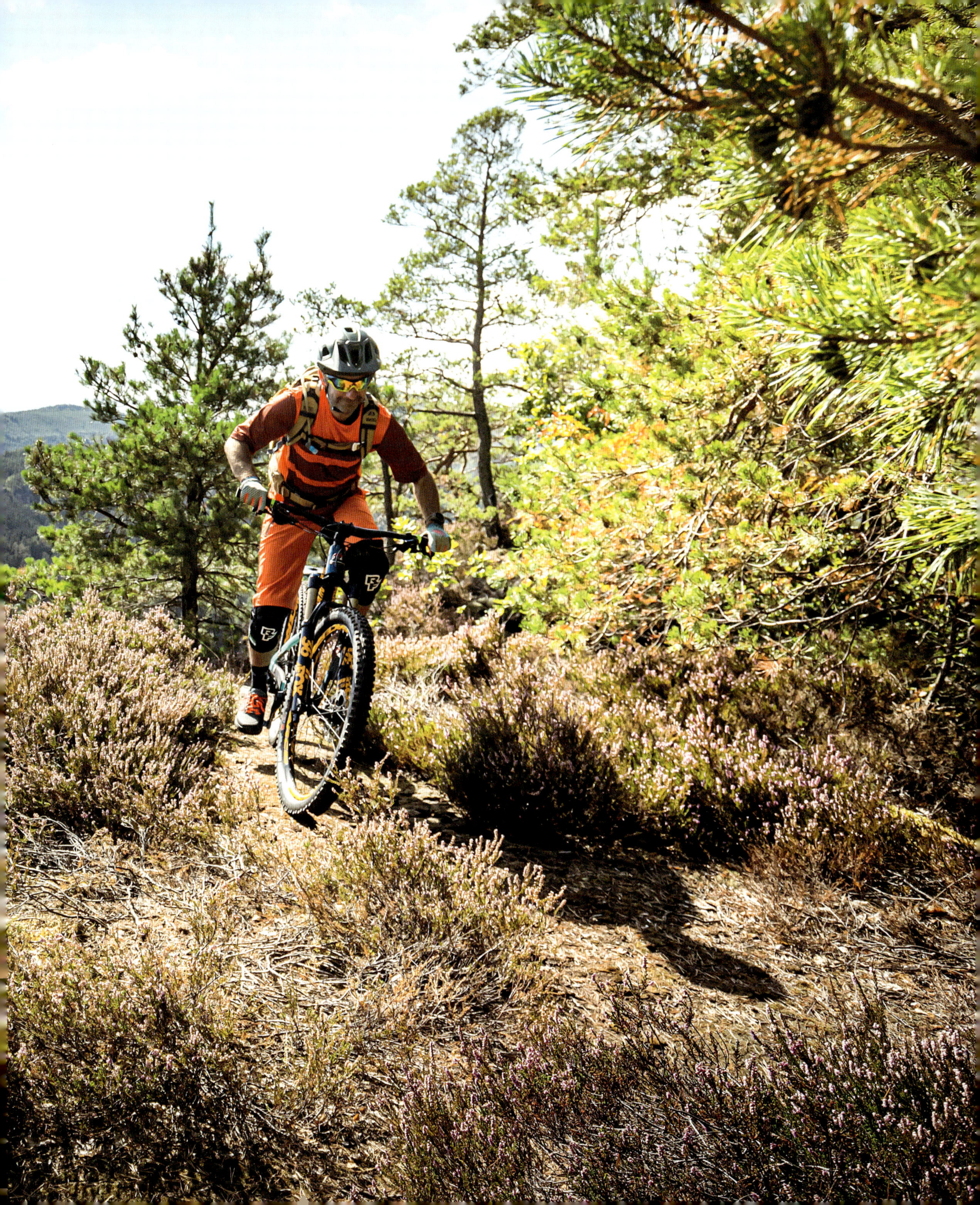

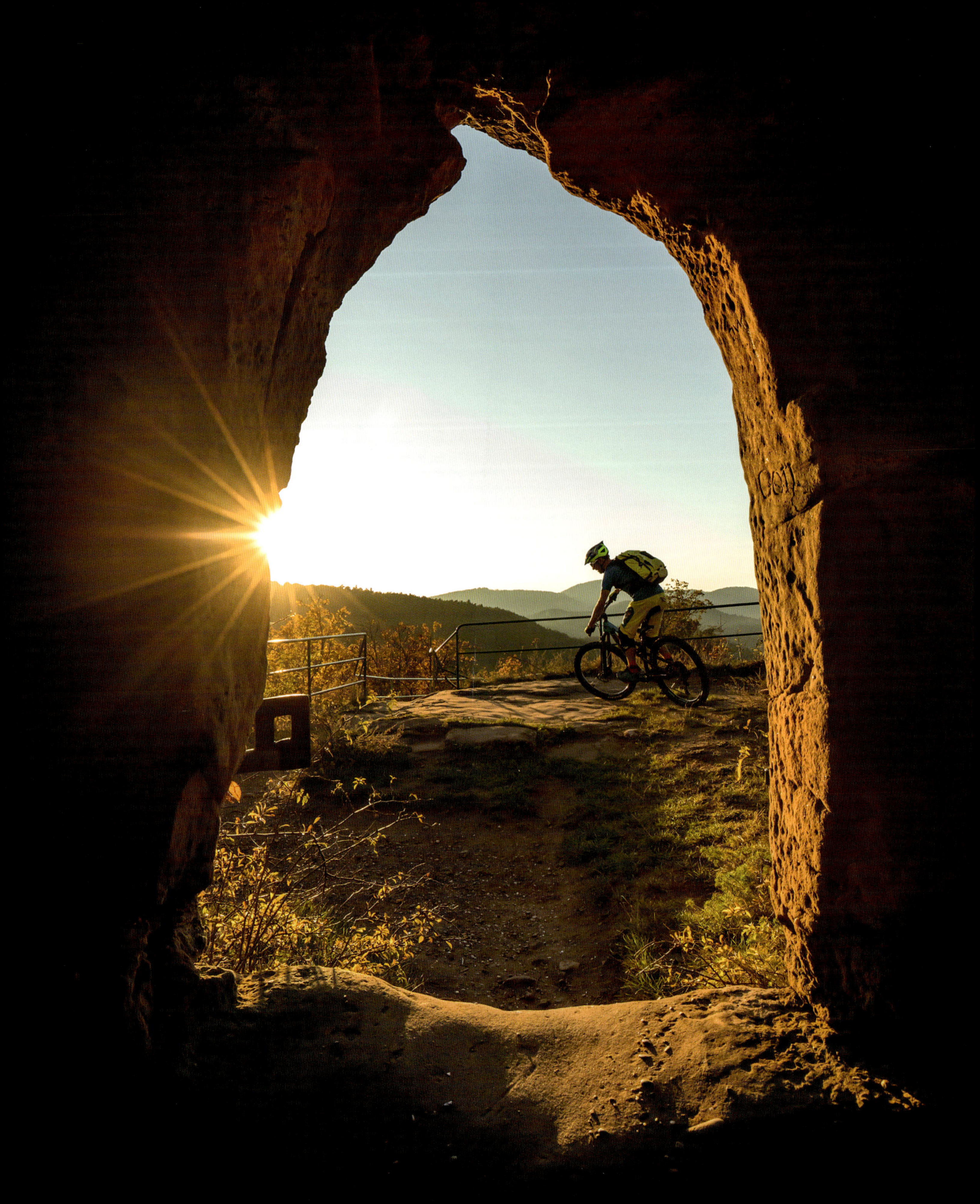

INHALT

Gegenlicht-biken auf dem Burghof.

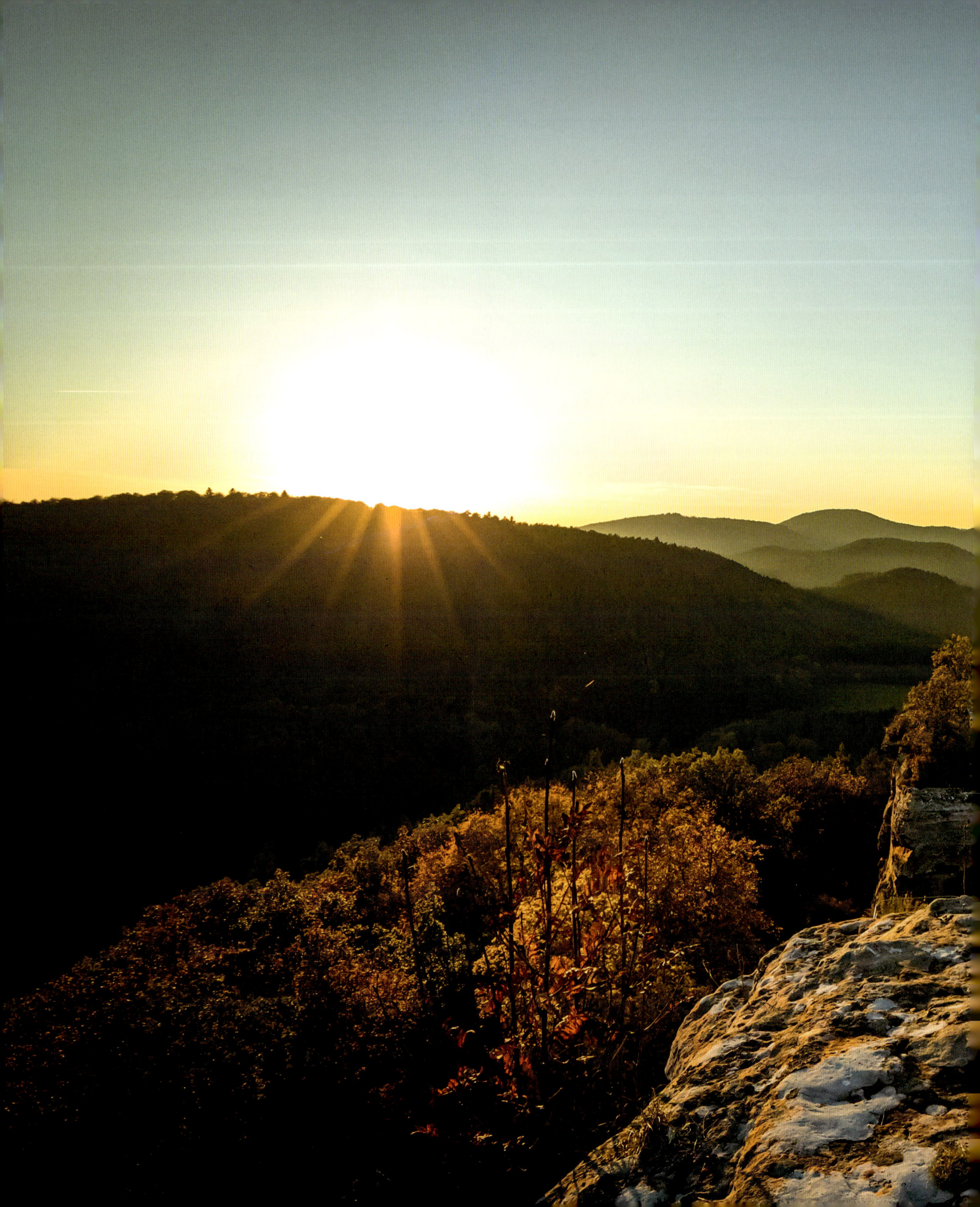

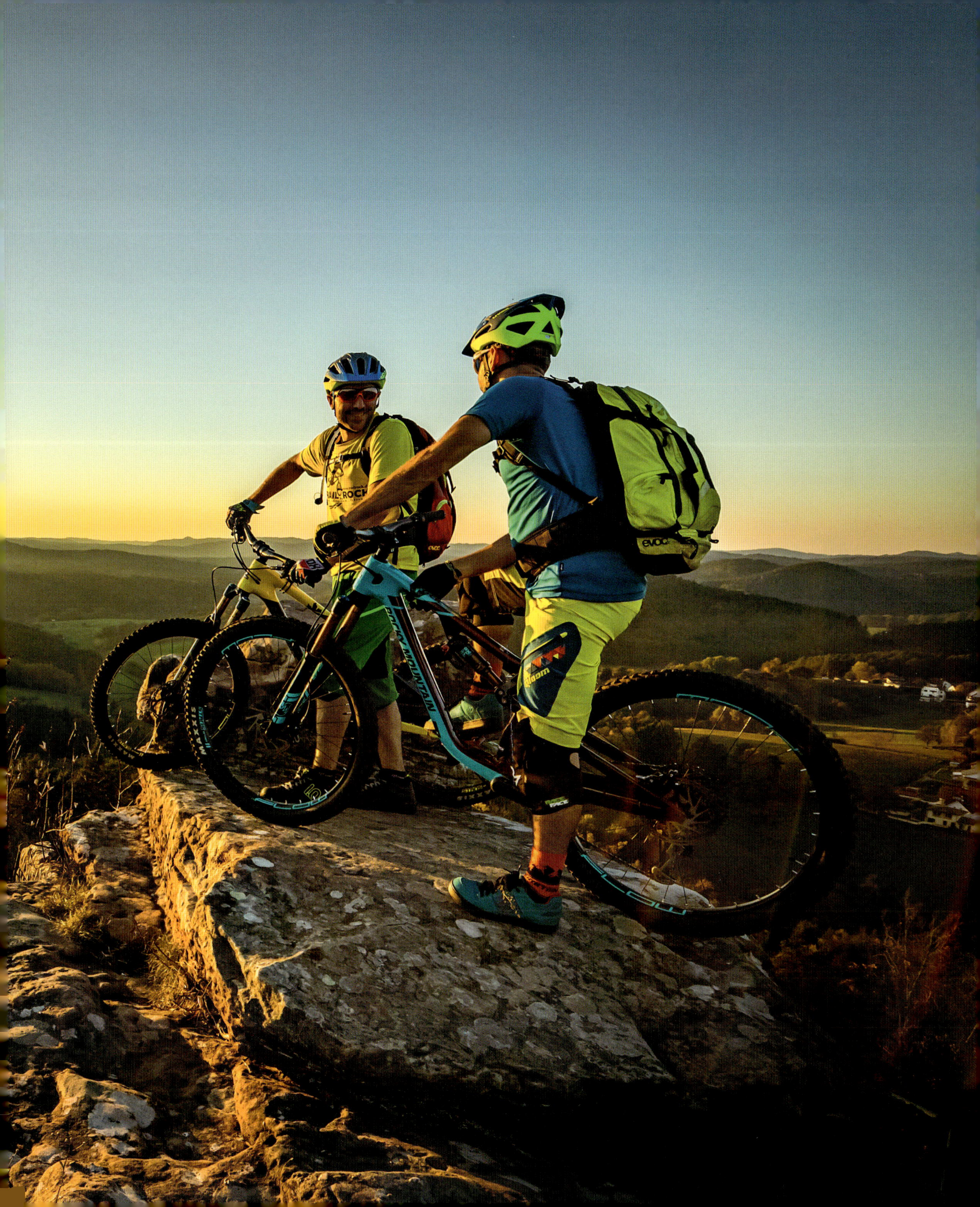
evoc

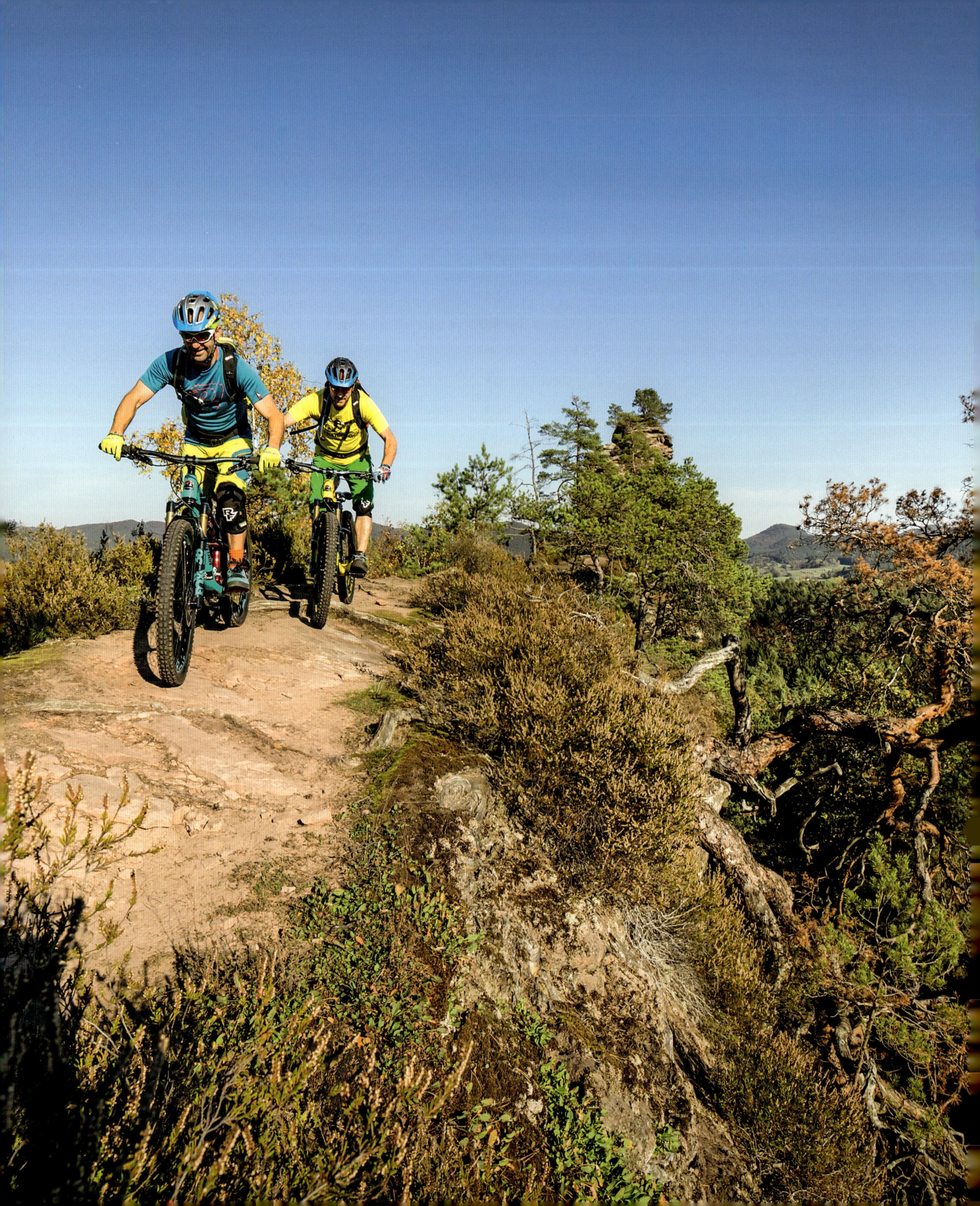

VORWORT

DER PFÄLZERWALD BEFINDET SICH IN RHEINLAND-PFALZ UND IST DAS GRÖSSTE ZUSAMMENHÄNGENDE WALDGEBIET IN DEUTSCHLAND: HUNDERTE BERGE ZWISCHEN 200 UND 670 METER ÜBER NORMALNULL AUF MEHR ALS 160.000 HEKTAR, DIE VON MEHR ALS 12.000 KILOMETER WEGENETZ DURCHZOGEN SIND.

Felsentrail mit Absturzgefahr.

Oft kann man dort stundenlang im Wald spazieren gehen oder auch fahren, ohne auf eine andere Menschenseele zu treffen. Der Wald hat sich seine Ursprünglichkeit bewahrt, und die Natur ist oftmals noch unberührt – zwei herausragende Merkmale dieses Mittelgebirges. Darüber hinaus sind nicht nur eine Anzahl von Burgen über das Land verteilt, sondern findet sich auch gerade im südlichen Teil eine unglaubliche Vielfalt von teils steil aufragenden Felsmassiven, die dem Wald nochmals besonderen Ausdruck verleihen. Diese Buntsandsteinfelsen entstanden Anfang des Erdmittelalters vor circa 250 Millionen Jahren. Damals herrschte in der Pfalz ein Wüstenklima, und hier lagerte sich Sand aus den umliegenden Gebirgen ab; diese zum Teil hohen Sanddünen verfestigten sich zusammen mit getrocknetem Schlamm zum roten Buntsandstein. Die typisch rote Farbe entstand durch den hohen Anteil an Eisenoxid.

Daraus resultieren auch die sehr oft anzutreffenden Felsenburgen, die im Mittelalter das Zentrum des Heiligen Römischen Reiches deutscher Nation bildeten. Diese wurden meist auf massiven Felsen erbaut. Einige Burgen sind noch sehr gut erhalten, andere wurden im Laufe der Jahre bei den Kriegen zerstört oder geschliffen; von ihnen sind nur noch Ruinen vorzufinden.

Bereits im Jahr 1992 erkannte die UNESCO den Pfälzerwald als Biosphärenreservat an, seit 1998 bildet er gemeinsam mit seinem französischen Partner, dem Naturpark Nordvogesen, das einzige grenzüberschreitende Biosphärenreservat Deutschlands. In diesem Gebiet befinden sich Wege, die mit dem Bike zu erkunden eine wahre Freude ist. Der Pfälzerwald gilt als ideales Mountainbikegebiet eben durch seine topografischen Besonderheiten, aber auch durch die oben angeführte facettenreiche Natur.

Biken im Pfälzerwald bedeutet verträumte und verschlungene Pfade, den schnellen Wechsel von steilen Anstiegen und technisch anspruchsvollen Abfahrten, eindrucksvolle Aussichten und Ansichten, romantische Burgen und nicht zuletzt eine herzliche Bewirtung in urigen Hütten. Diese sogenannten Pfälzerwaldhütten gehören zum UNESCO-Kulturerbe und bieten auf nahezu allen in diesem Buch vorgestellten Touren die Möglichkeit zur Einkehr. Die meist von Vereinsmitgliedern des Pfälzerwalds bewirtschafteten Hütten sind bekann für ihre pfälzisch-deftige Kost in der Regel stets mit der Rieslingschorle serviert, des Pfälzers liebstes Getränk.

In diesem Buch werden 25 Tourenvorschläge im Herzen des Mountainbike-Paradieses Pfälzerwald vorgestellt, inklusive ausführlicher Beschreibung und Angeboten, wo man sich stärken sowie übernachten kann. Bei den hier vorgestellten Touren 1 bis 20 handelt es sich um Mountainbike-Touren des Wegenetzes Mountainbikepark Pfälzerwald, die komplett legal über offizielle Trails führen. Dieses Routennetz ist einzigartig in Europa, beinhaltet es doch mehr als 900 Kilometer vollständig ausgeschil-

»DIE EINORDNUNG BEZÜGLICH KONDITION UND FAHRTECHNIK ERFOLGT DIREKT BEI DER JEWEILIGEN TOURVORSTELLUNG. GRUNDSÄTZLICH SOLLTE EINE GEWISSE GRUNDKONDITION VORHANDEN SEIN, WILL MAN BEI DEN BESCHRIEBENEN MOUNTAINBIKE-TOUREN DEN SPASS AN DER SACHE NICHT VERLIEREN.«

derte Wege für Mountainbiker, alle unter dem Label *Mountainbikepark Pfälzerwald.* Die im Buch vorgestellten Mountainbike-Touren 21 bis 25 sind neu zusammengestellte Touren mit teilweise sehr hohem Trailanteil. Diese Routen sind nicht ausgeschildert und nicht exklusiv Mountainbikern vorbehalten.

Biken mit Aussicht.

Die Einordnung bezüglich Kondition und Fahrtechnik erfolgt direkt bei der jeweiligen Tourvorstellung. Grundsätzlich sollte eine gewisse Grundkondition vorhanden sein, will man bei den beschriebenen Mountainbike-Touren den Spaß an der Sache nicht verlieren. Einige Strecken können auch ohne Probleme abgekürzt werden, da sich die Wege unterwegs kreuzen. Außerdem ist es empfehlenswert, dass bereits Erfahrung mit dem Mountainbike im mittleren Gelände und auch auf Trails vorhanden ist.

Die Wege innerhalb des Routennetzes wurden so gewählt, dass keine Schutzräume von Tier und Natur befahren werden. Es handelt sich meist um Forststraßen mit natürlichem oder aber auch geschottertem Untergrund. Die bei den Touren zu befahrenden Trails sind zum größten Teils Naturtrails, die oft einen historischen Hintergrund haben; manchmal aber müssen auch einige Kilometer auf Nebenstraßen überbrückt werden.

Der Fokus dieser Touren liegt auf dem Naturerlebnis und abwechslungs- sowie facettenreichen Strecken.

Viel Vergnügen wünscht
Euer Patrick

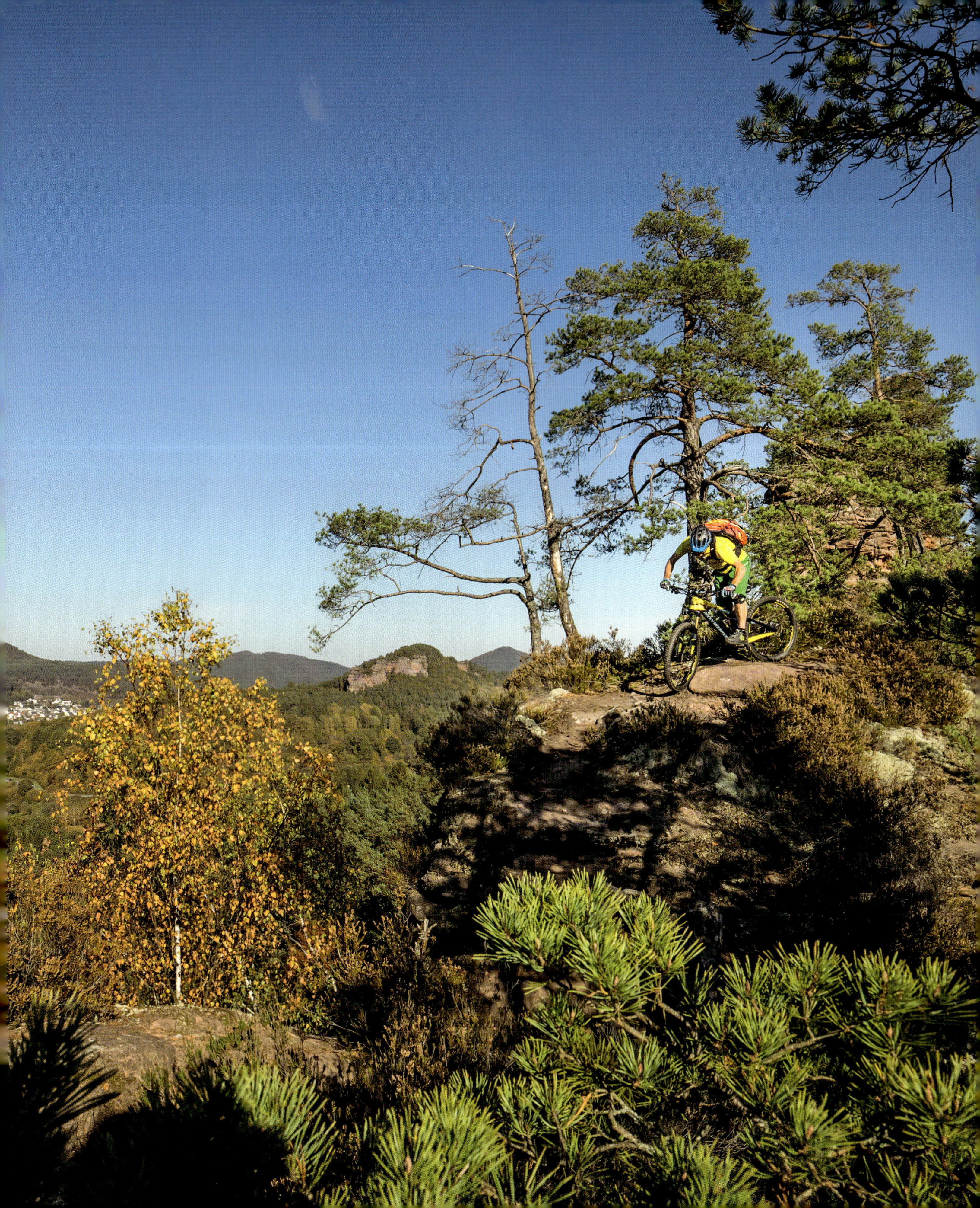

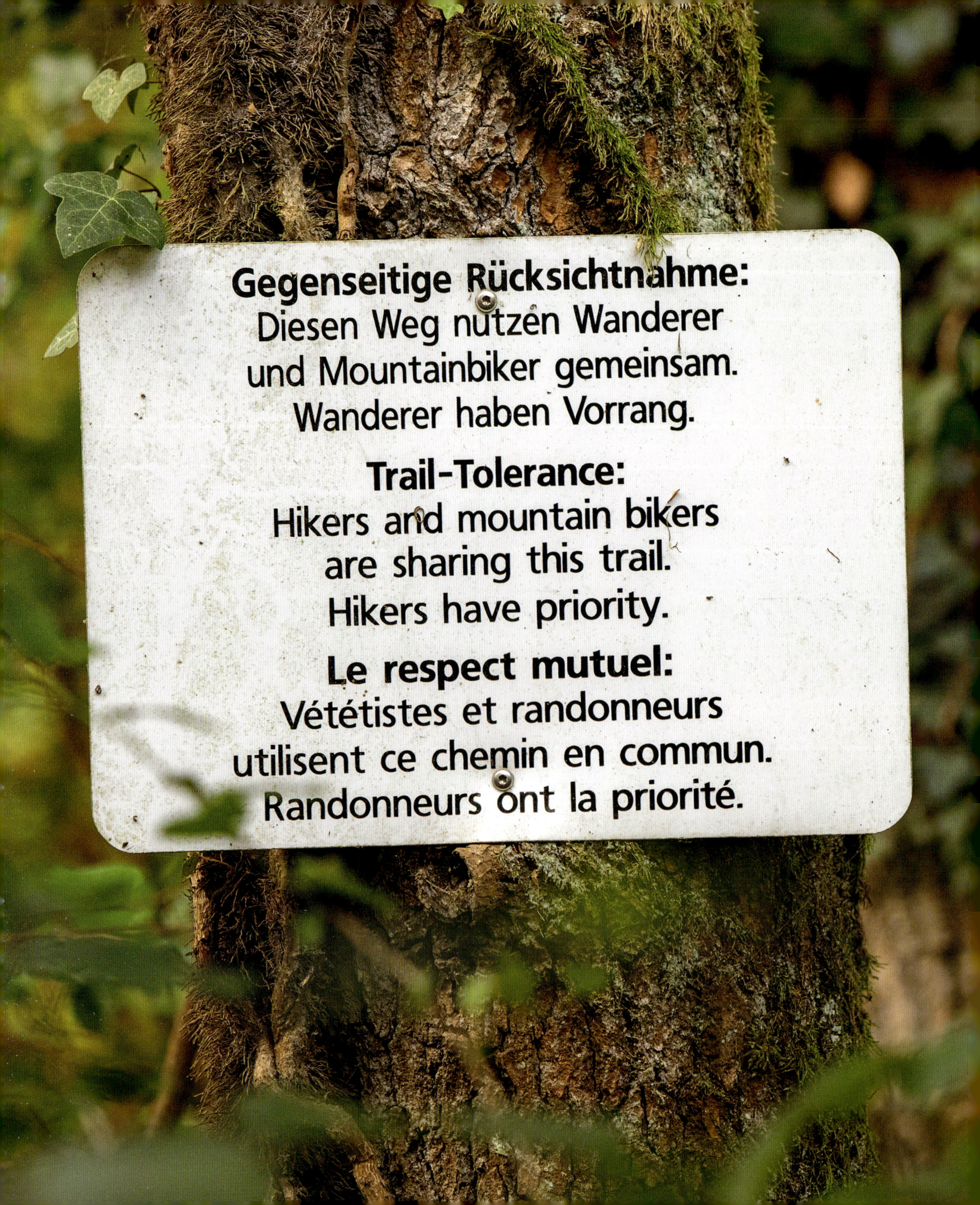
Gegenseitige Rücksichtnahme:
Diesen Weg nutzen Wanderer
und Mountainbiker gemeinsam.
Wanderer haben Vorrang.
Trail-Tolerance:
Hikers and mountain bikers
are sharing this trail.
Hikers have priority.
Le respect mutuel:
Vététistes et randonneurs
utilisent ce chemin en commun.
Randonneurs ont la priorité.

TRAILRULES

SÄMTLICHE IN DIESEM BUCH BESCHRIEBENE TOUREN FINDEN AUF NATURWEGEN STATT, ES HANDELT SICH ALSO NICHT UM ABGESPERRTE UND NUR FÜR BIKER ZUGELASSENE WEGE, WIE ZUM BEISPIEL IN BIKEPARKS. DIE HIER AUFGEFÜHRTEN TRAILRULES HABE ICH IN ANLEHNUNG AN DIE EMPFEHLUNG DER DEUTSCHEN INITIATIVE MOUNTAINBIKE E. V. ERSTELLT, SIEHE AUCH: *WWW.DIMB.DE*. TRAILS UND WEGE SIND GRUNDSÄTZLICH FÜR ALLE NUTZBAR, DESHALB SIND BEI ALLEN TOUREN UNBEDINGT FOLGENDE TRAILRULES ZU BEACHTEN.

Respekt für alle, aber Wanderer genießen stets Vorrang!

01

FAHRE NUR AUF WEGEN!

Fahre nie querfeldein, dabei wird nachhaltig die Natur geschädigt. Fahre demnach nur auf deutlich und mindestens als Trail erkennbaren Wegen. Respektiere auch lokale Wegesperrungen. Forstwirtschaft, Viehtrieb und anderweitige Naturschutzbelange machen sie erforderlich.

02

HINTERLASSE KEINE SPUREN!

Bremse nicht so, dass die Räder blockieren! Blockierbremsungen begünstigen die Bodenerosion und verursachen Wegeschäden. Stelle deine Fahrweise auf den Untergrund und die Wegebeschaffenheit ein. Nicht jeder Weg verträgt jedes Bremsmanöver und jede Fahrweise.

Kürze keine Spitzkehren bzw. Serpentinen durch das vorherige Abfahren der Böschung ab. Schätze hier deine Fahrtechnik, realistisch ein, und steige bei Bedarf ab und schiebe durch die enge Kurve.

03

HALTE DEIN MOUNTAINBIKE UNTER KONTROLLE!

Achte stets darauf, dein Mountainbike zu beherrschen. Unachtsamkeit, auch nur für wenige Sekunden, kann einen Unfall verursachen. Passe die Geschwindigkeit der jeweiligen Situation an. In nicht einsehbaren Passagen können jederzeit Fußgänger, andere Biker oder auch Hindernisse auftauchen.

04

RESPEKTIERE ANDERE NATURBESUCHER!

Wie im Straßenverkehr hat der Fußgänger auf allen Wegen Vorrang! Kündige die Vorbeifahrt frühzeitig an, und zwar so, dass du andere Wegenutzer möglichst nicht erschreckst. Vermindere die Geschwindigkeit beim Passieren auf Schrittgeschwindigkeit, und wenn dir Fußgänger entgegenkommen, hältst du am besten an. Fahre, wenn möglich, nur in kleinen Gruppen!

05

NIMM RÜCKSICHT AUF TIERE!

Alle Tiere in Wald und Flur bedürfen besonderer Rücksichtnahme! Verhalte dich grundsätzlich im Gelände ruhig. Verlasse rechtzeitig bei der Dämmerung den Wald, um die Tiere bei ihrer Nahrungsaufnahme nicht zu stören.

06

PLANE IM VORAUS!

Beginne die Tour möglichst frühzeitig. Prüfe deine Ausrüstung, schätze deine Fähigkeiten richtig ein und wähle die Tour, die du fahren möchtest, entsprechend aus. Schlechtes Wetter oder eine Panne kann die Tour deutlich verlängern. Sei auch für unvorhersehbare Situationen gerüstet.

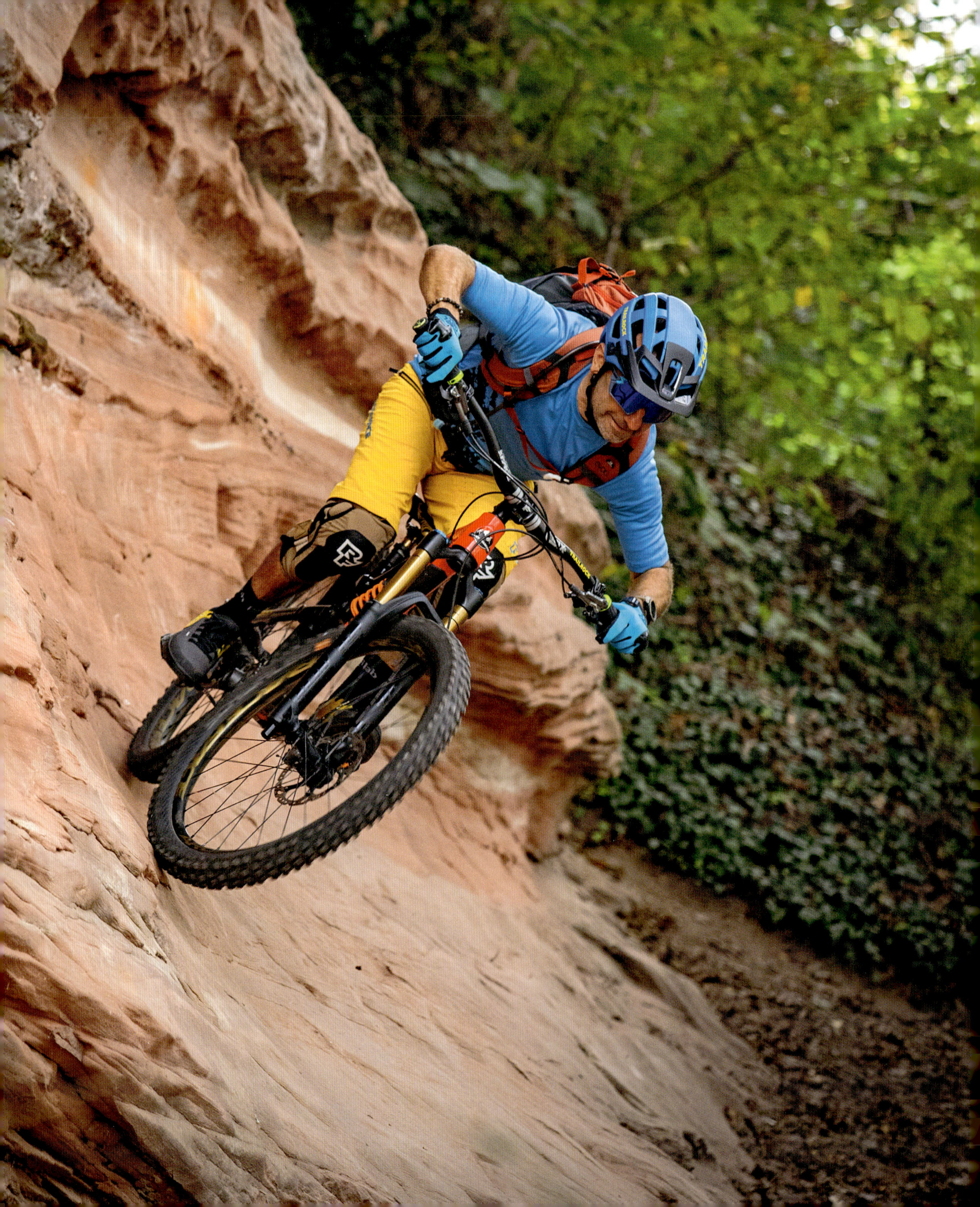

AUSRÜSTUNG

GRUNDSÄTZLICH SOLLTE MAN BEI DEN IM BUCH VORGESTELLTEN TOUREN MIT EINEM MOUNTAINBIKE ODER E-MTB (PEDELEC) UNTERWEGS SEIN, DAS ZUMINDEST MIT EINER FEDERGABEL AUSGESTATTET IST. FÜR MAXIMALEN FAHRKOMFORT EMPFEHLE ICH ALLERDINGS EIN VOLLGEFEDERTES BIKE, EIN SOGENANNTES FULLY. CITY-BIKES ODER TREKKINGBIKES SIND FÜR DIE TOUREN ABSOLUT UNGEEIGNET.

Mit der richtigen Ausrüstung noch mehr Spaß beim Biken.

BREMSEN UND LENKER

Scheibenbremsen mit mindestens 160 Millimeter Umfang bieten, die richtige Bremstechnik vorausgesetzt, ausreichend Sicherheit und Fahrspaß, sie funktionieren auch bei feuchter Witterung bestens. Des Weiteren empfehle ich grobstollige Reifen mit einer Reifenbreite von mindestens zwei Zoll (2,0 und mehr), die auch auf rutschigem Geläuf besten Grip gewährleisten. Die Reifen sollten so mit Luft befüllt werden, dass man sie mindestens eine Stolle oder einen Fingerbreit eindrücken kann, sodass der Reifen auch bei unterschiedlichem Untergrund stets ausreichend Haftung hat. Ein breiter Lenker ist ein Garant für optimale Kontrolle über das Mountainbike. Hier hat sich eine Breite von 70 bis 78 Zentimetern durchgesetzt, allerdings hängt die Wahl der Lenkerbreite auch immer stark von persönlicher Vorliebe und Körperbau ab.

RÄDER

Grundsätzlich hat man unabhängig von der gewählten Laufradgröße bei diesen Touren seinen Spaß. Größere Laufräder mit 29 Zoll bringen mehr Laufruhe und Kontrolle, wobei sich bei einem 27,5-Zoll-Bike die vielen Spitzkehrenwege wohl ein wenig agiler fahren lassen.

SCHALTUNG

Der Pfälzerwald ist zwar gespickt mit steilen Rampen, bei einem entsprechenden Übersetzungsverhältnis können diese aber allesamt im Sattel bezwungen werden. Die modernen 12-fach- oder 11-fach-Schaltungen sind völlig ausreichend, aus meiner Sicht ideal ist allerdings ein Kettenblatt mit 32 Zähnen.

HELM

Ich empfehle stets, auf dem Bike einen Fahrradhelm zu tragen, der optimal auf die jeweilige Kopfform ausgerichtet sein sollte. Die seitlichen Stabilisierungsriemen sollten unterhalb des jeweiligen Ohres zusammengeführt werden, der Kinnverschluss so geschlossen sein, dass höchstens ein Fingerbreit Platz zwischen Riemen und Helm ist. Der Helm darf auch bei Erschütterungen auf dem Bike nicht verrutschen. Hierzu können die meisten modernen Helme am Hinterkopf nochmals mit einem Verschluss nachjustiert und festgezogen werden. Helme, die bereits einen Sturz aushalten mussten, sind genauestens zu untersuchen und im Zweifelsfall auszutauschen.

BRILLE

Ein weiterer großer Sicherheitsaspekt ist darüber hinaus die Brille: Gerade die vielen Äste und Zweige, die in die Wege hineinragen, aber auch aufgewirbelter Sand, Matsch und Steine bergen stets eine Gefahr für die Augen, die durch die geeignete Wahl der Brille geschützt sind. Stark verspiegelte oder auch dunkle Brillen sind im Pfälzerwald nicht optimal, da die Routenführung oft im Wechselspiel von Schatten und Licht erfolgt und es auch im dichten Wald eher dunkel ist.

KLEIDUNG

Zum Mountainbiken sollte man geeignete und funktionelle Kleidung tragen. Funktionsshirts, die schnell trocknen, bringen einen angenehmen Tragekomfort mit. Gleiches gilt für Bikehosen, die einen Schutz vor dem Hängenbleiben an Ästen etc. bieten können. Grundsätzlich empfehle ich, stets eine Windjacke und Regenkleidung dabeizuhaben, um nicht bei Wetterkapriolen buchstäblich im Regen zu stehen.

PROTEKTOREN

Mittlerweile gibt es Knie- sowie Schienbein- und Ellbogenschoner, die sich angenehm tragen lassen, ohne dass sie sich wie ein Störfaktor anfühlen. Gerade bei anspruchsvollen Touren und Trails sollten sie niemals fehlen.

VERPFLEGUNG

Viele der Touren sind lang und sehr fordernd, nicht immer kann garantiert werden, dass man sich unterwegs mit Verpflegung eindecken kann. Also besser vorab mit einigen Gels und Riegeln verproviantieren und immer Wasser nachfüllen, wenn es möglich ist.

WERKZEUG

Als Zusatzausstattung im Rucksack empfehle ich immer ein sogenanntes Minitool mit dem gängigen Werkzeug. Des Weiteren sollte die absolute Standardausrüstung wie Luftpumpe, Ersatzschlauch, Reifenheber oder auch Dichtmilch keinesfalls fehlen.

TECHNIK

Das Smartphone ist mittlerweile ein ständiger Begleiter von uns und sollte ebenfalls auf allen Touren mit dabei sein, um im Notfall Hilfe rufen zu können.

E-MTB:

Alle in diesem Buch vorgestellten Touren können auch mit Pedelec/E-MTB gefahren werden. Tragepassagen sind in keiner Tour enthalten. Es kann allerdings aufgrund von streckenbezogenen Hindernissen wie umgestürzten Bäumen oder heruntergefallenen Ästen zu kurzen Schiebepassagen kommen. Außerdem ist gerade bei Trailauffahrten die fahrtechnische Einordnung der jeweiligen Tour zu beachten.

Die genannten Pausenstopps und Restaurants können genutzt werden, um den Akku zu laden, einige bieten mittlerweile sogar fest installierte Ladestationen an.

Grundsätzlich sollte man nur mit vollständig geladenem Akku losfahren. Sein Akkumanagement sollte man so ausrichten, dass der Akku entweder unterwegs nachgeladen oder aber die Tour auch gänzlich ohne Nachladen gefahren werden kann.

Mitten durch den oftmals einsamen und verwunschenen Pfälzerwald.

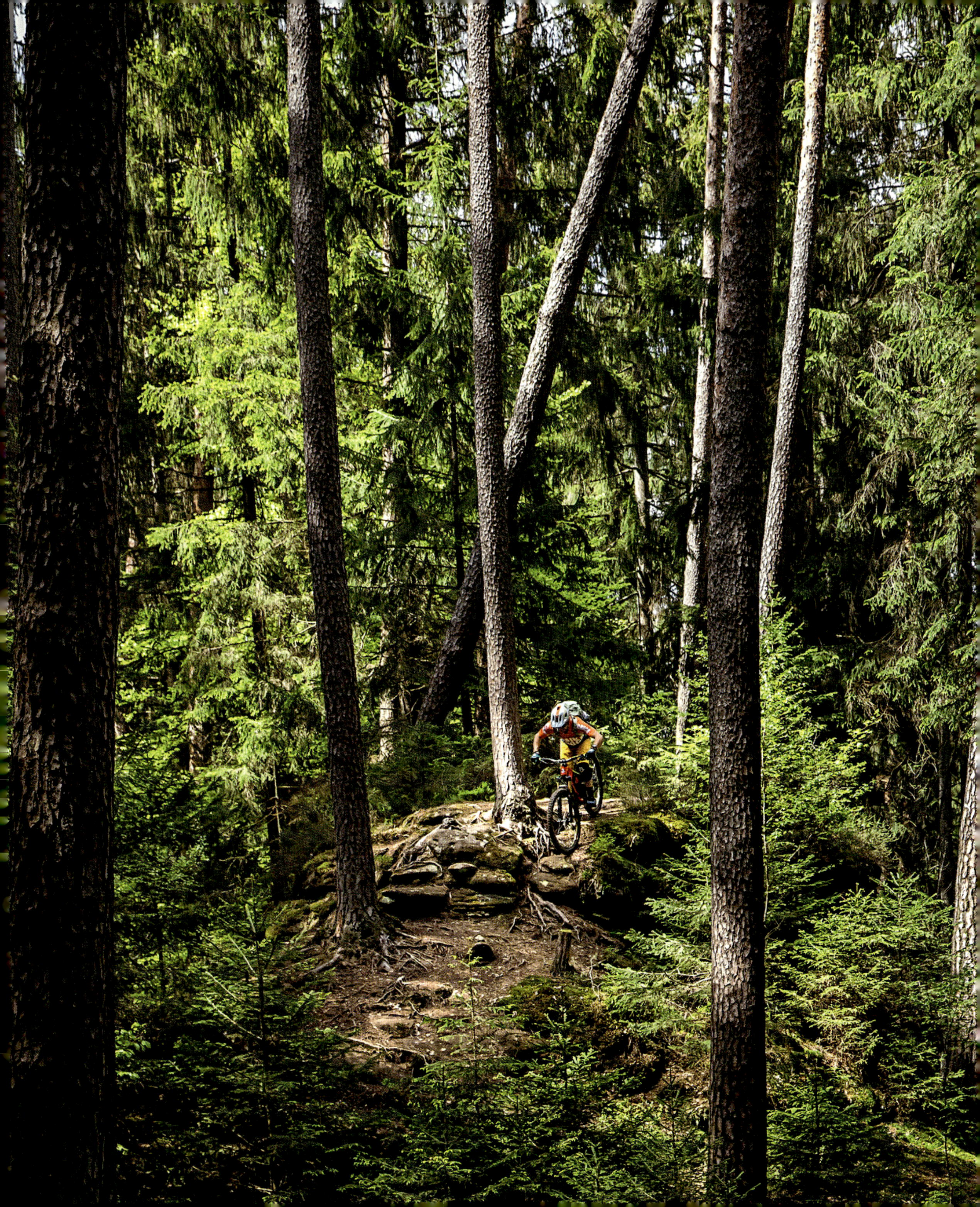

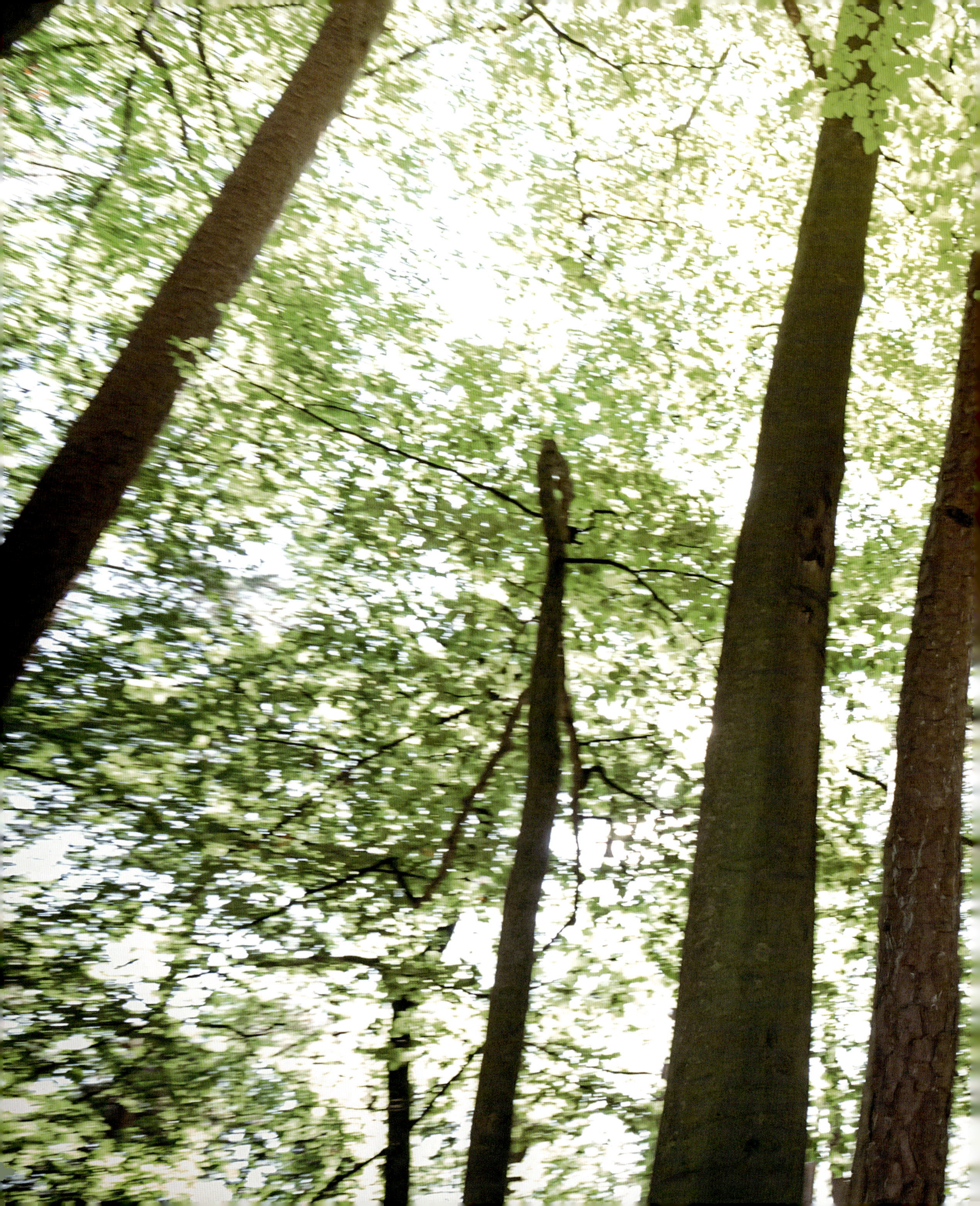

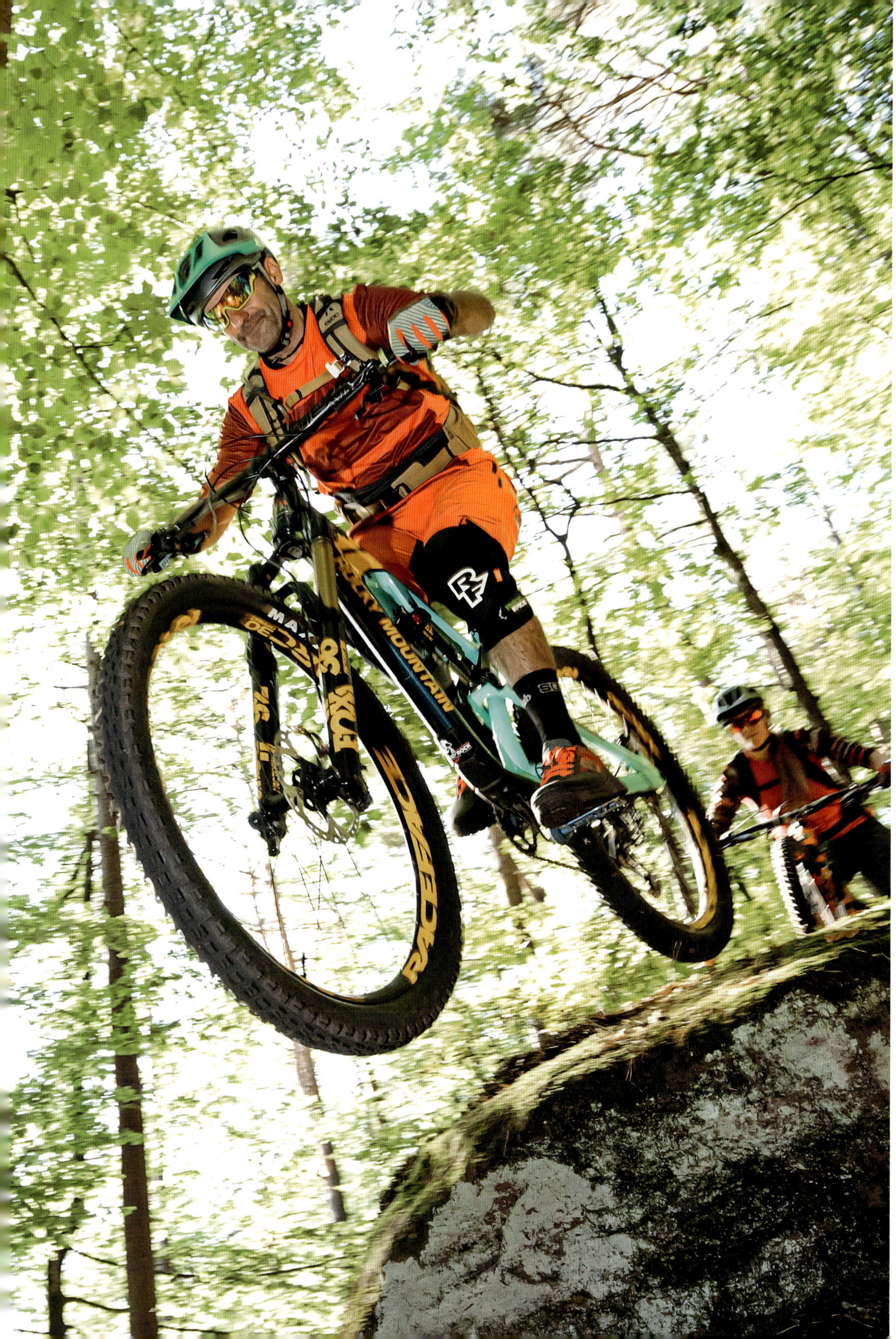

FAHRTECHNIK

EINFÜHRUNG

»DIE FAHRTECHNIK SOLLTE STETIG GESCHULT UND NACHHALTIG EINGEÜBT WERDEN, NUR SO ERZIELT MAN ERFOLGE UND WIRD ZUSEHENDS BESSER.«

Auf den folgenden Seiten werden einige Fahrtechnikgrundlagen erläutert, mit denen man auf den Touren, gerade auch auf anspruchsvolleren Passagen, nicht nur mehr Spaß hat, sondern auch sicherer unterwegs ist.

Die Fahrtechnik sollte stetig geschult und nachhaltig eingeübt werden, nur so erzielt man Erfolge und wird zusehends besser.

Darüber hinaus ist es empfehlenswert, einen Fahrtechnikkurs zu besuchen, hier werden nicht nur die Grundlagen der modernen Fahrtechnik zielführend erklärt, sondern auch unter den Augen eines ausgebildeten Fahrtechniklehrers einstudiert, der direkt Feedback und Verbesserungsvorschläge geben kann. Hierbei werden auch fehlerhafte Techniken korrigiert, die sich (möglicherweise) im Laufe der Zeit eingeschlichen haben.

Mit der richtigen Fahrtechnik grinst auch der Nachwuchs.

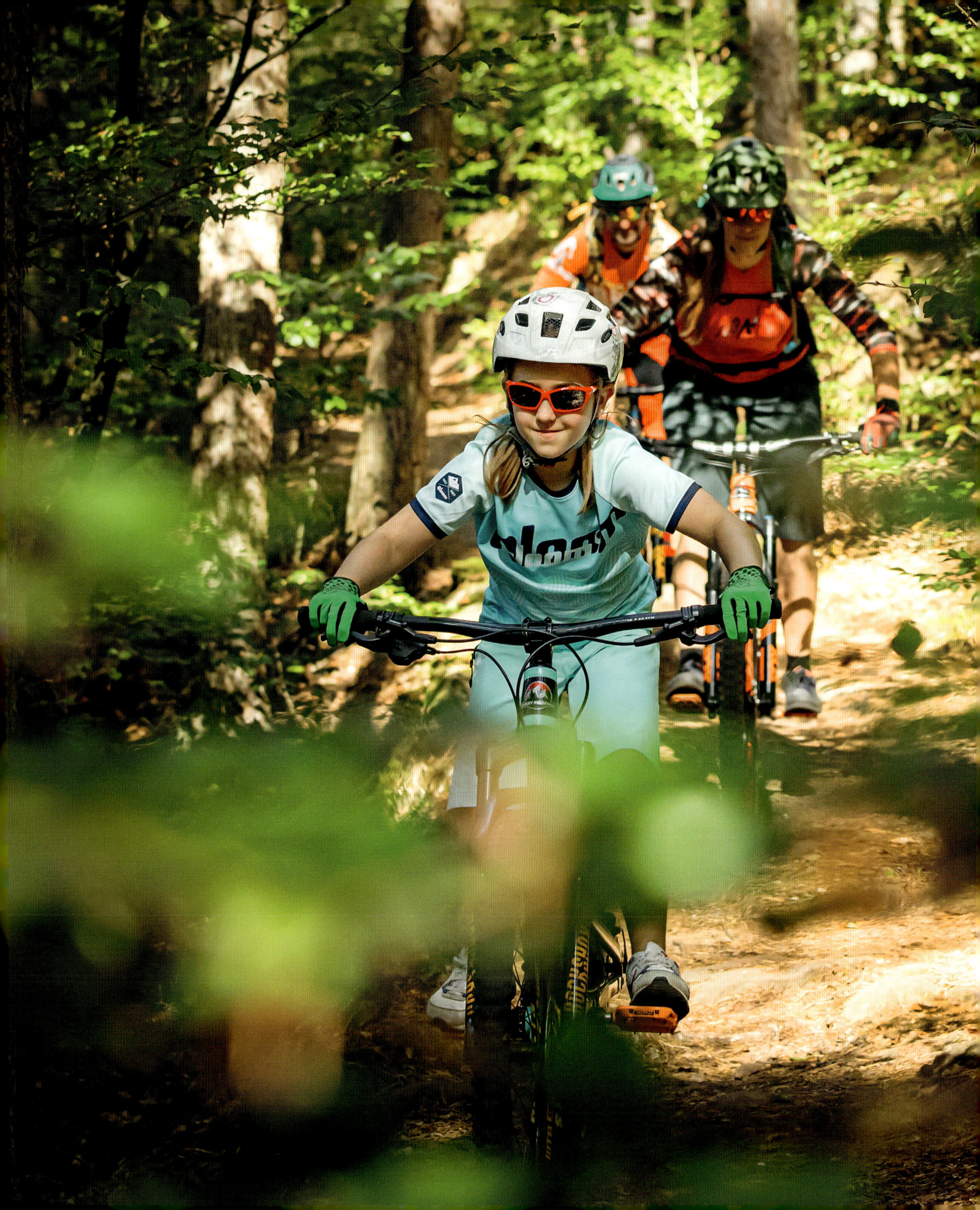

GRUNDPOSITION

Die sogenannte Grundposition ist die wichtigste Abfahrtsposition beim Mountainbiken. Sie wird im einfachen bis mittelschweren Gelände benötigt, um zum Beispiel Forststraßen oder Trails ohne große Hindernisse zu befahren. Sie dient auch als Entspannungsposition nach anspruchsvollen Passagen, da die Grundposition sehr kraftsparend gehalten werden kann. Der Bewegungsablauf ist darüber hinaus Ausgangs- und Endpunkt vieler anderer Fahrtechniken, wie beispielsweise richtiges Bremsen, Balance halten, Kurven richtig nehmen u. v. m.

Die Grundposition, auch Zentralposition genannt, kennzeichnet sich durch lockeres, entspanntes Stehen; das Körpergewicht verteilt sich gleichmäßig auf beide Pedale, wobei der Körperschwerpunkt zentral über dem Tretlager liegt und der Lenker ohne Last sicher gehalten wird.

Die Grundposition auf ebenem und einfachem Untergrund.

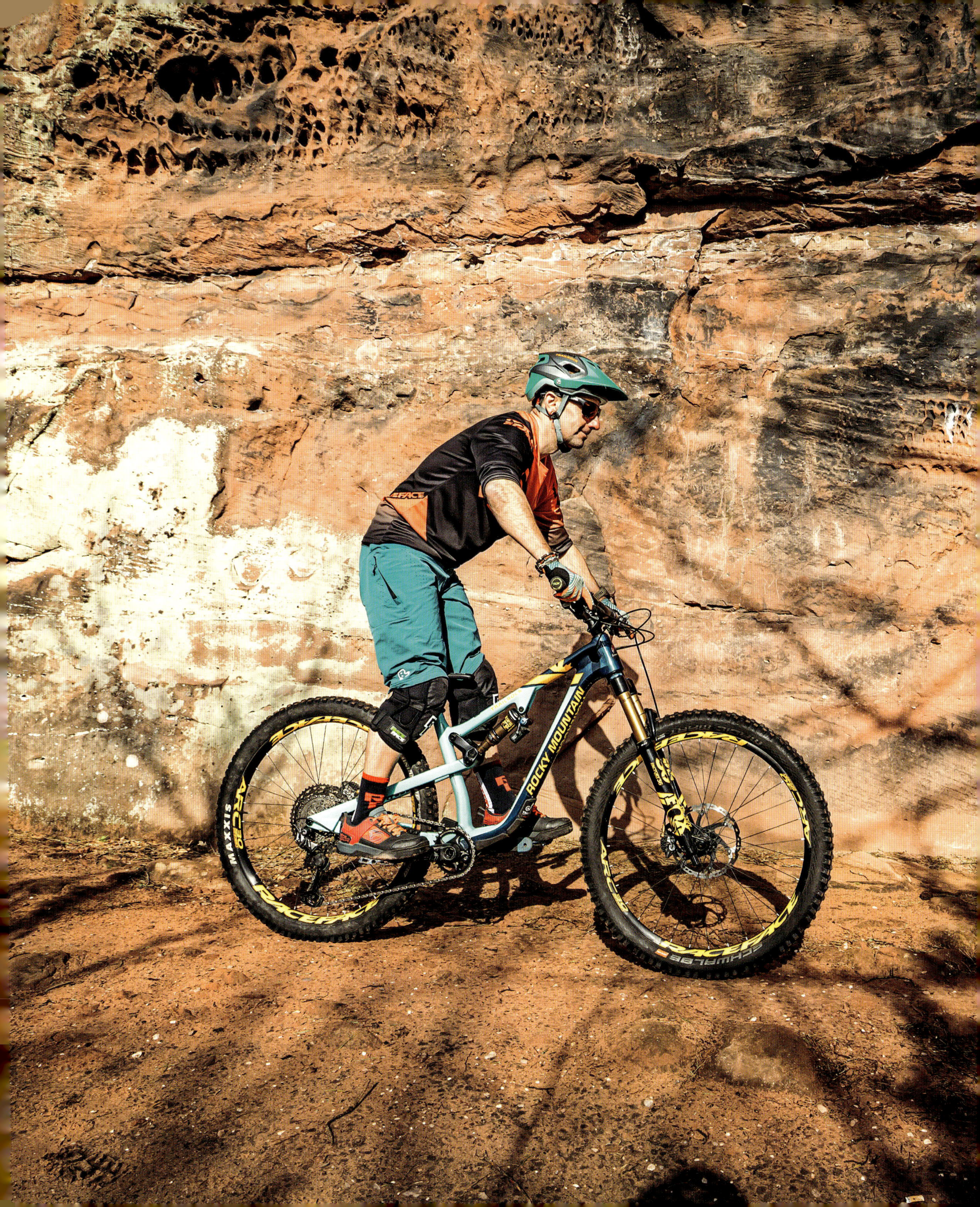
ROCKY MOUNTAIN
MAXXIS

GRUNDPOSITION

IM DETAIL ERGIBT SICH FOLGENDES BILD:

01
LEICHT GEBEUGTE ARME, ELLENBOGEN ZEIGEN NACH AUSSEN, LOCKERE HALTUNG

02
EINSATZBEREITE, AUFRECHTE UND LOCKERE BEINE

03
GESAMTES KÖRPERGEWICHT LASTET GLEICHMÄSSIG AUF BEIDEN PEDALEN

04
FÜSSE SIND WAAGERECHT ODER FERSE LEICHT ABGESENKT

05
KURBELN SIND WAAGERECHT

06
KÖRPERSCHWERPUNKT LIEGT MITTIG ÜBER DEM TRETLAGER

07
HÄNDE UMSCHLIESSEN SICHER DEN LENKER, OHNE IHN ZU SEHR ZU BELASTEN

08
ZEIGEFINGER LIEGEN BREMSBEREIT AM GRIFF DER JEWEILIGEN BREMSE

09
DER KOPF IST NACH VORN GERICHTET, DER RÜCKEN GERADE

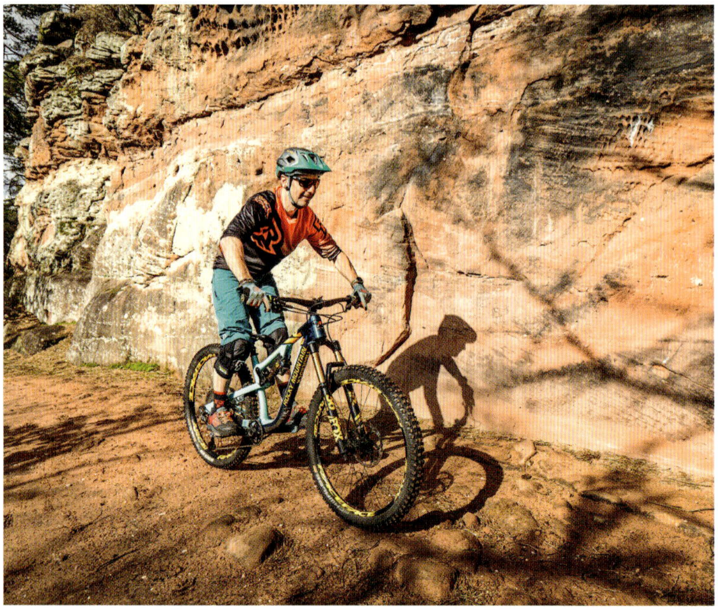

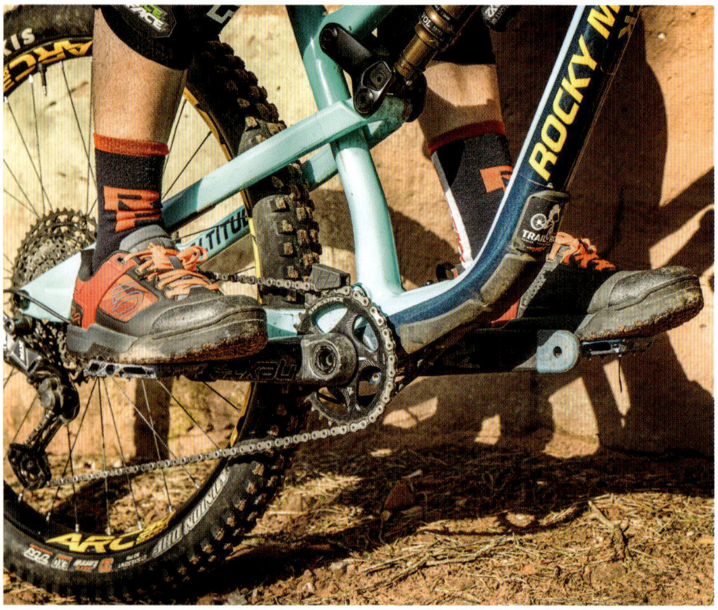

Lockere, entspannte Haltung: Die Füße stehen nahezu mittig auf den Flatpedalen, die Kurbel ist waagerecht ausgerichtet.

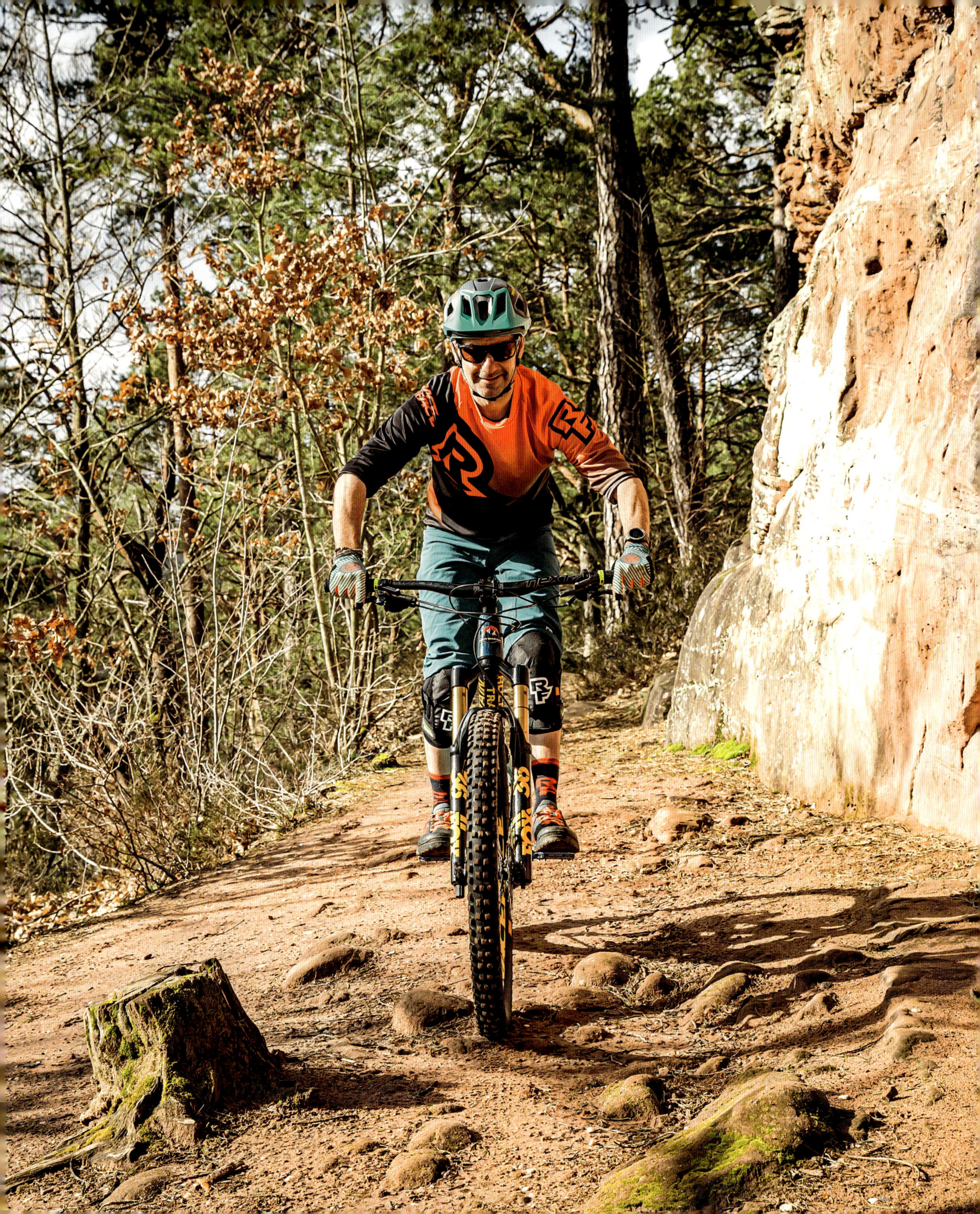

AKTIVIERUNG ODER ANSPRUCHSVOLLE PASSAGEN MEISTERN

Ist man in steilerem Gefälle oder auf unruhigem Untergrund unterwegs, also im fahrtechnisch anspruchsvollen Gelände, und trifft dort auf höhere Wurzeln, Stufen oder rutschigen Boden, ist die Position auf dem Bike entsprechend anzupassen. Dafür muss man aus der zuvor erläuterten Grundposition heraus eine sogenannte Aktivierung vornehmen. Hierzu wird der Oberkörper Richtung Steuersatz/Lenker abgesenkt, die Arme werden dadurch stärker gebeugt, und auch die Ellenbogen zeigen stärker nach außen. So wird mehr Körperspannung aufgebaut, sodass sich das Bike besser beherrschen lässt.

Auf schwierigem Untergrund arbeiten Arme und Beine meist nicht synchron, doch durch den tiefen Oberkörper und die locker gehaltenen Beine wird die Dynamik unterstützt und Unebenheiten im Gelände besser absorbiert. Wichtig dabei ist, auch bei stark abgesenktem Oberkörper den Körperschwerpunkt stets mittig über dem Tretlager zu halten.

Gerade bergab bei Absätzen, Stufen, hohen Wurzeln oder steilen Passagen sollte der Oberkörper sehr stark abgesenkt werden, die Beine bleiben nahezu gestreckt, aber locker. So kann hier der mittlere Schwerpunkt gehalten werden. Ist das Hindernis überwunden, werden die Beine wieder gebeugt und man erreicht so einen tiefen Schwerpunkt.

Nach der Aktivierung sollte wieder in die entspannte Grundposition zurückgekehrt werden.

Anfahrt in einer anspruchsvolleren Passage.

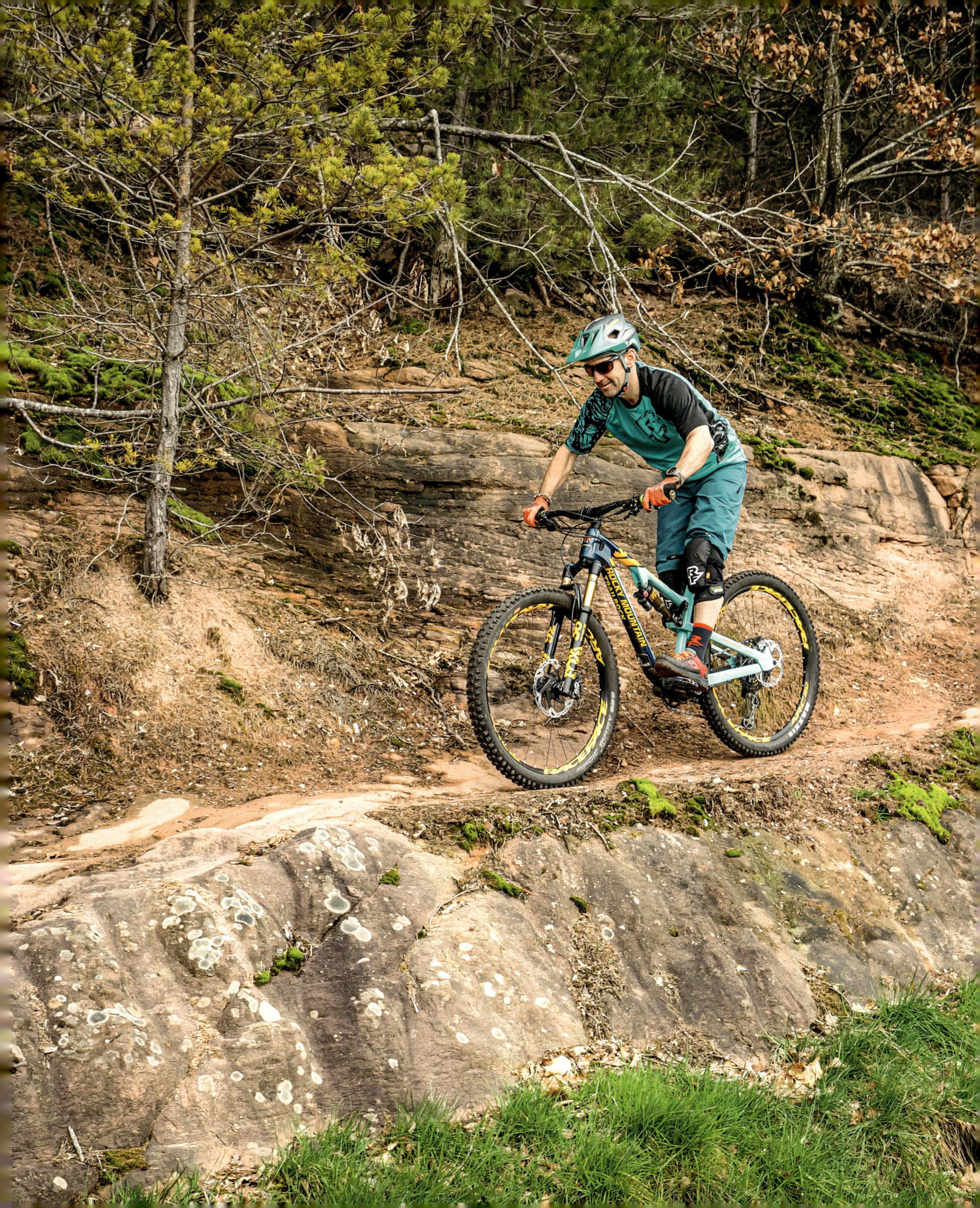

AKTIVIERUNG

DIE AKTIVIERUNG KENNZEICHNET SICH DURCH FOLGENDE MERKMALE:

01
OBERKÖRPER SENKT SICH AB

02
ARME WERDEN STÄRKER GEBEUGT, ELLENBOGEN ZEIGEN STÄRKER NACH AUSSEN

03
BEINE SIND LOCKER UND NICHT VERKRAMPFT, SIE FEDERN BODENUNEBENHEITEN LOCKER AB

04
KÖRPERSPANNUNG HALTEN

05
DER KÖRPERSCHWERPUNKT BEFINDET SICH ÜBER DEM TRETLAGER

06
DAS KINN BEFINDET SICH ÜBER DEM VORBAU

07
FINGER LIEGEN BREMSBEREIT AM BREMSHEBEL, DIE KURBELN STEHEN WAAGERECHT

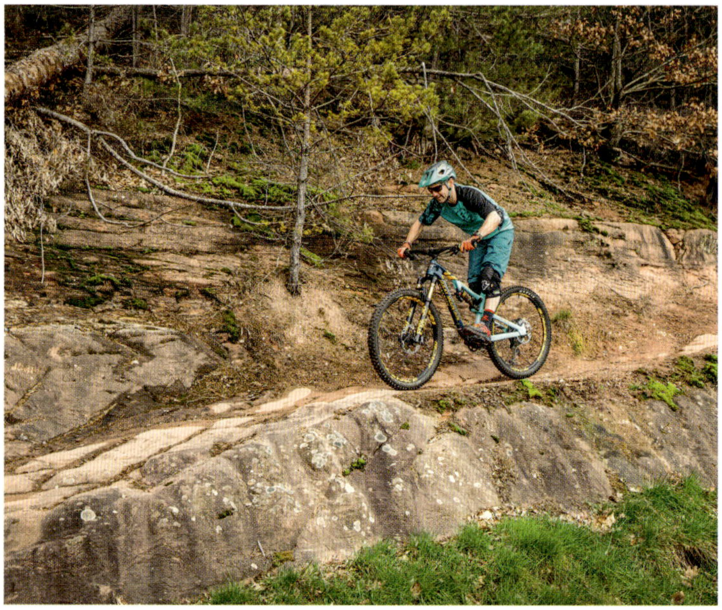

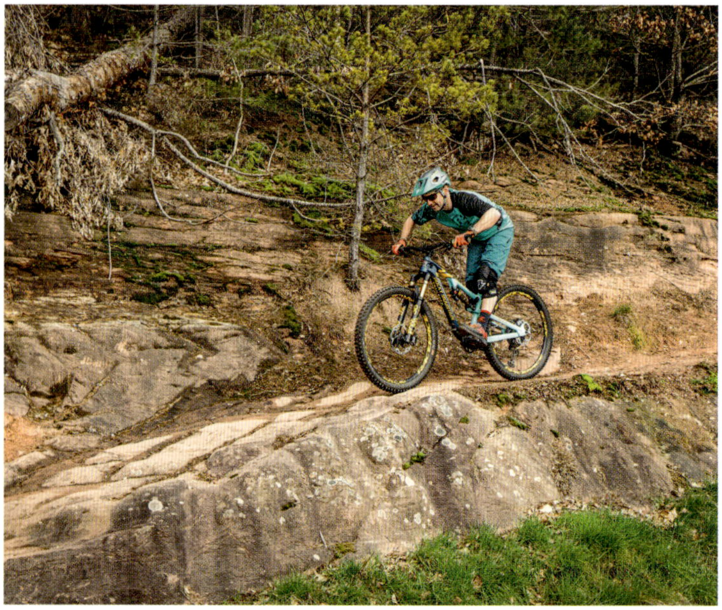

Je schwieriger der Weg, desto tiefer ist der Oberkörper gebeugt und desto stärker sind die Arme angewinkelt. Der Blick richtet sich auf den weiteren Trailverlauf.

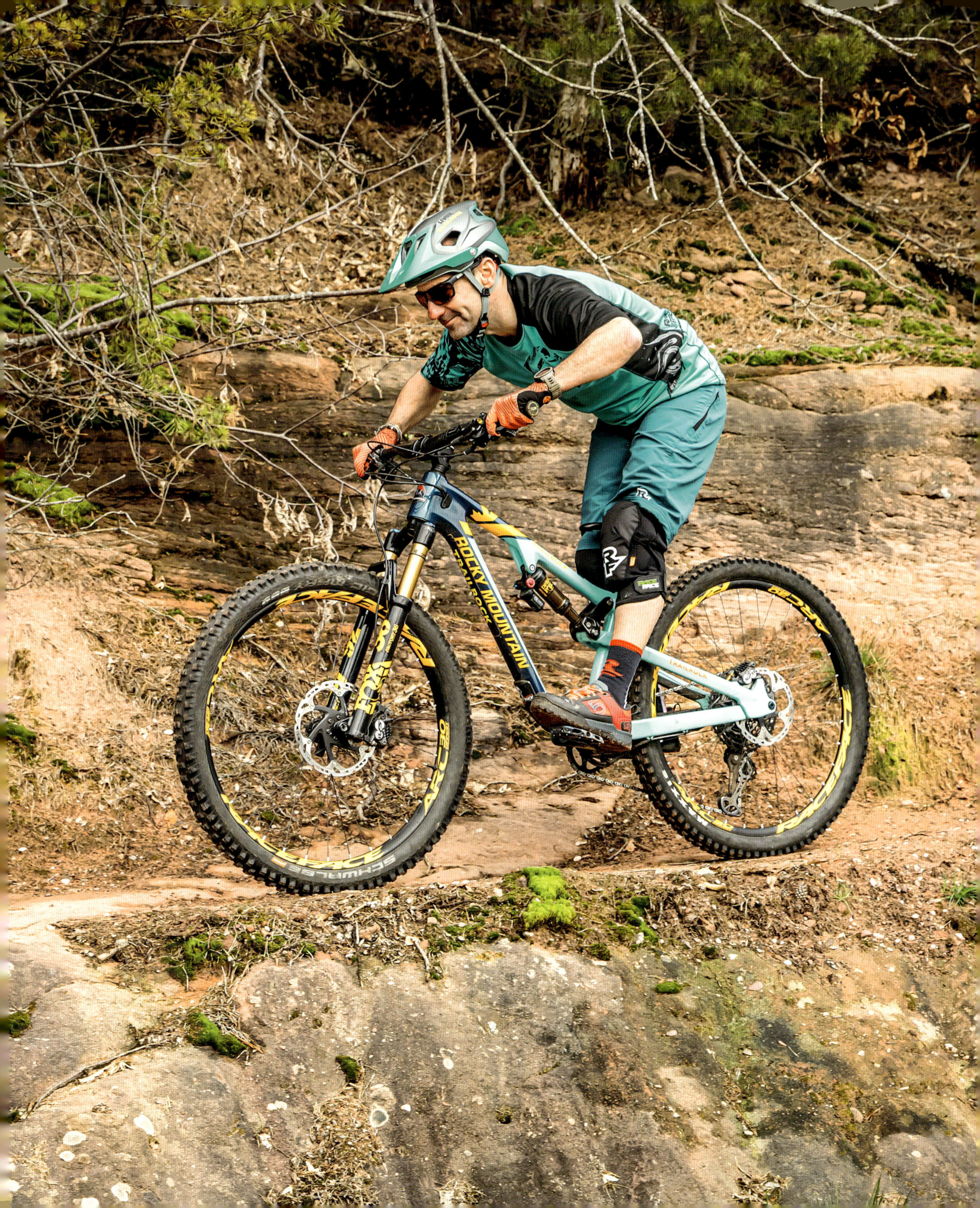
ROCKY MOUNTAIN

EFFEKTIVES BREMSEN
MIT DER RICHTIGEN UND DOSIERTEN BREMSTECHNIK

Für dynamisches Biken ist die richtige Bremstechnik unabdingbar, sie erhält den Fahrfluss aufrecht und dient als Grundlage für kommende Fahrsituationen. Mit den modernen Scheibenbremsen an unserem Mountainbike haben wir die Möglichkeit, bei Abfahrten die Geschwindigkeit durch gefühlvolles Ziehen der Bremsen zu halten oder aber auch fein dosiert zu reduzieren, ggf. bis zum Stillstand. Hierbei gilt es jedoch viel mehr zu beachten, als nur die Bremshebel zu betätigen: Es muss gezielt Körperspannung aufgebaut werden, um den einwirkenden Bremskräften bewusst entgegenzuwirken und das Bike gleichmäßig abzubremsen, ohne dass man ins Rutschen kommt. Die Hauptbremskraft liegt beim Mountainbike an der Vorderradbremse, je nach Gefälle und Geschwindigkeit kommt man auf 80 bis 95 Prozent. Aber auch die Hinterradbremse ist von erheblicher Bedeutung, nicht nur um zu unterstützen, sondern auch um die Balance zu halten.

Grundsätzlich sollten immer gleichmäßig beide Bremsen betätigt werden. In anspruchsvollem Gelände oder auf rutschigem Untergrund kann es auch vorkommen, dass verzögert oder vorn und hinten unterschiedlich stark gebremst werden muss. Hierbei ist es wichtig, den sogenannten Druckpunkt zu finden, ab dem Fingerkraft zum Bremsen erforderlich ist. Dann liegen die Bremsbeläge an der Bremsscheibe an; betätigen wir den Hebel weiter, entfalten wir dadurch Bremsdruck, der gefühlvoll aufgebaut und dosiert werden kann.

Ausgangspunkt jedes Bremsvorgangs ist die Grundposition, die wir je nach Stärke abwandeln zu einer mittleren bis starken Aktivierung. Je weniger Bremsweg vorhanden, je mehr Körperspannung muss aufgebaut werden. Ziel ist es, bei jedem noch so starken Bremsvorgang den mittleren Schwerpunkt in unserem Bike stabil zu halten, sodass er sich nicht verlagert, vor allem nicht in Richtung Lenker und darüber hinaus.

Konzentrierte Anfahrt zur richtigen Bremstechnik.

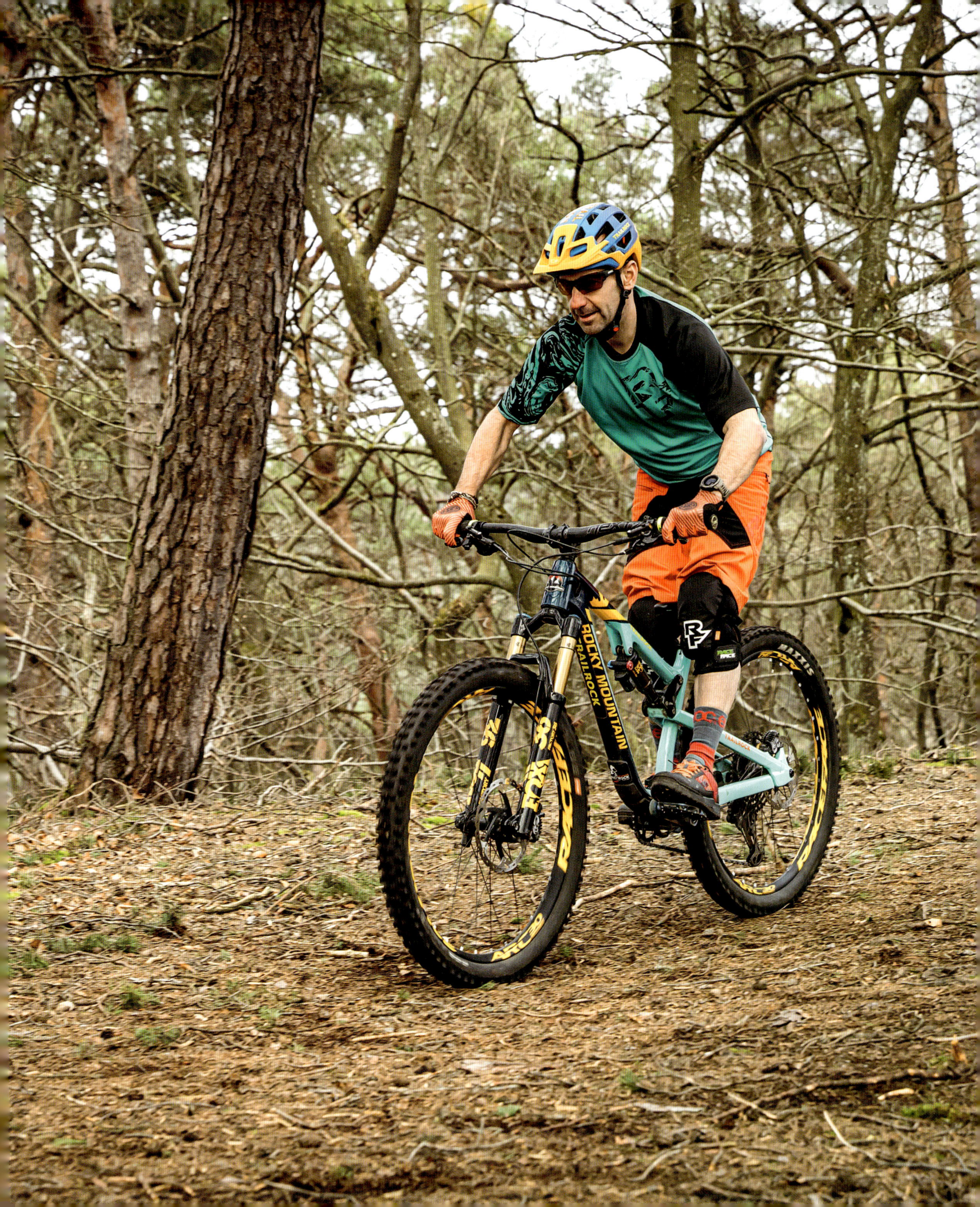
ROCKY MOUNTAIN
TRAILROCK

EFFEKTIVES BREMSEN

BREMSDOSIERUNG/BREMSVERZÖGERUNG:

01
ANFAHRT IN DER GRUNDPOSITION

02
BREMSFINGER RUHEN BREMSBEREIT AN DEN BREMSHEBELENDEN

03
BEI DER ERSTEN BETÄTIGUNG DER BREMSE WECHSELN WIR IN DIE AKTIVIERUNG

04
DIE ARME WERDEN GEBEUGT, DER OBERKÖRPER ABGESENKT

05
ES WIRD KÖRPERSPANNUNG AUFGEBAUT, DIE EINE ROTATION NACH VORN ODER HINTEN VERMEIDEN SOLL

06
JE STÄRKER DIE BREMSKRAFT WIRKT, DESTO MEHR MÜSSEN WIR GEGEN DIE WIRKENDEN BREMSKRÄFTE UNSERE KÖRPERSPANNUNG AUFBAUEN UND HALTEN

07
DER KÖRPERSCHWERPUNKT BLEIBT TROTZ BREMSEINFLÜSSEN STABIL

08
BEI EINER BREMSVERZÖGERUNG ODER DOSIERTEM BREMSEN WIRD NACH DEM LÖSEN DER BREMSEN WIEDER DIE GRUNDPOSITION BZW. DIE LEICHTE AKTIVIERUNGSPOSITION EINGENOMMEN

09
MUSS SO STARK GEBREMST WERDEN, DASS MAN ANHALTEN MUSS, WIRD DIE KÖRPERSPANNUNG SO LANGE GEHALTEN, BIS MINDESTENS EIN FUSS DEN BODEN BERÜHRT

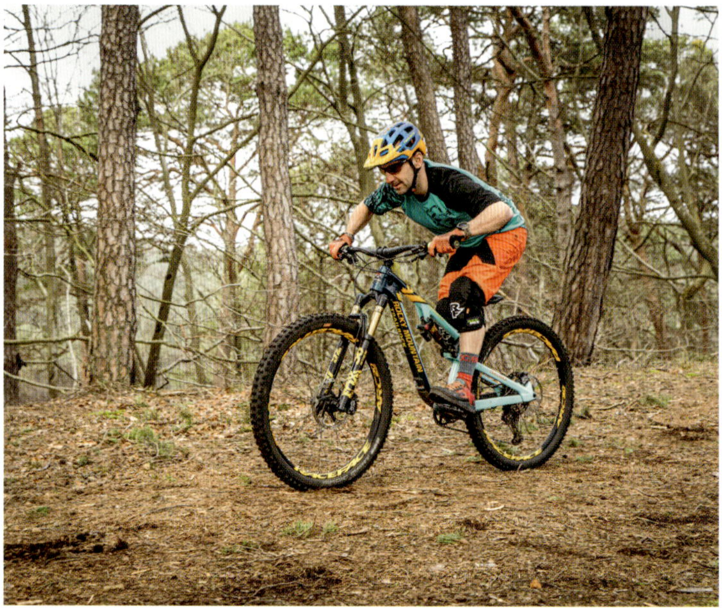

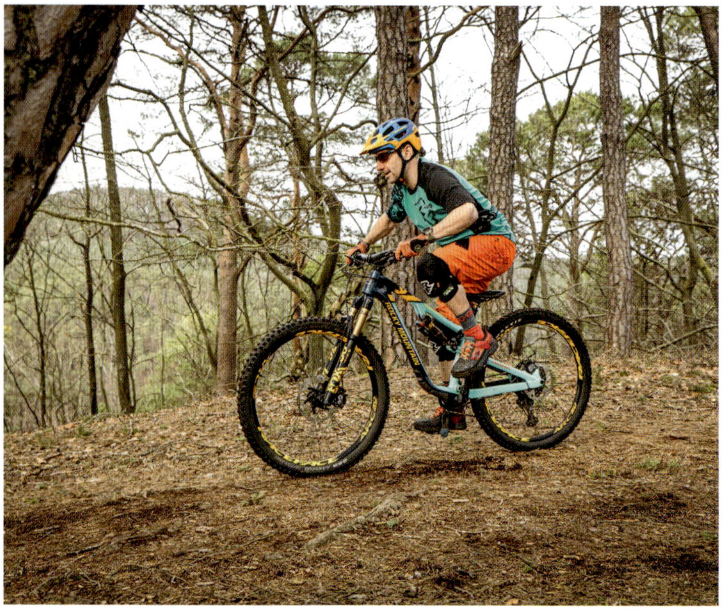

Der Körperschwerpunkt bleibt stets stabil – der Oberkörper senkt sich ab. Beim Anhalten wird eine Kurbel abgesenkt und der Fuß von der gegenüberliegenden Kurbel auf dem Boden abgesetzt.

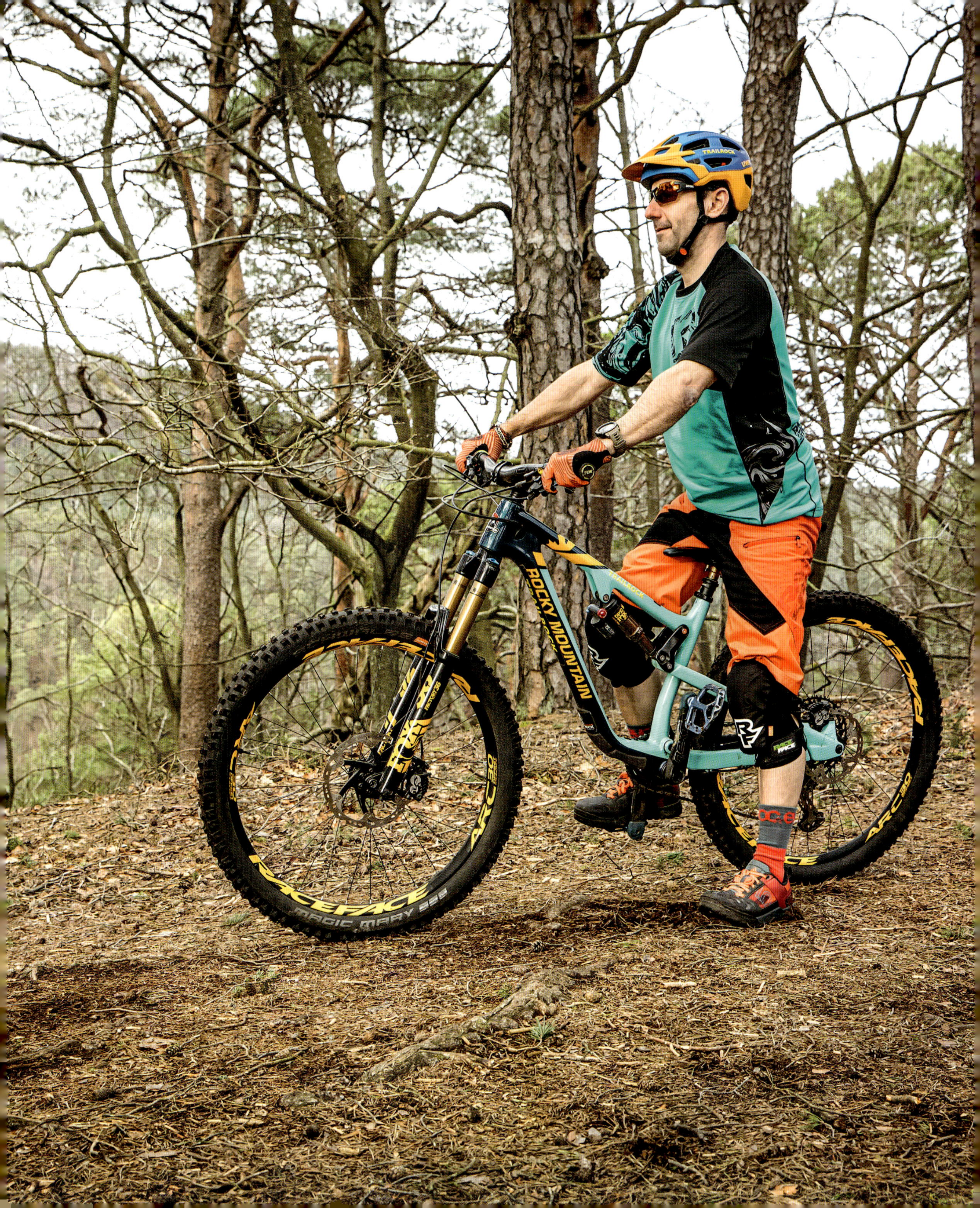
TRAILROCK
ROCKY MOUNTAIN
RACEFACE
MAGIC MARY
ARC30

WEITE KURVE
ÜBER BIKE-NEIGUNG ZUR DYNAMISCHEN KURVENFAHRT

Um sicher und auch dynamisch eine weite Kurve zu durchfahren, ist es wichtig, weniger zu lenken, sondern sein Bike stärker zu neigen, sodass man zügiger und sicherer durch die Kurven rollen kann. Besonders bei losem Untergrund, wie zum Beispiel Schotter oder Sand, aber auch auf schmalem Weg sollte man diese Fahrtechnik anwenden, da gerade hier mit geringerem Lenkeinschlag eine dynamischere und damit auch spaßbringendere Fahrweise möglich ist. In der Trailabfahrt sind so Richtungswechsel möglich, ohne die Geschwindigkeit zu verringern. Bei der Bike-Neigung spielt die Ergonomie unseres Mountainbikes eine große Rolle: Breite Lenker und kurze Vorbauten sind in jedem Fall von Vorteil.

Bei der Kurvenfahrt sollte die Geschwindigkeit schon bei der Einfahrt so gewählt werden, dass man in der Kurve nicht zu stark bremsen muss, da man dann wieder Gefahr läuft, dass die Reifen an Grip verlieren.

Die Linie sollte so gewählt werden, dass man von außen nach innen und wieder so weit wie möglich nach außen fährt, um somit den maximalen Kurvenradius auszunutzen; der Blick sollte zu Beginn in die Kurvenmitte gerichtet sein und später dann zum Kurvenausgang.

Das sogenannte Kippen des Bikes geschieht dabei über die Arme und Handgelenke, wobei der dem Kurveninneren nähere Arm nur leicht gebeugt und der andere Arm stark gebeugt wird (bei Linkskurve wird der linke Arm leicht und der rechte Arm stark gebeugt, bei der Rechtskurve verhält es sich umgekehrt). Der Körperschwerpunkt sollte dabei zentral über dem Tretlager bleiben. Der Sattel dient als sogenannter fünfter Kontaktpunkt und wird je nach Kurvenlage an die Innenseite des Oberschenkels angelegt, um das Bike noch stärker zu fixieren.

Bei sportiver Fahrweise kann gerade auf breitem Weg die äußere Kurbel abgesenkt werden. Im Trail sollten die Kurbeln jedoch stets parallel stehen, sodass man nicht versehentlich mit abgesenktem Pedal irgendwo hängen bleibt.

Vorausschauendes Fahren ist gerade bei der Kurventechnik elementar wichtig, so ist es möglich, eine Kurve flüssig und ohne Wegrutschen oder zu starkes Abbremsen zu durchrollen.

Die Blickführung ist mitentscheidend für eine anspruchsvolle Kurvenfahrt.

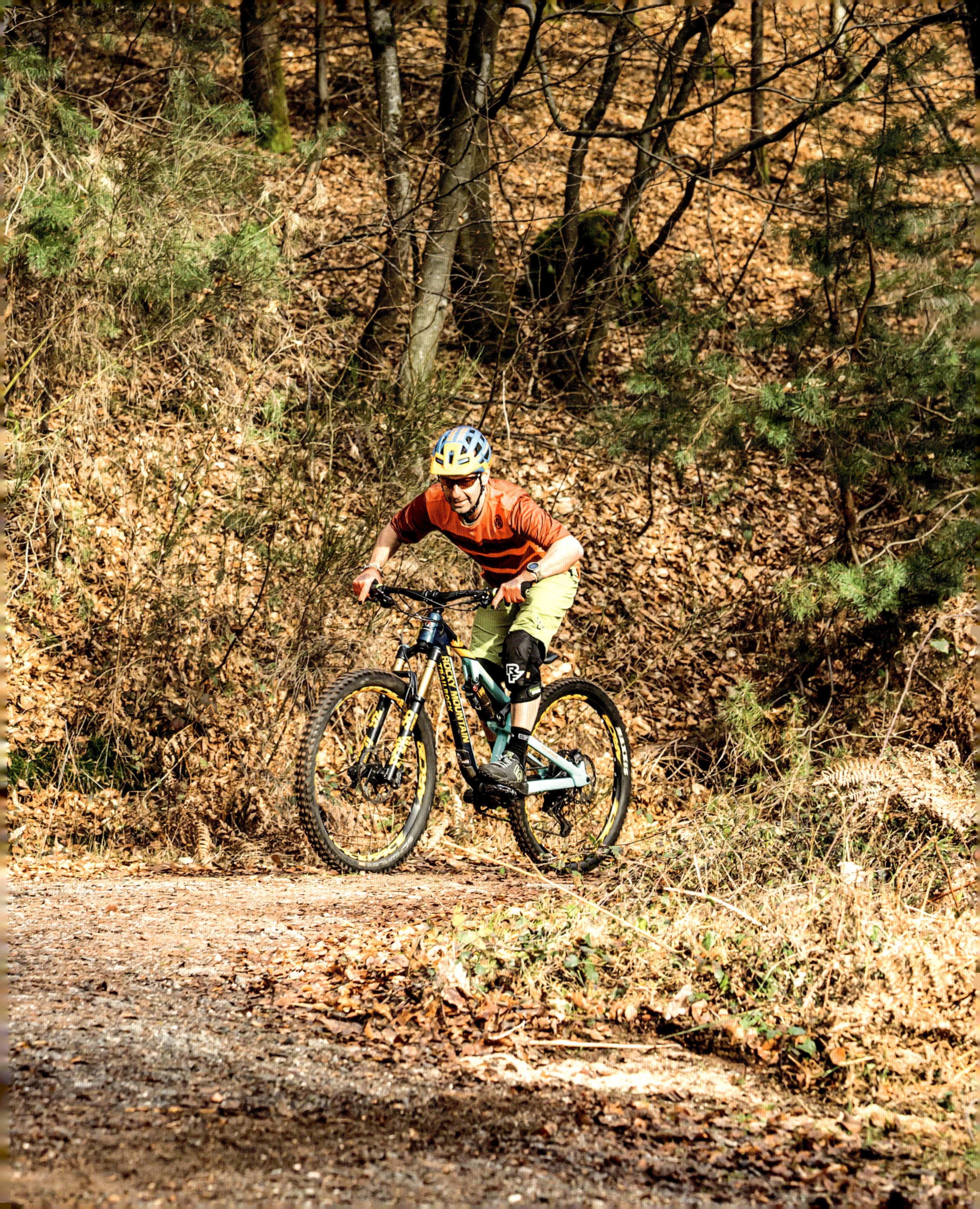

38

WEITE KURVE

DER BEWEGUNGSABLAUF FÜR DIE WEITE KURVE/BIKE-NEIGUNG:

01
ANFAHRT IN DER GRUNDPOSITION

02
VOR DER KURVENEINFAHRT WECHSEL IN DIE AKTIVIERUNG

03
KURBELN BLEIBEN WAAGERECHT

04
REDUZIERUNG DER GESCHWINDIGKEIT

05
EINFAHRT DER KURVE MÖGLICHST AUSSEN

06
BLICK IST AUF DEN SCHEITELPUNKT DER KURVE GERICHTET (KURVENMITTE)

07
DIE HÜFTE DREHT SICH LEICHT EIN

08
DER DEM KURVENINNEREN NÄHERE ARM WIRD NUR LEICHT GEBEUGT, IST FAST GESTRECKT, DER ANDERE ARM WIRD STARK GEBEUGT

09
DAS BIKE NEIGT SICH UNTER DEM BIKER, DER SATTEL WIRD AN DIE INNENSEITE DES OBERSCHENKELS GEPRESST

10
IM KURVENSCHEITELPUNKT GEHT DER BLICK IN RICHTUNG KURVENAUSGANG

11
DIE KURVE WIRD VERZÖGERUNGSFREI UND FLÜSSIG DURCHFAHREN

12
AM KURVENAUSGANG WIRD DAS BIKE WIEDER AUFGERICHTET, GGF. KANN WIEDER IN DIE GRUNDPOSITION GEWECHSELT WERDEN, BIS MINDESTENS EIN FUSS DEN BODEN BERÜHRT

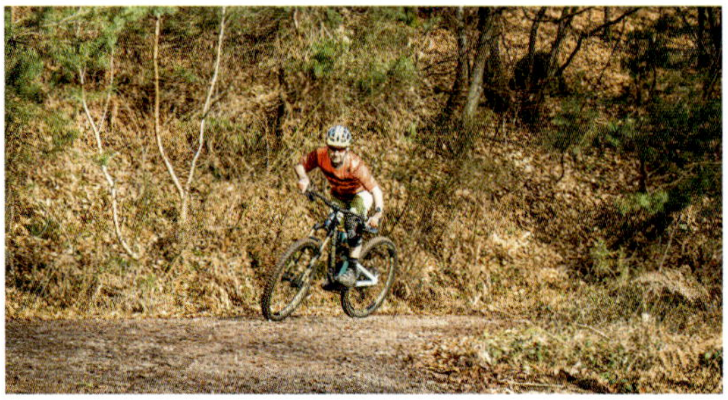

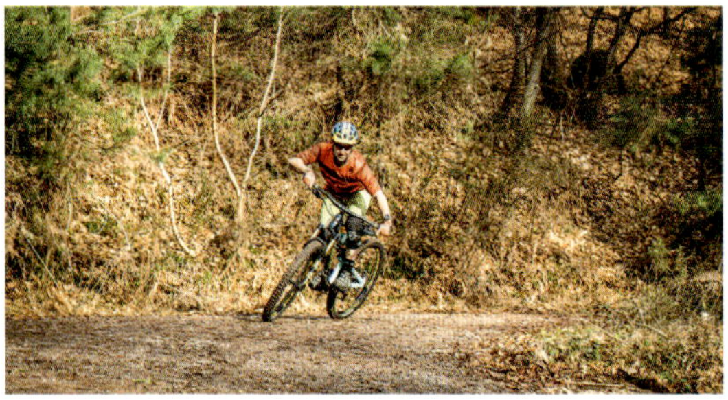

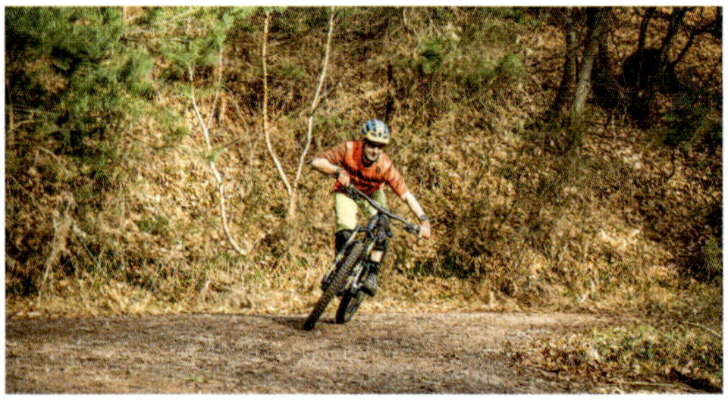

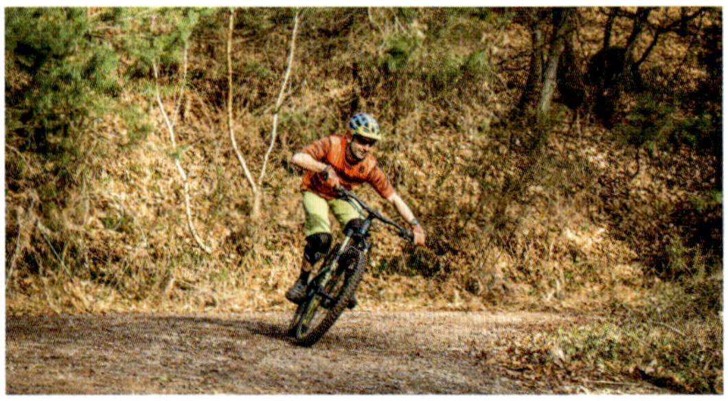

Flüssig und konsequent ohne Bremseinfluss durch die Kurve, da kommt es auf den richtigen Bewegungsablauf an: von Anfahrt über Durchfahrt bis zur Ausfahrt.

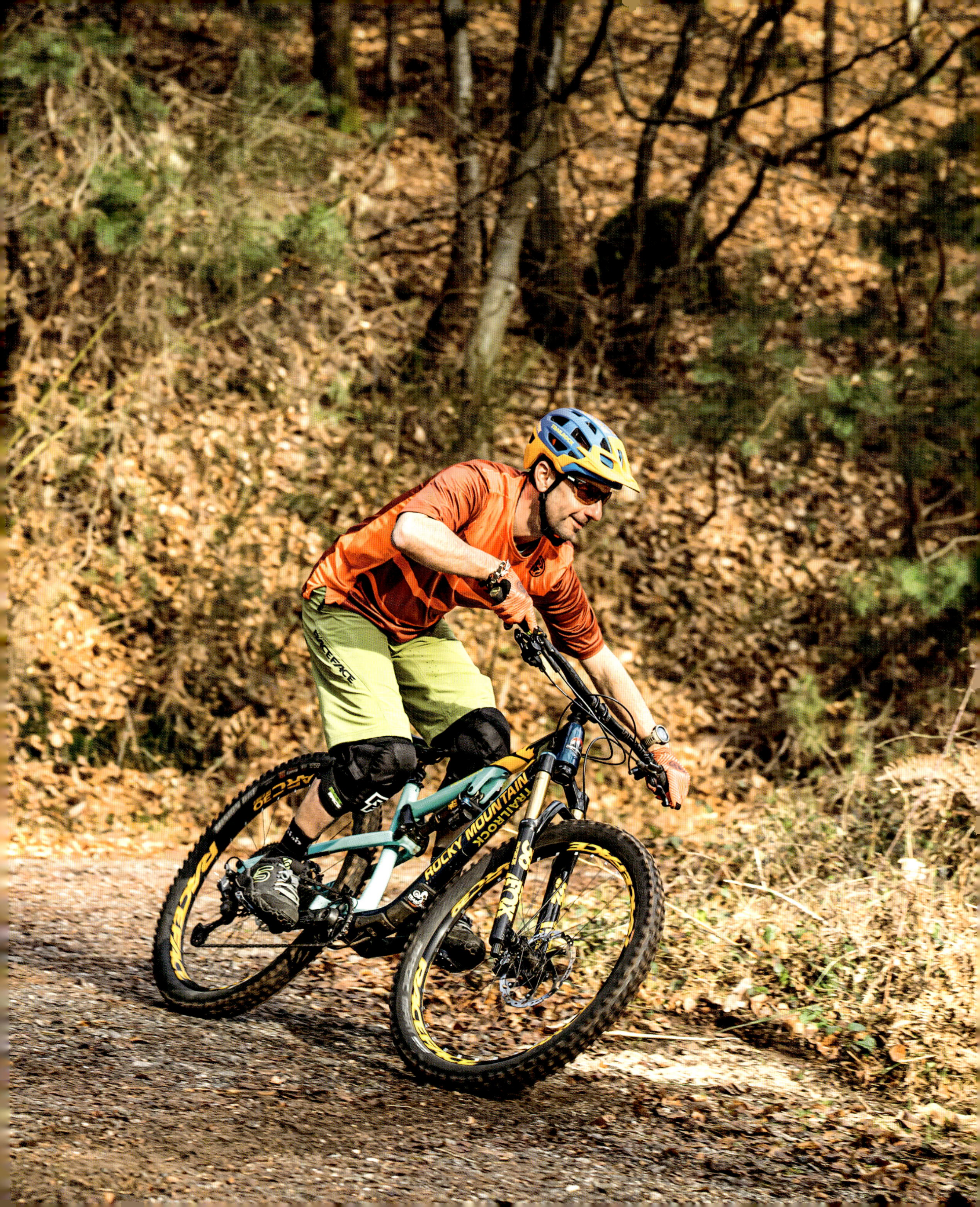
RACEFACE
ROCKY MOUNTAIN
FOX

UM DIE ECKE
ENGE KURVEN ODER SERPENTINEN FAHREN

Gerade im Pfälzerwald sind enge Kurven oder Serpentinen weit verbreitet, und man trifft fast auf jedem Trail einige dieser Exemplare.

Die meisten Serpentinen lassen sich, auch wenn sie steil und eng sind, tatsächlich fahrend bezwingen. Ausschlaggebend ist natürlich die richtige Fahrtechnik. Der Bewegungsablauf muss exakt und genau getimt ausgeführt werden.

Die enge Kurve kann grundsätzlich nicht mit einer hohen Geschwindigkeit gefahren werden, so sollte man kurz vor der Einfahrt das Tempo auf Schrittgeschwindigkeit reduziert haben. In der Kurve selbst ist eine sogenannte Schleifbremsung mit beiden Bremsen durchzuführen.

Der Bewegungsablauf beim Fahren der Spitzkehre ist enorm wichtig. Hier sollte bereits in der Anfahrt eine Aktivierung vorgenommen werden, der Oberkörper wird abgesenkt, die Ellenbogen zeigen nach außen, und der Körperschwerpunkt verharrt zentral über dem Tretlager. Die tiefe Position dient auch zur Verspannung im Bike, sodass bei entsprechendem Können auch steile Passagen und Stufen in der Spitzkehre bewältigt werden können.

Der Ablauf entspricht im Prinzip dem Durchfahren einer normalen Kurve (siehe Bike-Neigung), allerdings ist die Kurbel bei der Fahrt durch die Spitzkehre immer waagerecht zu halten.

Genauso wichtig wie die Position auf dem Bike ist die richtige Linienwahl. Außen angefahren, hat man den richtigen Winkel zur Einfahrt in die Kurve und auch den maximalen Radius, um sie zu durchfahren. Die Fahrspur sollte dann weit außen gehalten werden, um im Scheitelpunkt, also etwa in der Mitte der Kurve, nach innen einzulenken. Das Bike ist dabei leicht in das Innere der Kurve geneigt. Im Ausgang wird das Bike wieder aufgerichtet und eine mittlere Fahrspur gewählt.

Nach der Durchfahrt der Kehre ist die Position auf dem Bike wieder nach dem nun folgenden Wegverlauf auszurichten.

Anfahrt zur anspruchsvollen Spitzkehre in leichter Aktivierung.

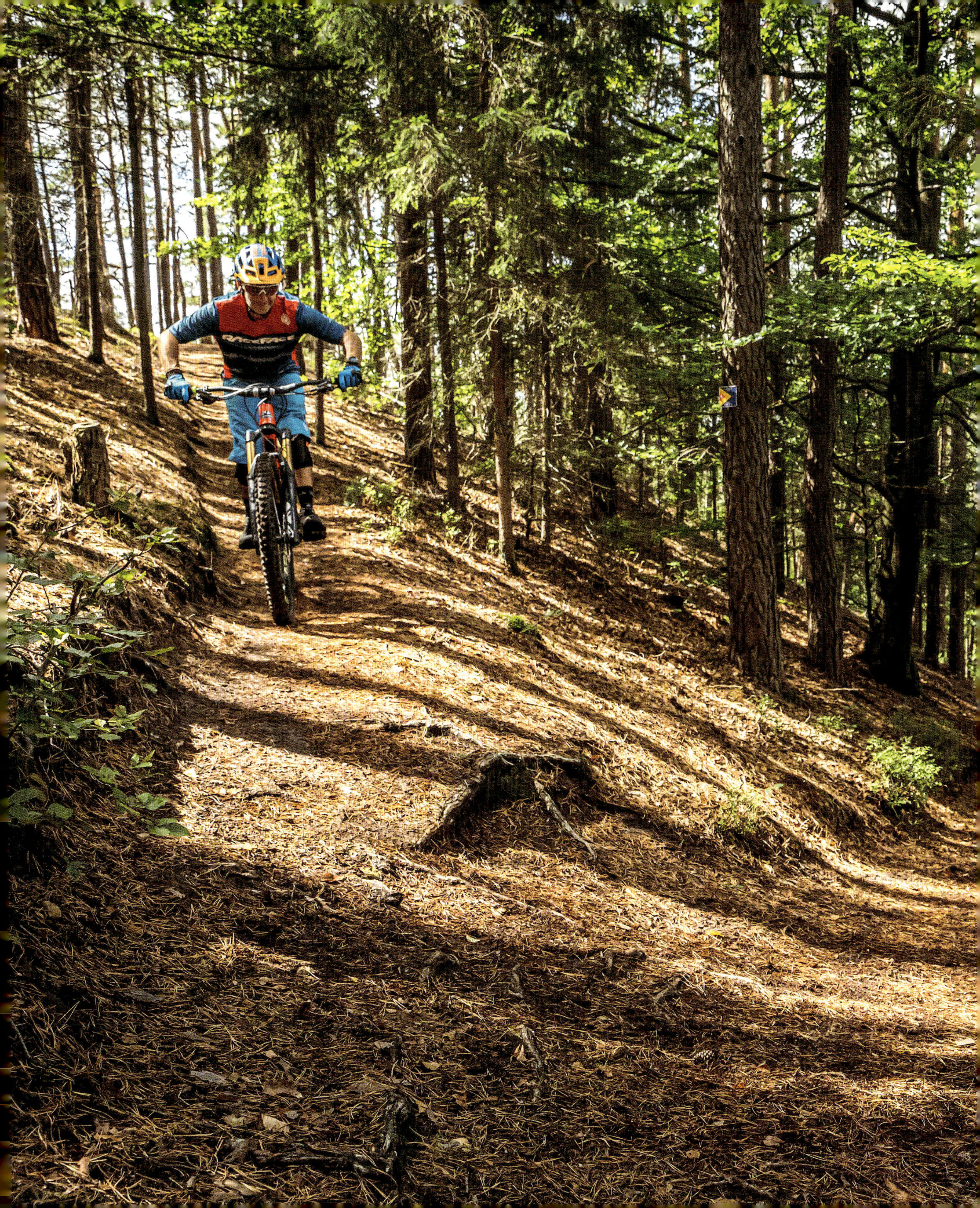

UM DIE ECKE

ANFAHRT ZUR KURVE:

01

ANFAHRT JE NACH UNTERGRUND ODER SCHWIERIGKEIT IN DER GRUNDPOSITION

02

AKTIVIERUNG DURCH ABSENKEN DES OBERKÖRPERS: BEINE PASSEN SICH AN, ELLENBOGEN ZEIGEN NACH AUSSEN, DER KÖRPERSCHWERPUNKT VERHARRT ZENTRAL ÜBER DEM TRETLAGER

03

GESCHWINDIGKEIT WIRD DURCH GLEICHMÄSSIGES BREMSEN VOR DER KURVE VERRINGERT UND GGF. DURCH SCHLEIFBREMSUNG BEI DER KURVENFAHRT GEHALTEN

04

DER BLICK IST ZUM SCHEITELPUNKT BZW. AUF DIE KURVENMITTE GERICHTET

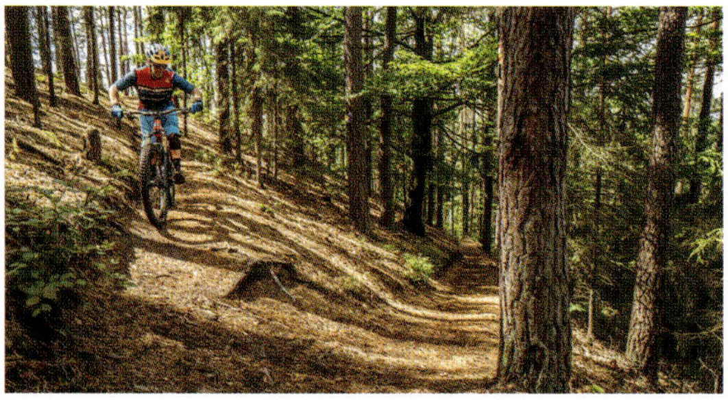

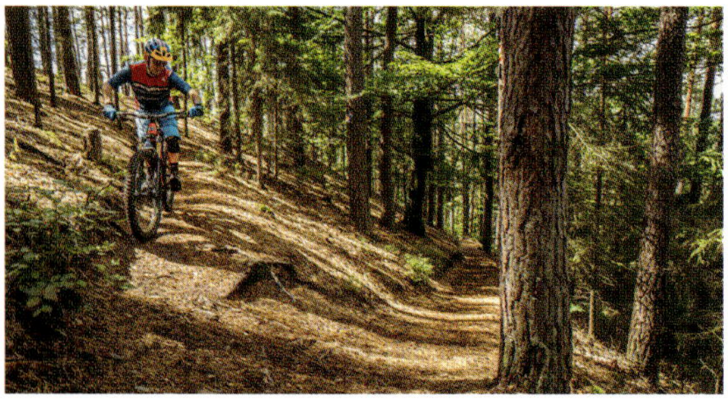

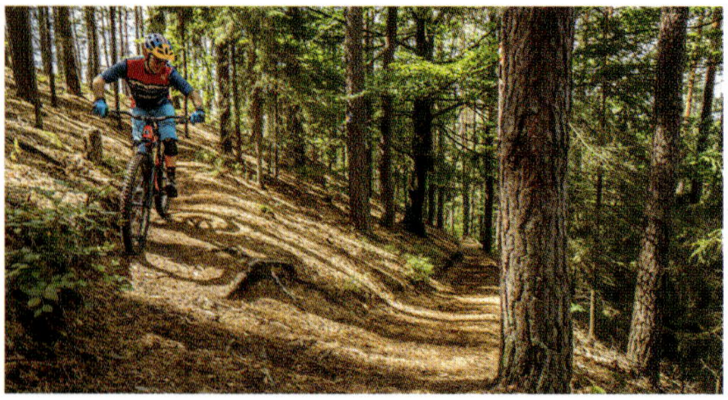

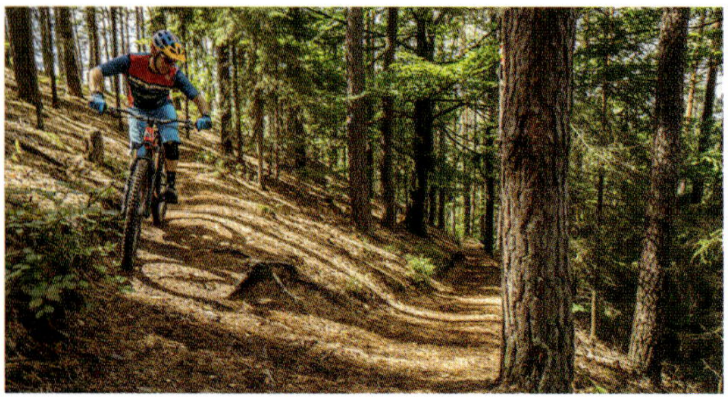

Bereits konzentriert in der Anfahrt: Der richtige Bewegungsablauf mit der zielführenden Linienwahl ist bei der Spitzkehre entscheidend.

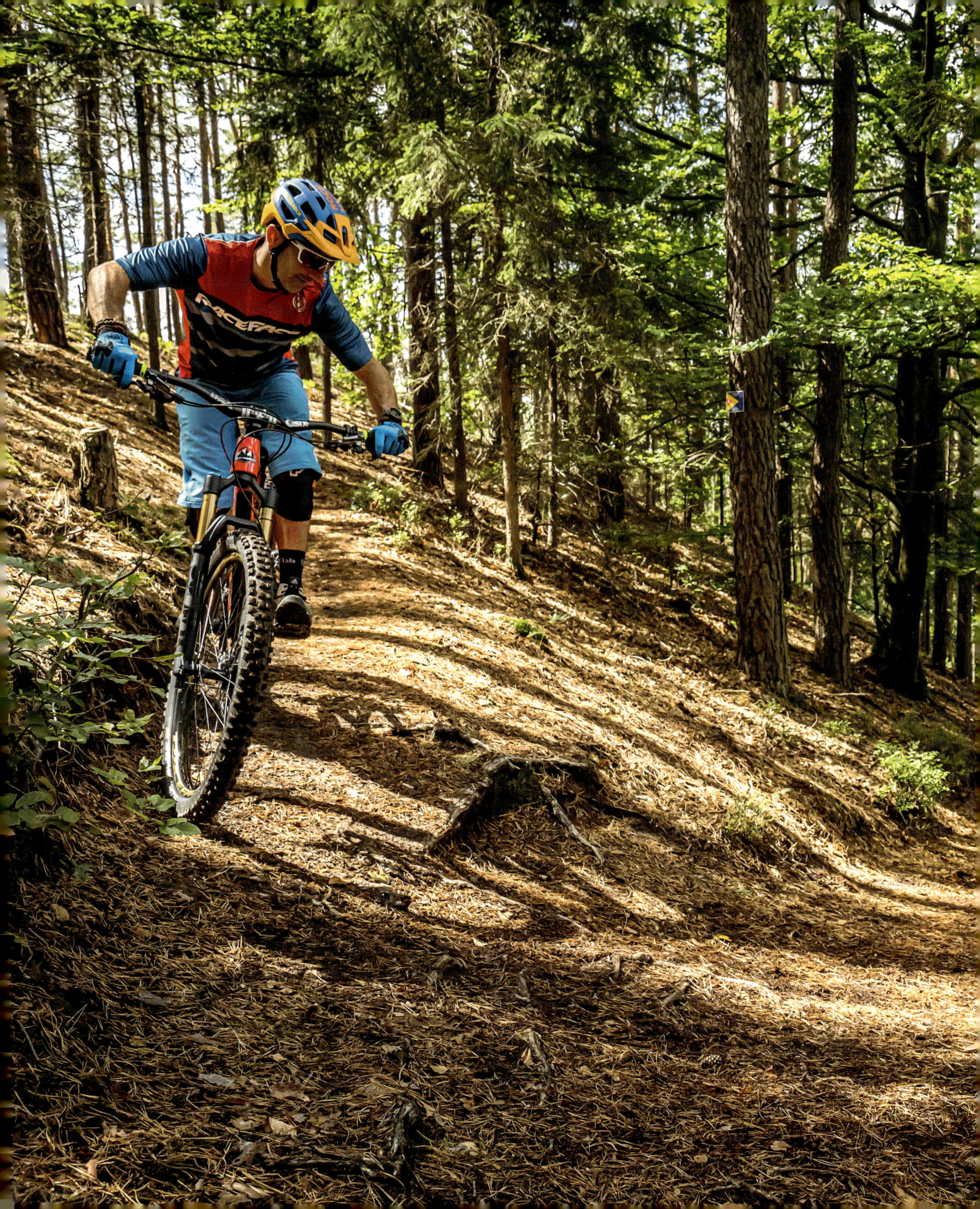

UM DIE ECKE
DIE KURVENPASSAGE:

01
LINIENWAHL: VON AUSSEN NACH INNEN UND WIEDER NACH AUSSEN
02
HÜFTE UND KNIE WERDEN IN RICHTUNG SCHEITELPUNKT VERLAGERT
03
DAS BIKE WIRD HIN ZUM KURVENINNEREN GENEIGT
04
DER DEM KURVENINNEREN NÄHERE ARM WIRD NUR LEICHT GEBEUGT, IST FAST GESTRECKT; DER ANDERE ARM WIRD STÄRKER GEBEUGT
05
DER SATTEL WIRD ALS FÜNFTER KONTAKTPUNKT AN DEN OBERSCHENKEL ANGELEGT: IN EINER LINKSKURVE AN DIE LINKE, IN EINER RECHTSKURVE AN DIE RECHTE OBERSCHENKELINNENSEITE
06
IM SCHEITELPUNKT BLICKVERLAGERUNG HIN ZUM WEITEREN STRECKENVERLAUF (BLICKWENDE)
07
DER KÖRPERSCHWERPUNKT VERHARRT WÄHREND DER KURVENFAHRT ZENTRAL ÜBER DEM TRETLAGER, DIE KURBEL BLEIBT WAAGERECHT

UM DIE ECKE
AUSFAHRT AUS DER KURVE:

01
NACH DER KURVE RICHTET SICH JE NACH WEGBESCHAFFENHEIT DER OBERKÖRPER WIEDER AUF
02
EBENSO WIRD DAS BIKE AUS DER SCHRÄGLAGE WIEDER AUFGERICHTET

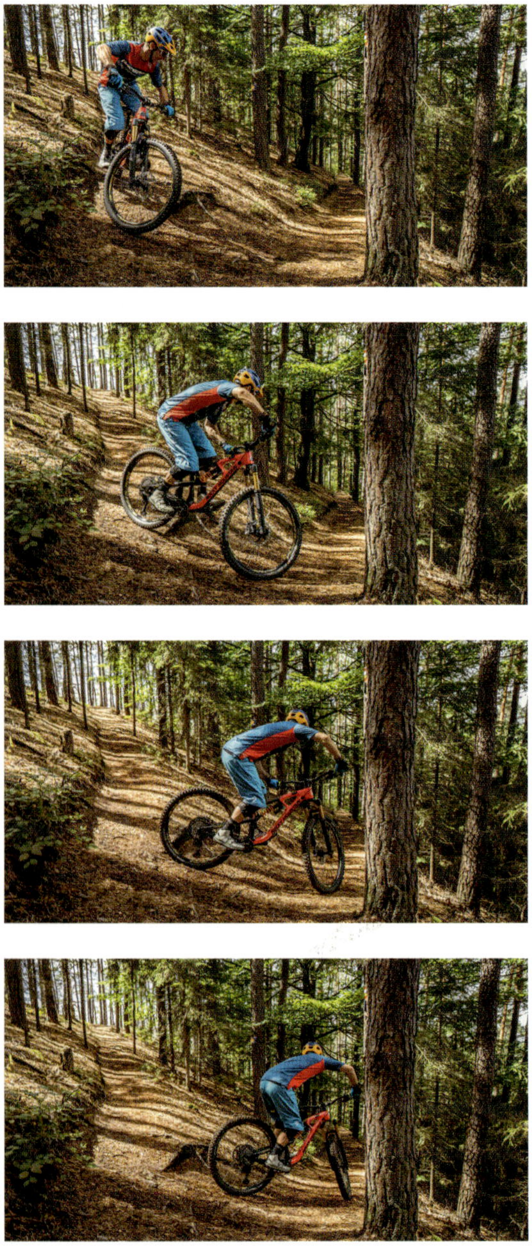

Im Scheitelpunkt ist konsequent die sogenannte Blickwende durchzuführen – der Blick richtet sich auf den weiteren Streckenverlauf, und die Spitzkehre kann in einem Zug durchrollt werden.

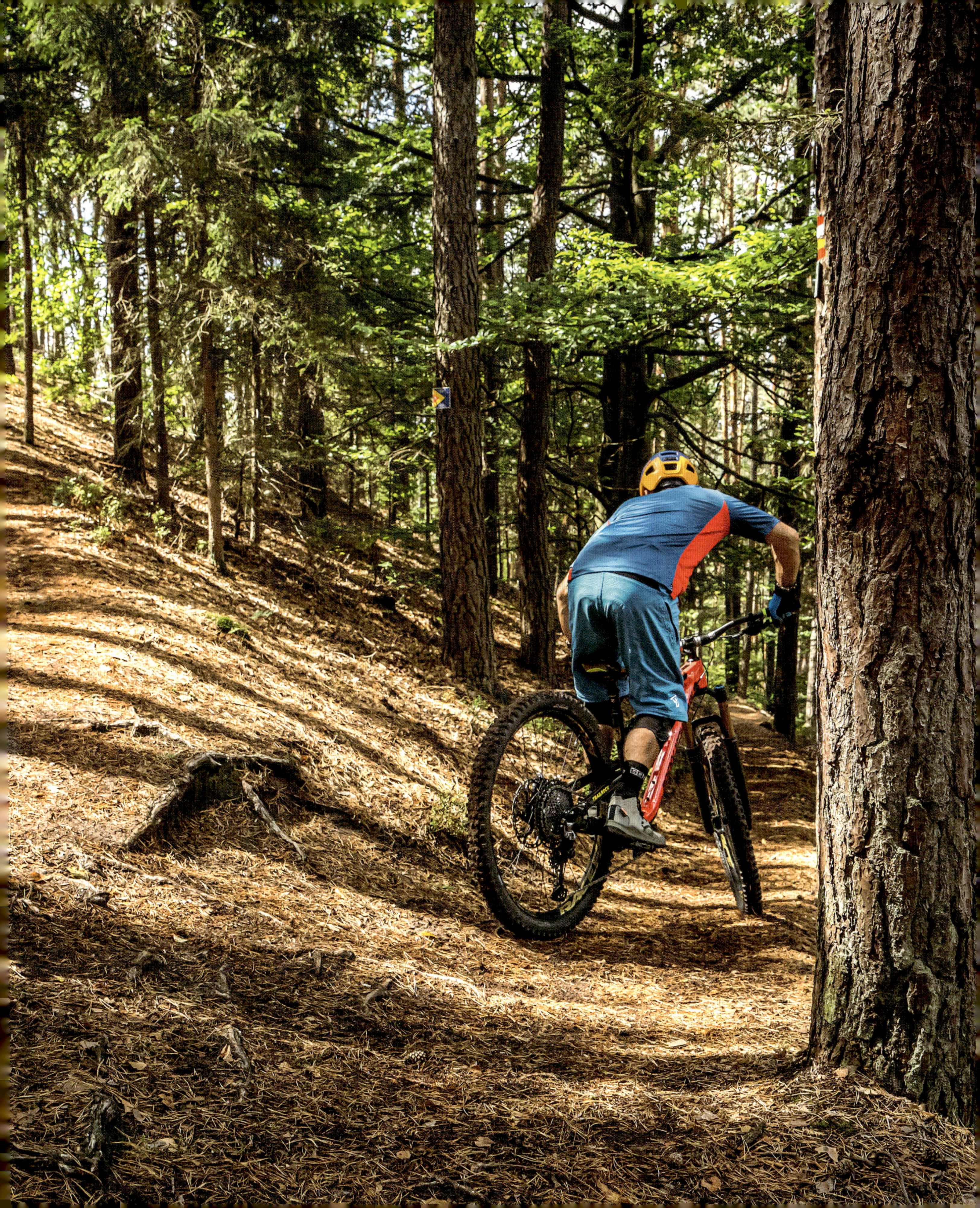

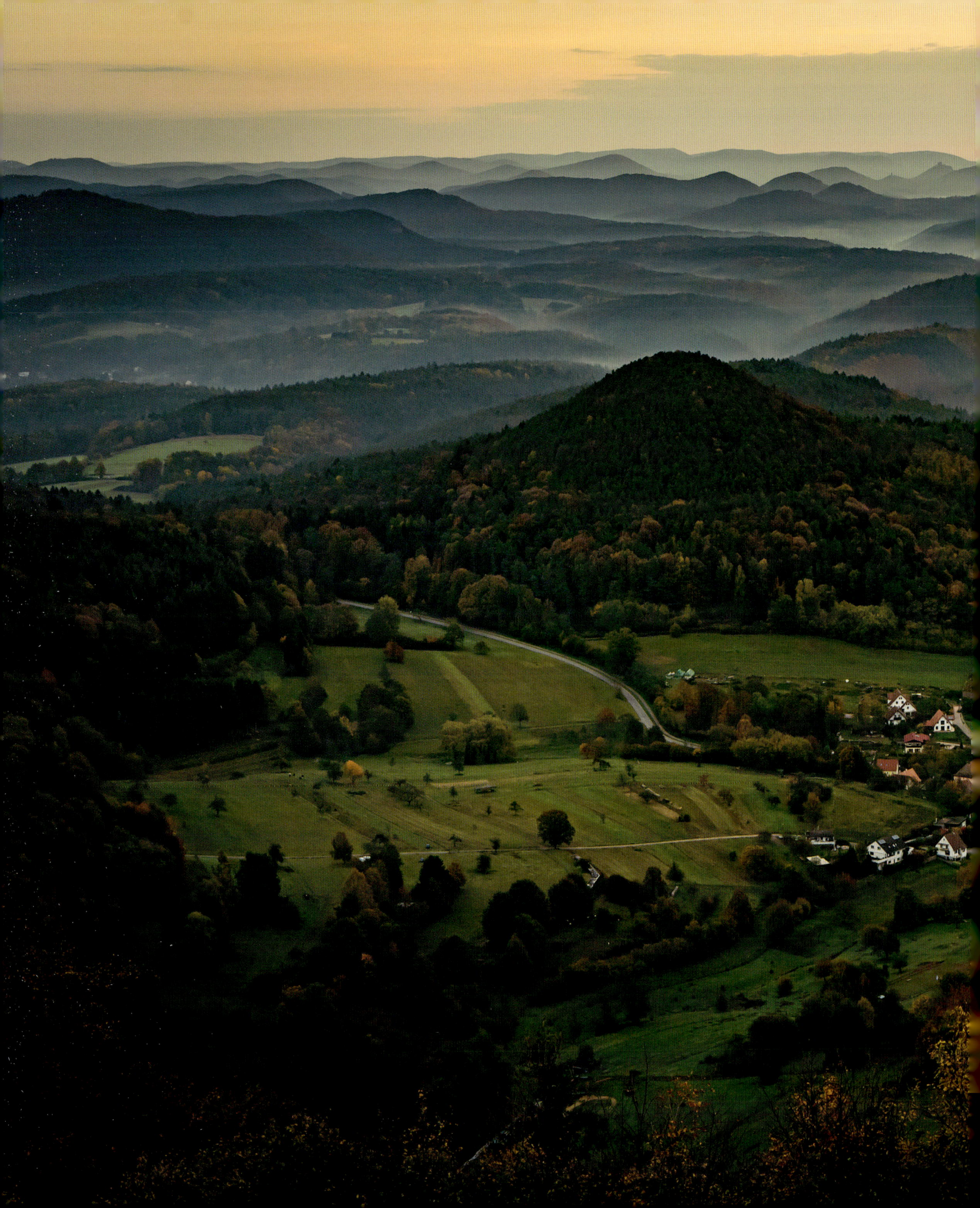

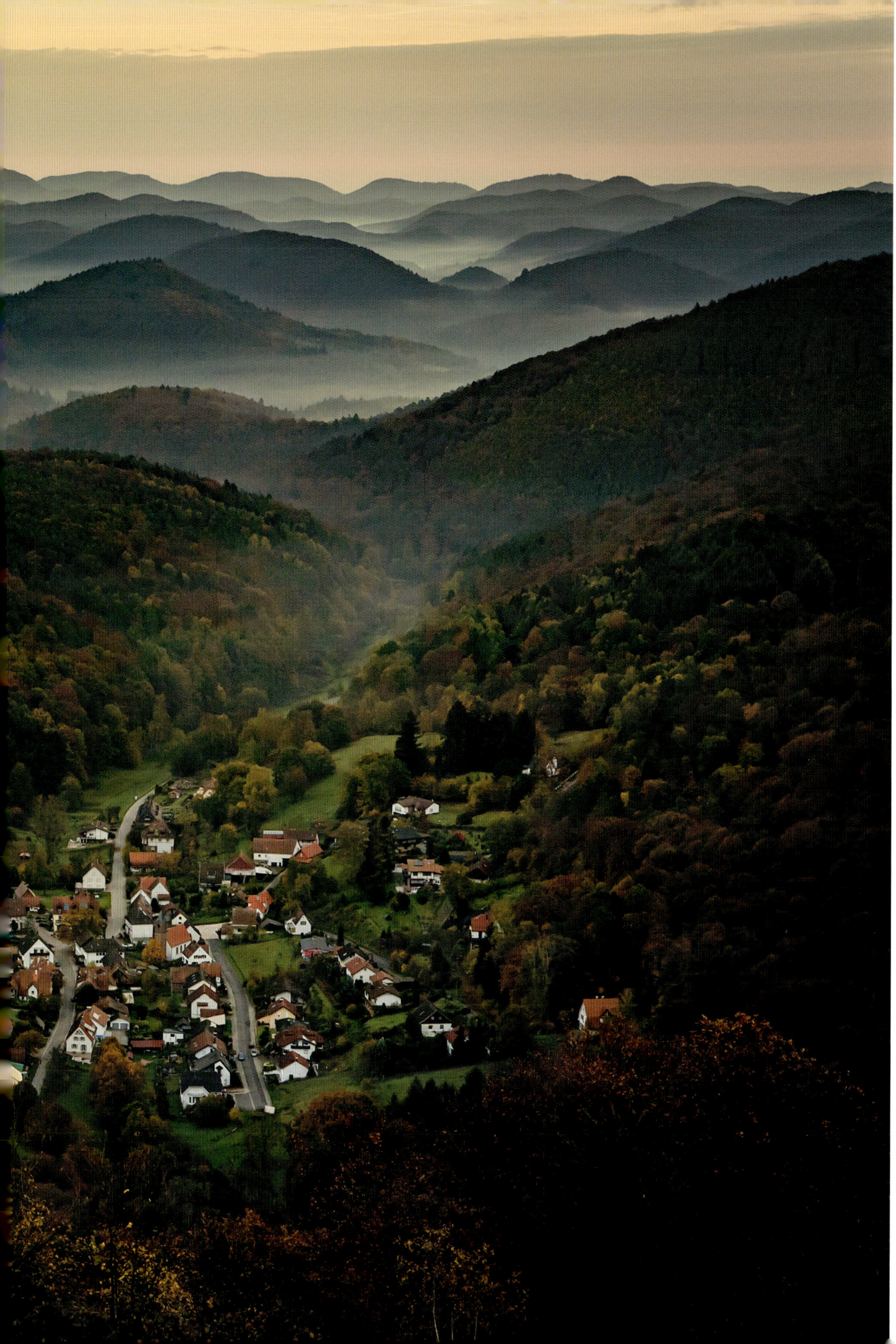

25 TOUREN

ALLGEMEINE INFORMATIONEN

BESTE REISEZEIT

Der Pfälzerwald ist ein typisches Mittelgebirge mit vielen Bergen zwischen 300 und 670 Metern über Normalnull. Im Sommer ist es oft sehr trocken und heiß, die Wege sind zum Teil sandig und staubig; im Winter hingegen bietet sich ein gegenteiliges Bild, da das Wegenetz oftmals mit rutschigem und feuchtem Laub überzogen ist. Schlammig wird es auf den Wegen nahezu nie, da das Wasser auf dem sandigen Boden schnell abfließt. Außerdem liegt im Pfälzerwald sehr selten Schnee.

Die im Buch beschriebenen Touren können deshalb auch ganzjährig befahren werden, mit Sperrungen aufgrund der Witterung oder Ähnlichem ist im Regelfall nicht zu rechnen. Empfohlen wird jedoch, die Touren nicht bei sehr feuchtem, aufgeweichtem Boden anzutreten.

Die beste Jahreszeit für maximalen Fahrspaß ist von März bis Oktober.

GPS-DATEN

Die GPS-Daten dieses Buches sind über die Website des BIKE-Magazins abrufbar:
www.bike-magazin.de
Webcode: #6464a
Der Download ist kostenlos.

GUIDING/FAHRTECHNIK

Je besser die Fahrtechnik, umso sicherer und mit mehr Spaß ist man unterwegs: Im Pfälzerwald und im Dahner Felsenland bietet Trailrock Trailcamps und Fahrtechnikkurse für jedes Level an. Mehr Informationen unter www.trailrock.de.

MTB-PARCOURS/ÜBUNGSSTRECKEN

Attraktive Abwechslung bieten die Freeride-Dirtparks, Technik- und Singletrailparcours im Pfälzerwald. Fahrtechnisch fortgeschrittene Biker, aber auch Anfänger können sich nach Lust und Laune auf den folgenden Strecken austoben.

HOCHSPEYER

Im Singletrail-Technikparcours findet man insgesamt drei Kilometer Singletrails in verschiedenen Schwierigkeitsstufen sowie Übungsstrecken mit Spitzkehren und Steilstufen.

TRIPPSTADT

Auf circa eineinhalb Hektar bietet der Bikepark eine Vielzahl unterschiedlicher Sprungelemente. Anfänger wie Spezialisten können hier ihre Sprungtechnik üben und verbessern.

DAHN

Springbegeisterte Dirtbiker können auf zwei abgesperrten, circa 150 Meter langen Strecken nach Herzenslust springen. Neben einer Proline-Strecke für fortgeschrittene Biker gibt es auch eine Table Line für Anfänger.

Die Burgengruppe Altdahn mit Altdahn, Grafendahn und Tanstein ist stets ein Blickfang.

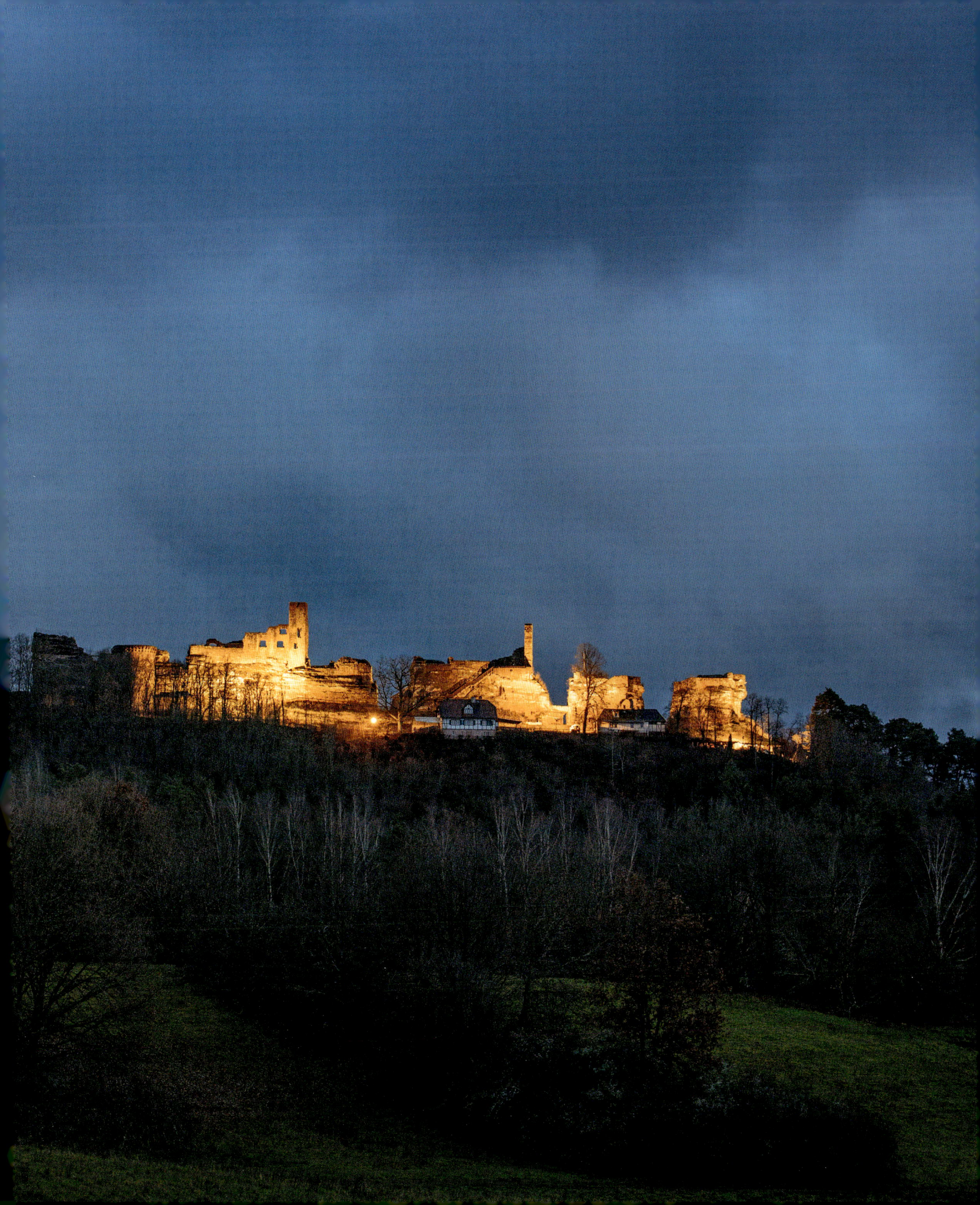

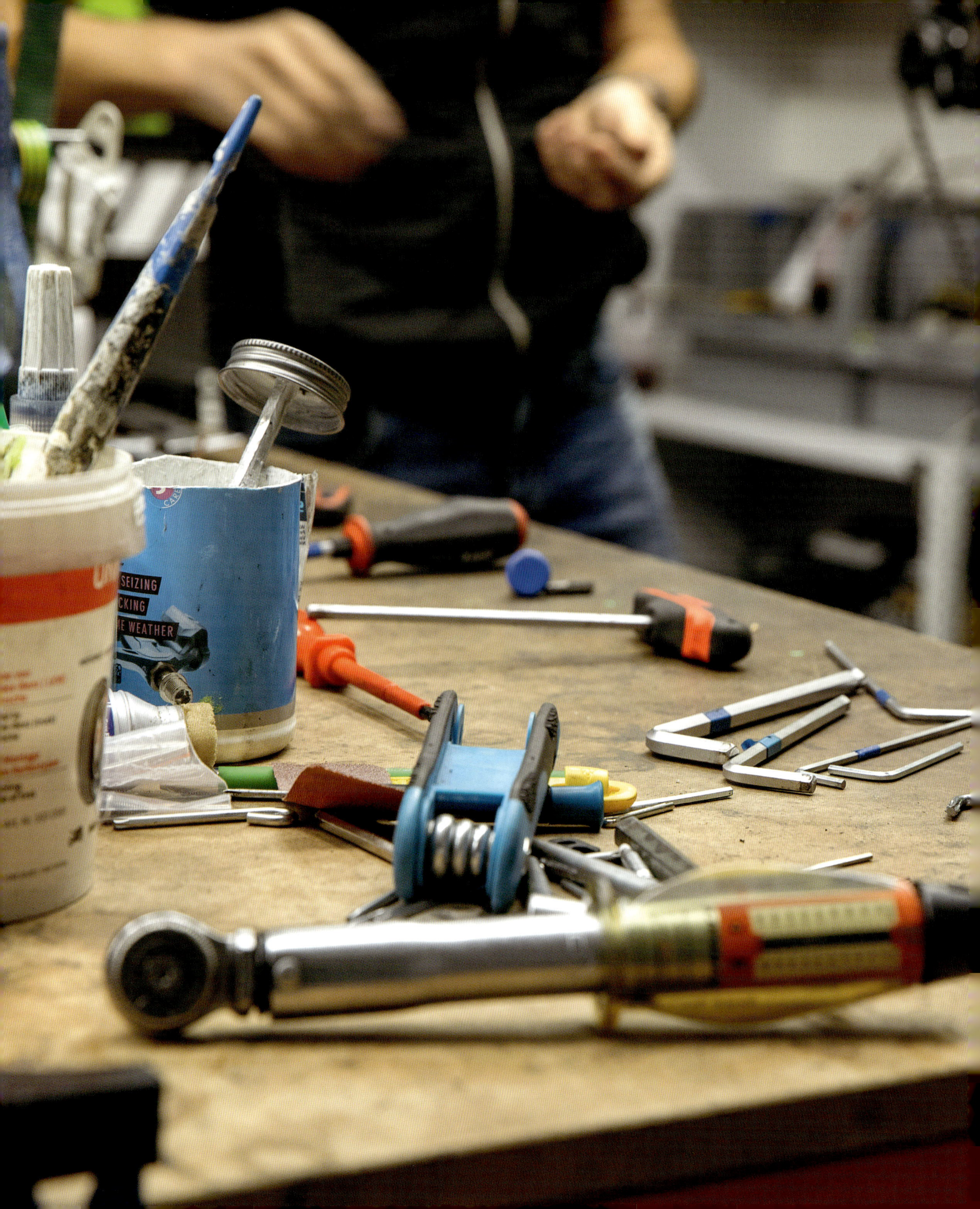
SEIZING
CKING
E WEATHER

»SOLLTE MAN MAL ETWAS VERGESSEN HABEN, KANN ICH FOLGENDE RADLÄDEN IN DER UMGEBUNG EMPFEHLEN.«

Werkstatt-treiben beim Profi.

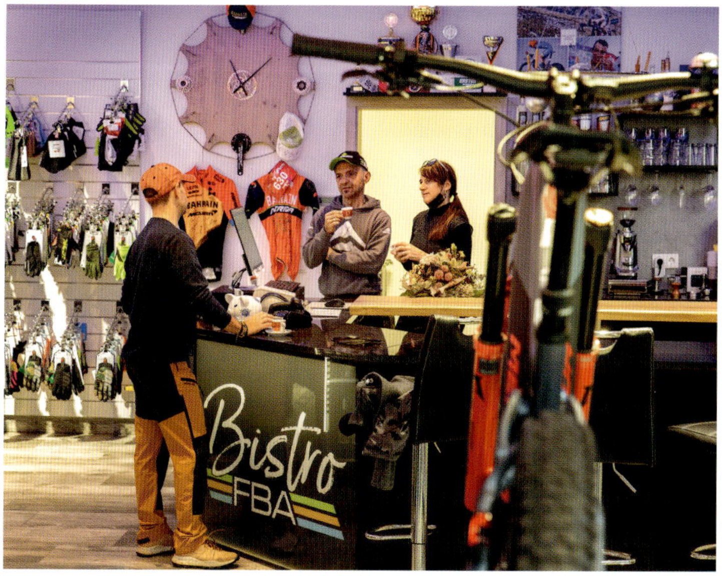

Viele Bikeshops bieten mittlerweile viel mehr als nur Bikes und Zubehör – der Espresso und der kleine Snack gehören wie auch eine entspannte Atmosphäre dazu.

WHEELSPORTS
Zeisselstraße 5
66919 Weselberg
www.wheelsports.de

RADHAUS RÖDEL – VERTICAL RIDE
Gartenstraße 6
76870 Kandel
www.radhaus-roedel.bikede.de

FBA – CYCLING BUNDENTHAL
Am Sonneneck 2
76891 Bundenthal
www.fba-cycling.de

BIKER-SHOP RUPPERT
Industriestraße 4
66994 Dahn-Reichenbach
www.bikershop-ruppert.de

IN VELO VERITAS – BIKESHOP
Karl-Helfferich-Straße 16
67433 Neustadt
www.inveloveritas.de

ZWEIRAD STOCKER
Pirminiusstraße 2
66954 Pirmasens
www.zweirad-stocker.de

BESCHILDERUNG
MOUNTAINBIKEPARK PFÄLZERWALD

Die 20 Touren innerhalb des Mountainbikeparks Pfälzerwald sind mit den offiziellen Schildern des Parks ausgewiesen, die jeweils zahlreiche Informationen bereithalten wie Nummer der Tour, Fahrtrichtung und Schwierigkeitsgrad. Grundsätzlich finden sich an allen Kreuzungen und auch kurz danach – um ganz sicher zu gehen, dass man auch korrekt abgebogen ist – jeweils die prägnanten Wegweiser, die entweder an Bäumen oder an eigens dafür aufgestellten Beschilderungspfosten angebracht sind.

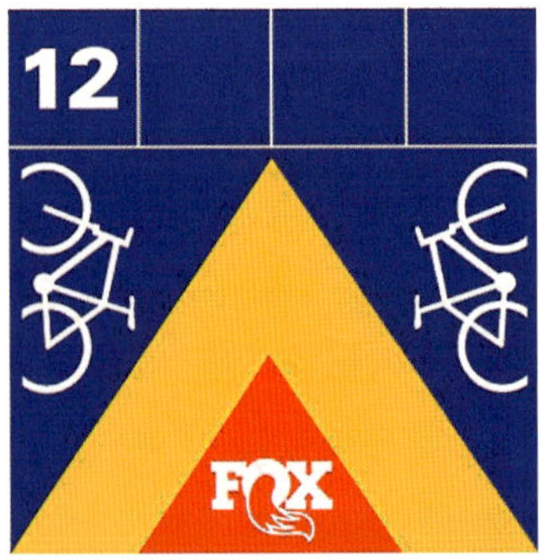

ROUTE: 12
FAHRTRICHTUNG
Dreieck – geradeaus
SCHWIERIGKEITSGRAD
Rot (= mittel)

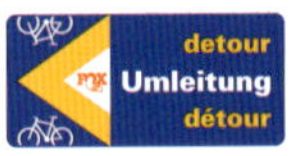

Außerdem werden auch Wegesperrungen als Umleitung des jeweiligen Tourenabschnittes ausgeschildert, zum Beispiel für den Fall, dass Forstarbeiten oder aber auch Arbeiten am Wegenetz durchgeführt werden.

ROUTE: 11
FAHRTRICHTUNG
Dreieck – nach rechts
SCHWIERIGKEITSGRAD
Schwarz (= schwer)

Sollten sich aus irgendeinem Grund keine Schilder an Kreuzungspunkten finden, kann man auf Markierungen an den Bäumen achten, hier ist dann die Fahrtrichtung mit einem gelben Pfeil auf einen Baum gemalt. In den Ortschaften sind die Schilder sehr oft an Laternenmasten befestigt.

Innerhalb des kompletten Routennetzes sind regelmäßig Tafeln des Mountainbikeparks aufgestellt, mit einem großen Streckenübersichtsplan und der jeweiligen Tour.

ROUTE: 11/12
FAHRTRICHTUNG
Dreieck – nach links
SCHWIERIGKEITSGRAD
Blau (= leicht)

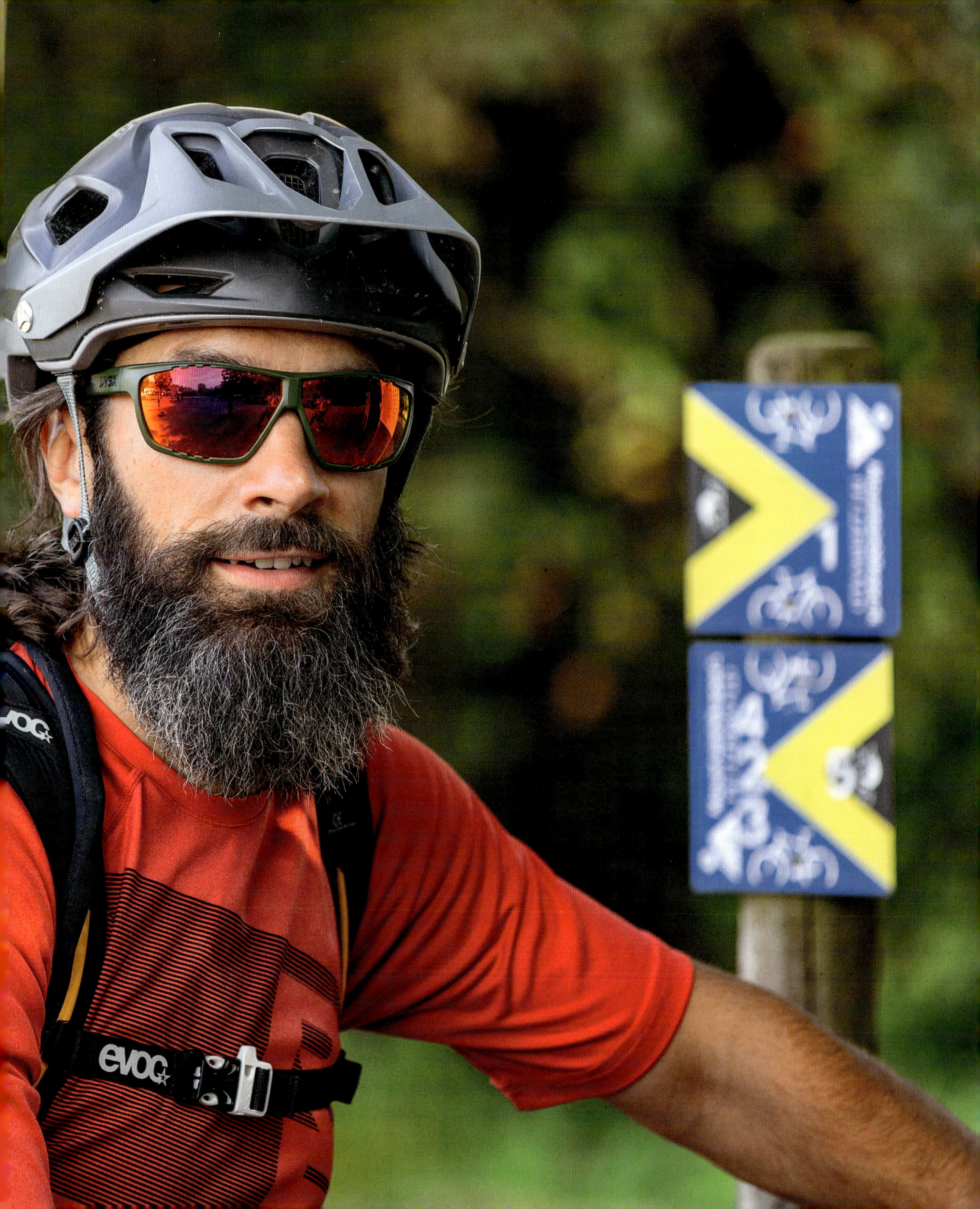
evoc

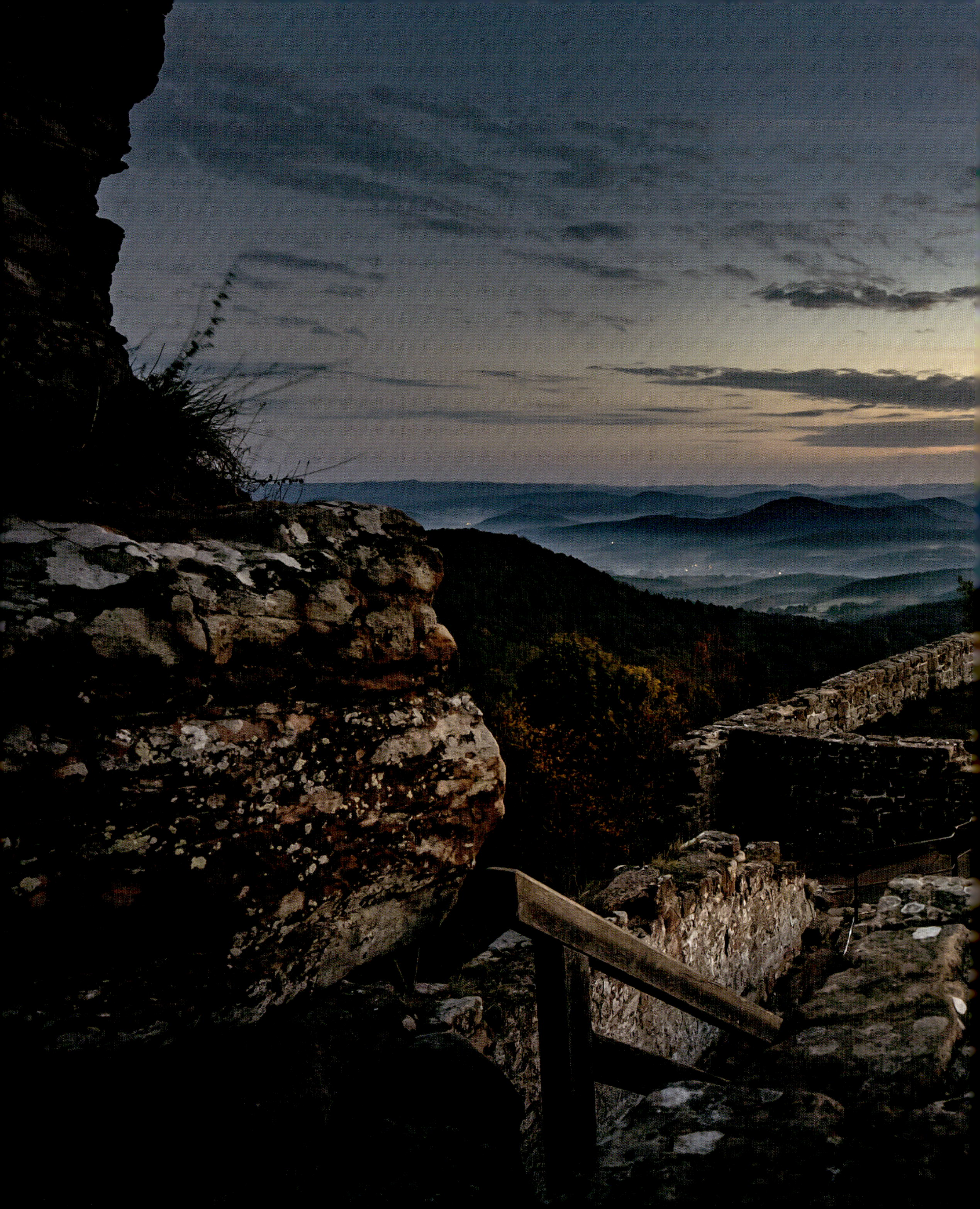

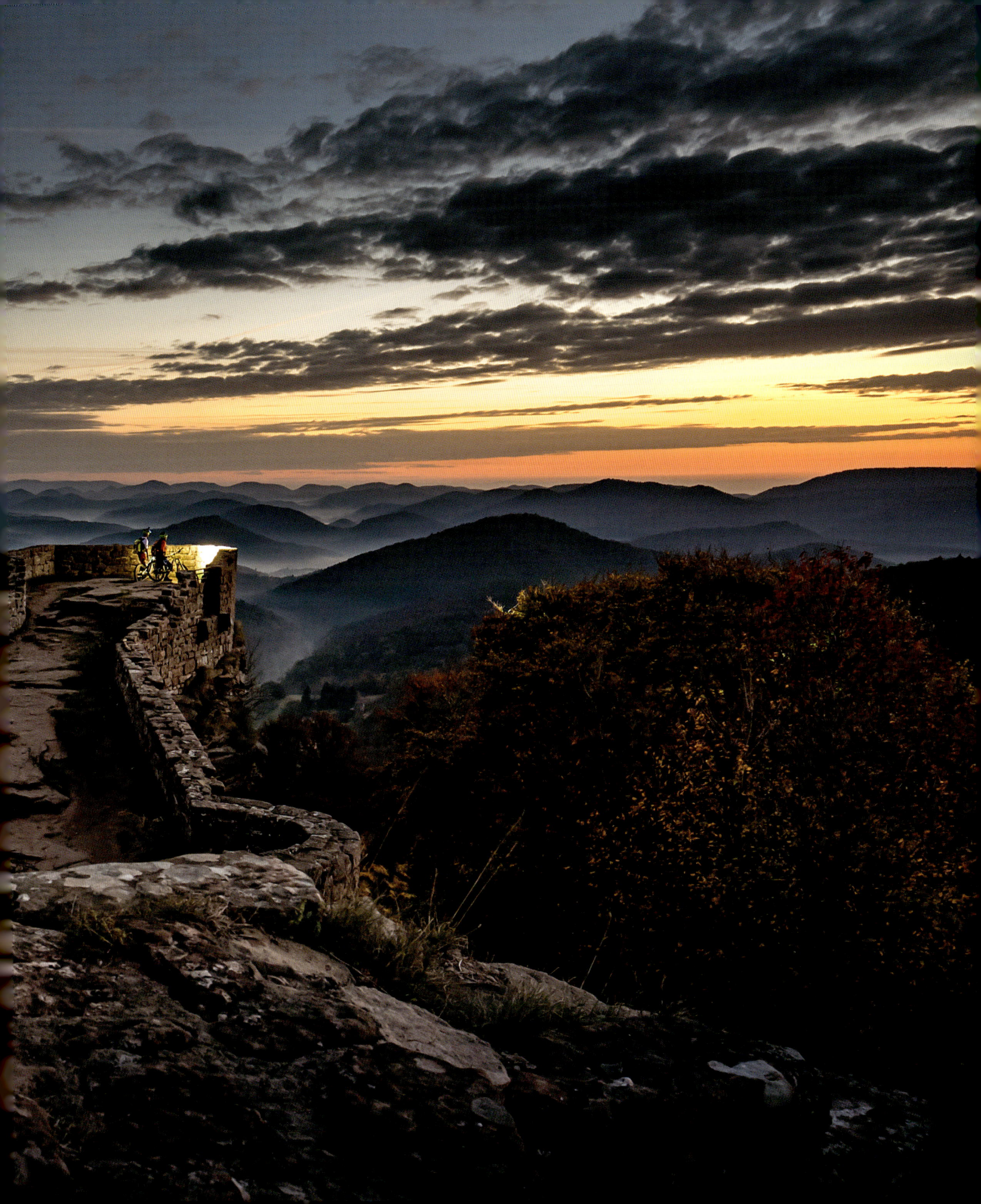

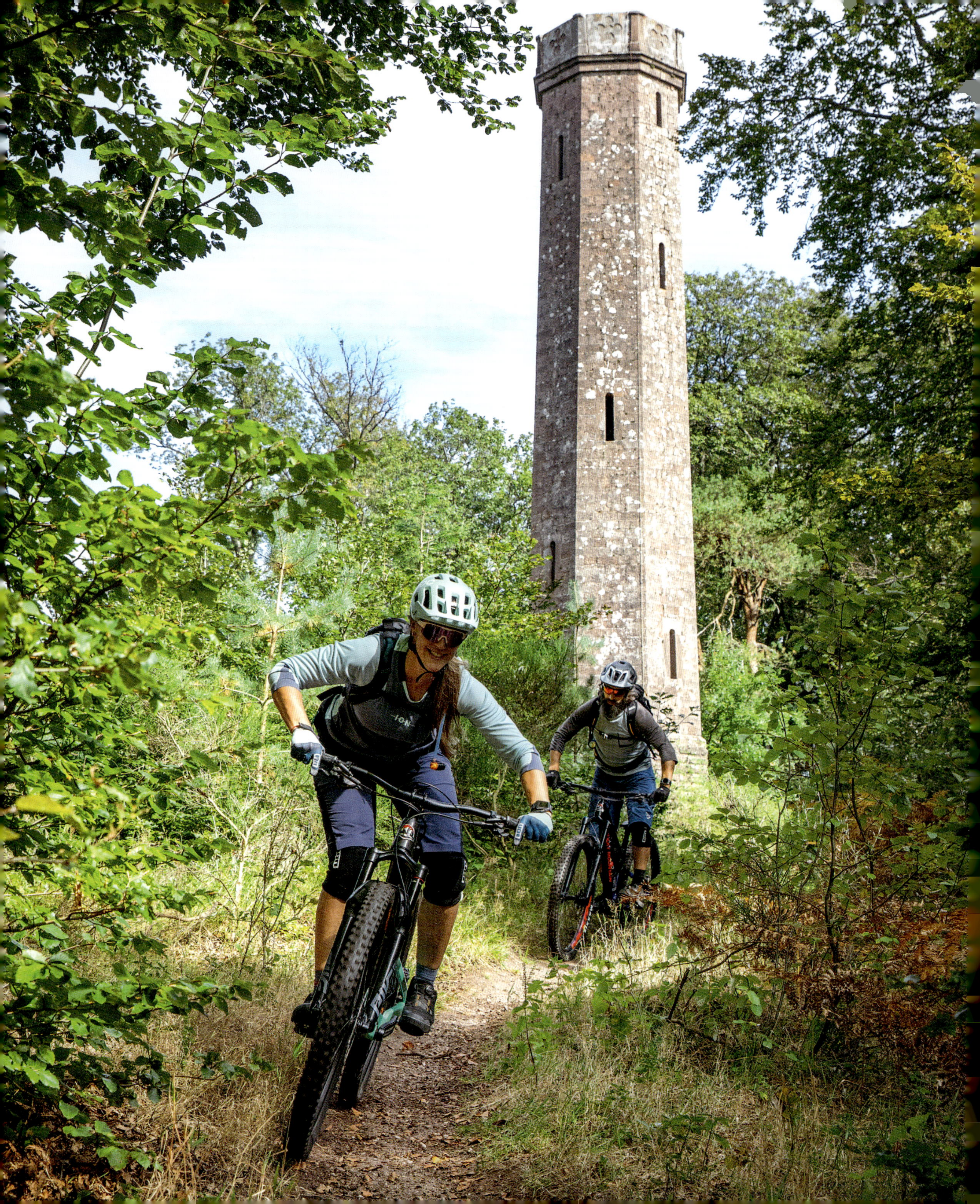

DAUER 5 STUNDEN im Tourenmodus

FAHRTECHNIK ●●●○○○ **KONDITION** ●●●●○○ **ERLEBNIS** ●●●●○○ **LANDSCHAFT** ●●●●○○

01
GRÄFENSTEINER LAND
59 KM / 1.080 HM

ABWECHSLUNGSREICHE MOUNTAINBIKE-TOUR DURCH DAS GRÄFENSTEINER LAND MIT SEHR LANGEN TRAILS. DIE FAHRT DURCH DAS SCHWARZBACHTAL NACH JOHANNISKREUZ IST EIN ERLEBNIS. EINSAME WEGE MITTEN DURCH DEN PFÄLZERWALD MACHEN DIESE TOUR EINZIGARTIG.

Trailspaß direkt am Eschkopfturm.

Die Tour beginnt entspannt mit der Fahrt durch die Stadt Rodalben, benannt nach dem Fluss Rodalb. Der Namensbestandteil Rod könnte vom roten Sand des Flussbettes herrühren, das ist jedoch nicht genau überliefert. Nach den letzten Häusern rollen wir in einen kupierten langen Trail. Dieser zieht sich mit sandigem Untergrund am Hang entlang, unterbrochen durch zwei Forstwegüberquerungen. Danach geht es länger bergauf, um dann rasant auf einem Forstweg zur Landesstraße L498 zu fahren. Diese überqueren wir und bezwingen erneut einen längeren Anstieg. Danach werden wir mit einem langen, flowigen Bergabtrail belohnt. Die Steine und Felsen laden zum Spielen ein, können aber auch leicht umfahren werden. Oberhalb des kleinen Orts Merzalben biken wir dann auf einer Forststraße weiter. Hier hat man nicht nur einen schönen Blick auf Merzalben, sondern auch auf die nahe gelegene Burg Gräfenstein, die der Region ihren Namen verlieh. Die Besteigung lohnt sich, man muss zwar durch mehrere Burgtore und steile Treppen empor, der Blick über das Meer von Wäldern ist aber umso schöner. Die Burg wurde um 1200 errichtet. Im Bauernkrieg 1525 wurde sie zerstört, wieder aufgebaut und 1635 durch einen Brand zur Ruine. So steht sie seitdem mitten im Pfälzerwald.

Weiter fahren wir abwechslungsreich auf Forststraßen und kurzen Trails. Das Gelände wird zunehmend felsiger, wir biken an einigen skurrilen Felsformationen vorbei in den Ort Leimen. Hier besteht auch die Möglichkeit, die Tour zu kürzen und die direkte Schleife zurück zu nehmen. Fahren wir die lange Runde, durchqueren wir den Ort und biegen dann wieder ins Gelände ein. Nun folgt ein sehr anspruchsvoller Trail mit vielen Steinabsätzen und kleinen Felsen, der auch, gerade gegen Ende, sehr steil ist. Zur Erholung geht es danach bergab auf einem langen breiten Forstweg.

Nun haben wir eine lange Flachetappe mit nur leichten Steigungen durch ein Seitental vor uns. Dieser breite, gut zu befahrende Weg führt uns direkt am Schwarzbach entlang nach Johanniskreuz. Vorbei an der Falkensteigereck-Hütte und an den historischen Holzkohleöfen, in denen früher Holzkohle erzeugt

HÖHENPROFIL

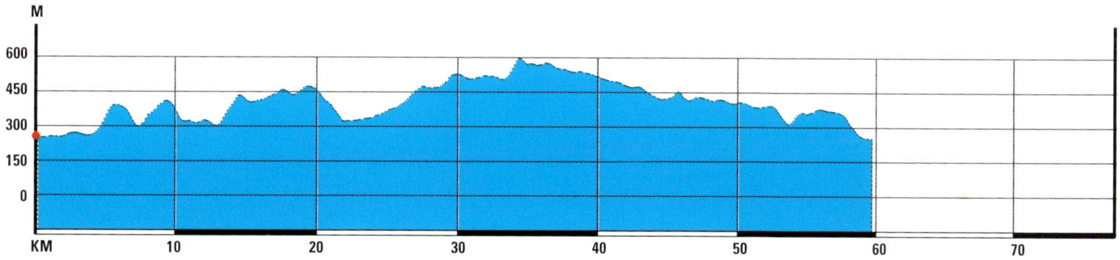

wurde. An den folgenden schönen Weihern und Seen gibt es die Möglichkeit, eine größere Pause einzulegen. Danach überqueren wir die Bundesstraße mehrmals, um dann über Forstwege und Trails den steilen Anstieg zum Eschkopfturm hochzufahren. Die Aussicht vom Turm über den Pfälzerwald ist gigantisch. Nach diesem Highlight fahren wir nach kurzer Abfahrt und Forststraßenfahrt traillastig zurück nach Leimen. Dort geht es nach einer kurzen Straßenpassage wiederum ins Gelände. Mitten durch den Wald über flüssig zu fahrende Singletrails erreichen wir Clausen. Nach der Ortsdurchfahrt nehmen wir eine steile Forststraße nach unten.

Vorsicht: Hier sind einige tiefere Wasserrinnen aus Beton zu überwinden, die wir nicht zu schnell überfahren sollten. Unten angekommen, geht es nochmals über eine steilere Trailauffahrt zu unserer letzten Abfahrt. Wir kommen vorbei am Hilschberghaus, wo wir letztmals bei dieser Tour eine Pause einlegen oder aber direkt nach Rodalben zum Ausgangspunkt zurückkehren können.

TIPP DES AUTORS

Wie eine Säule mitten im Wald steht er da: der Eschkopfturm. Unbedingt zum Aussichtspunkt hochsteigen, der Blick von oben auf den Pfälzerwald ist sensationell!

START/ENDE DER TOUR

Bahnhof Rodalben
Bahnhofstraße 4, 66976 Rodalben

EINKEHREN

Gaststätte »Zum Stern«
Leimen, Tel. 06397/1411
Cafe Nicklis
Johanniskreuz
www.facebook.com/CafeNicklis JohanniskreuzBikertreff
Hotel-Restaurant Johanniskreuz
www.hotel-johanniskreuz.de/kontakt.htm
Pizzeria »Di Milano«
Clausen, Tel. 06333/9930920
Hilschberghaus
Rodalben
www.pwvhilschberghaus.de

STRECKENVERLAUF

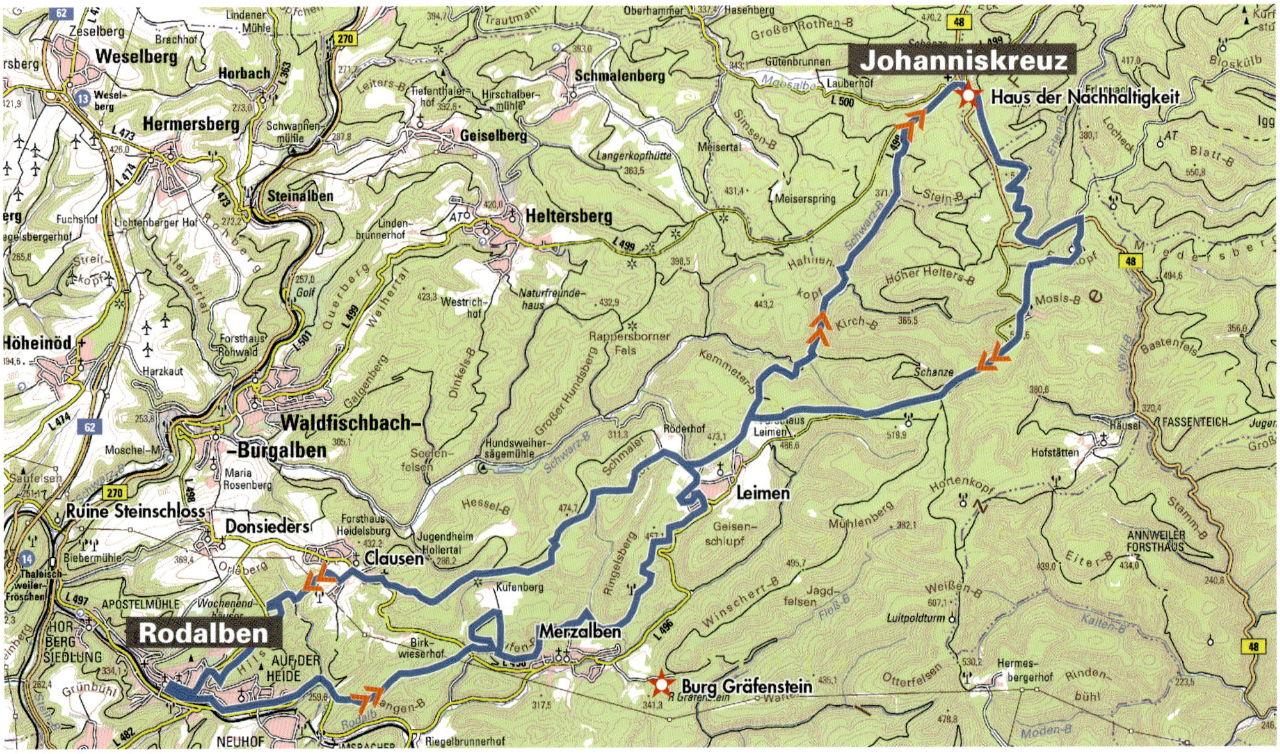

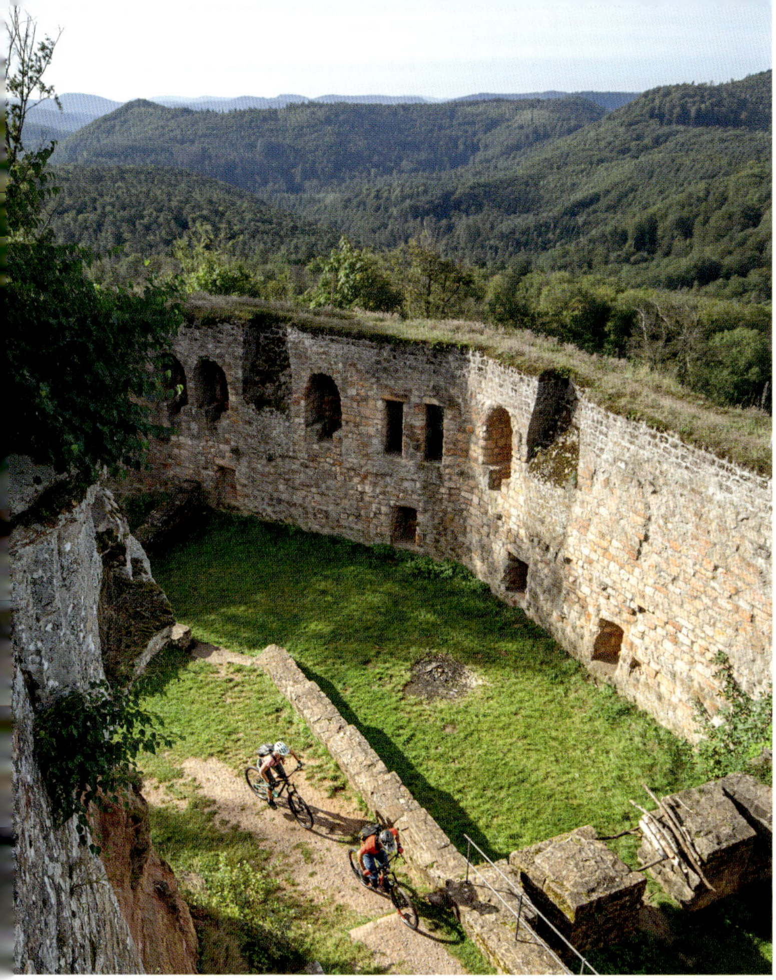

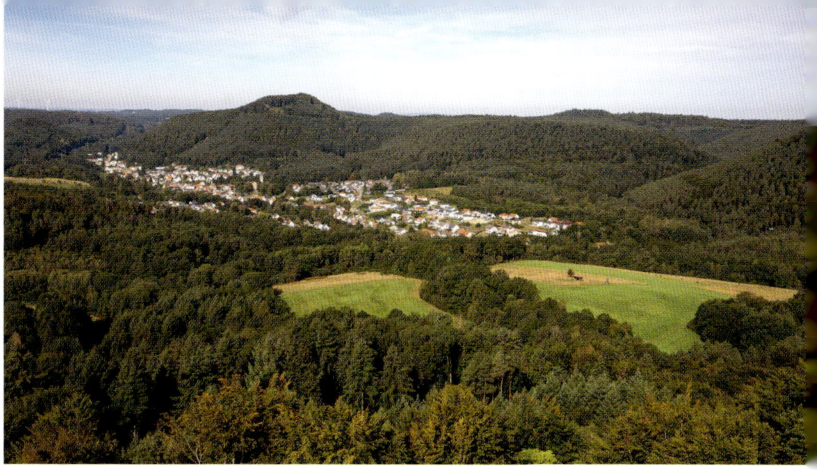

Abwechslungsreiche Tour mit Burgen, Weitblick und Singletrails. Am Dorfbrunnen in Clausen kann Wasser nachgefüllt werden.

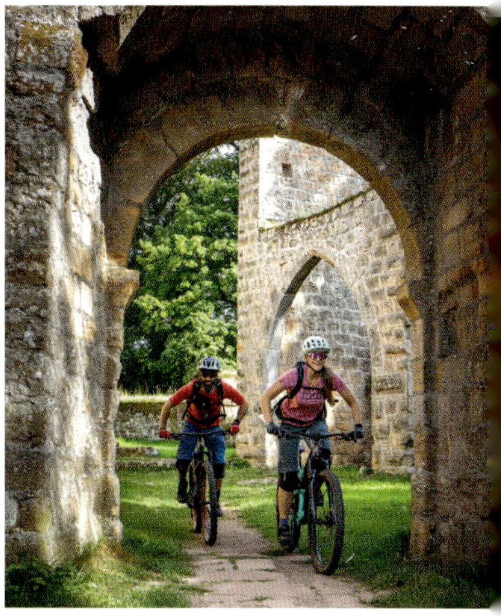

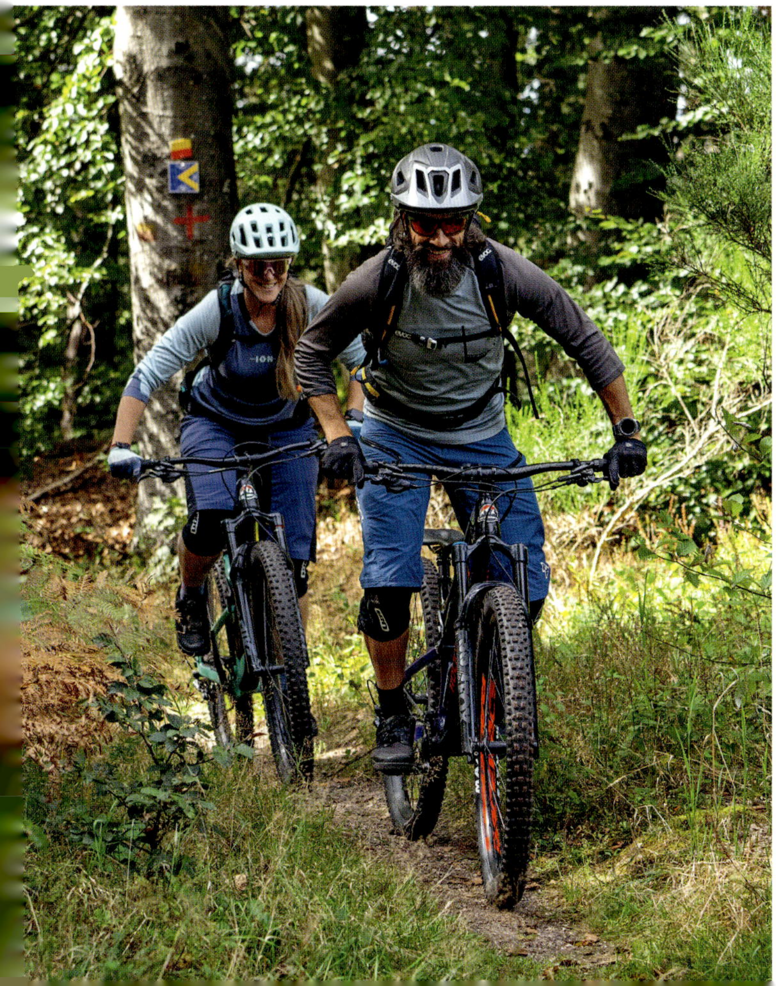

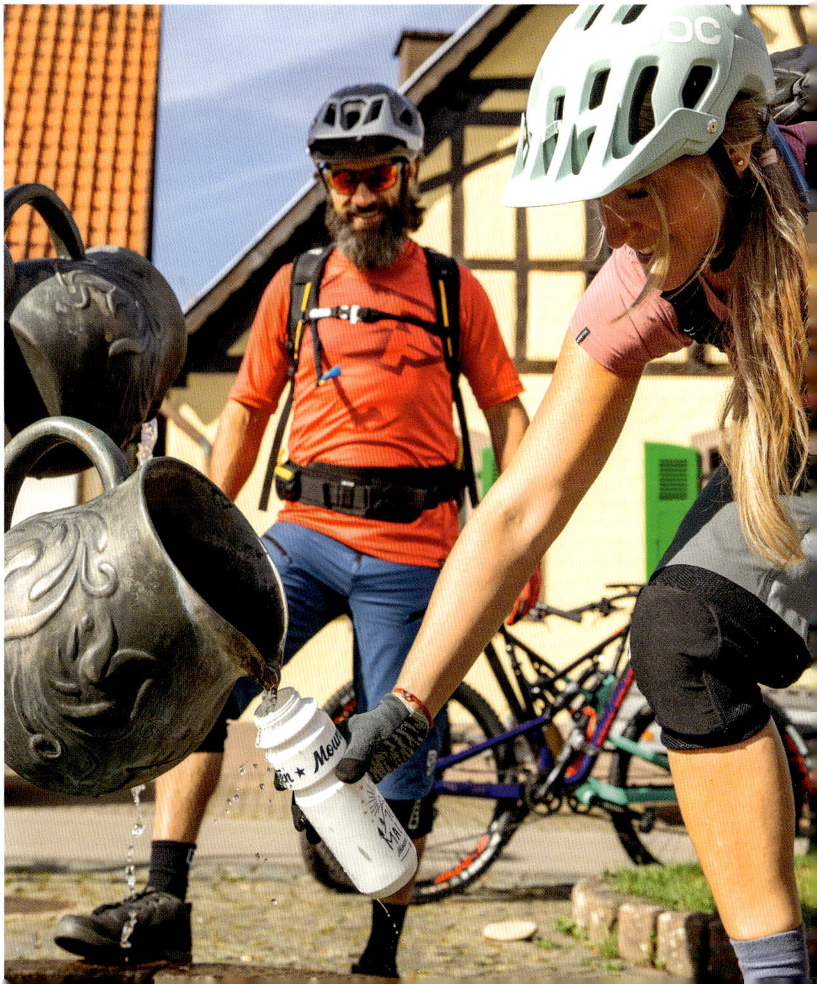

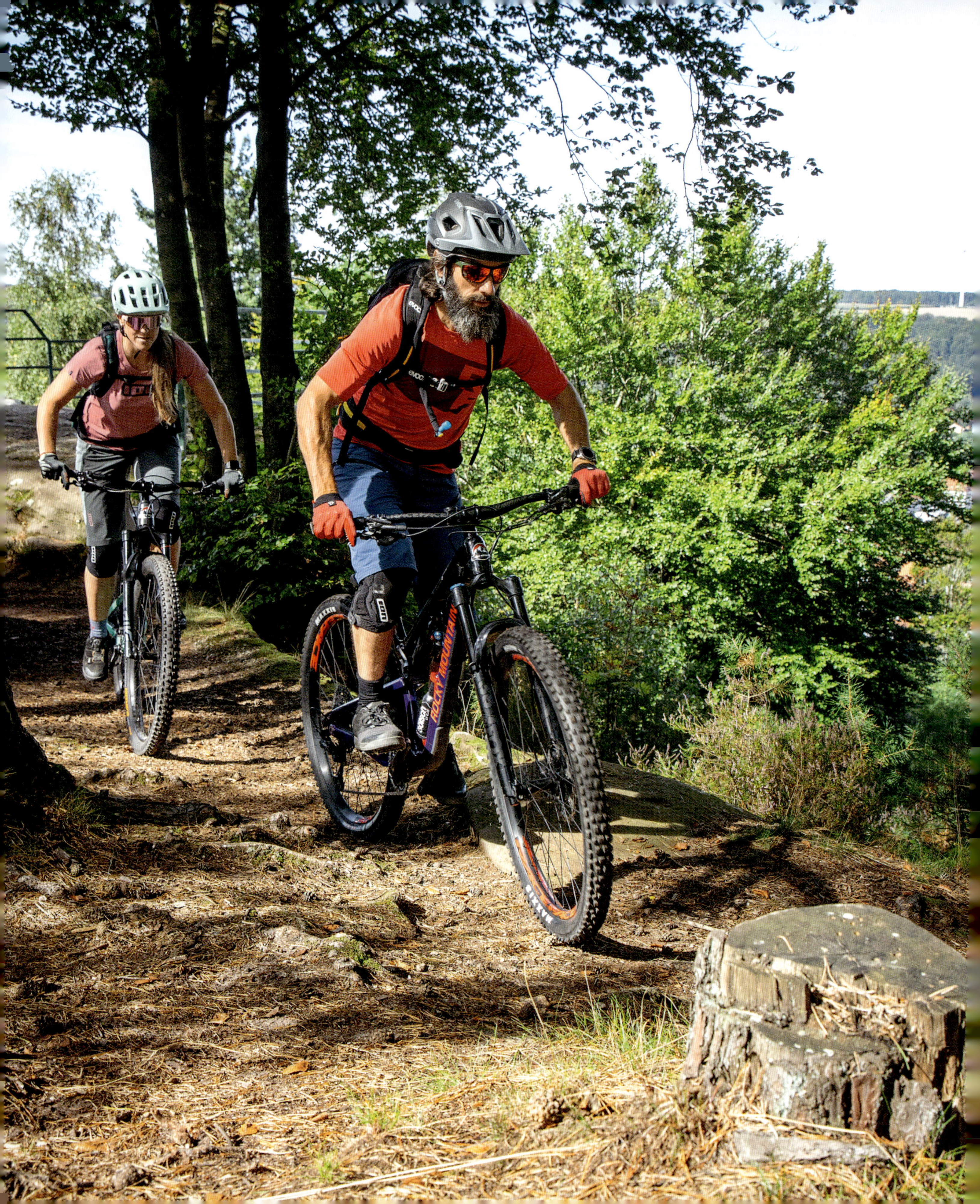

DAUER 6 STUNDEN im Tourenmodus

FAHRTECHNIK ●●●○○○ **KONDITION** ●●●●○○ **ERLEBNIS** ●●●●○○ **LANDSCHAFT** ●●●●○○

02 GALGENFELSEN-TOUR
53 KM / 1.050 HM

MOUNTAINBIKE-TOUR IN UNBERÜHRTER NATUR MIT SEHR LANGEN, FLOWIGEN SINGLETRAILS. UNZÄHLIGE SCHÖNE AUSBLICKE UND SKURRILE FELSFORMATIONEN LIEGEN DIREKT AUF DEM WEG.

Hier heißt es in der Spur bleiben.

Unsere Tour beginnen wir am Bahnhof in Waldfischbach-Burgalben. Nach einem kurzen Einrollen durch die Stadt geht es gleich bergauf zum Galgenfelsen. Auf dem imposanten Felsen befindet sich eine große Aussichtsplattform, die über einige Stufen leicht zu bezwingen ist. Die Aussicht über den Ort und die umliegenden Berge von dort ist fantastisch.

Weiter geht es zuerst auf einer Forststraße, dann auf einem steilen Trail in angenehmer Steigung. Die Belohnung des Aufstiegs ist ein herrlicher schmaler Weg im Auf und Ab durch den offenen Wald. Danach fahren wir länger über Forststraßen in die Nähe der Schutzhütte vom »Jäger aus Kurpfalz«, einem Erbförster aus Bad Sobernheim, bevor wir dann wieder in einen langen Trail, zuerst bergab, vorbei am Hergottsbrünnchen und dann immer wieder mit kurzen Steigungen bespickt, nach Heltersberg kommen. Der beschauliche Flecken ist der Geburtsort von Udo Bölts, seines Zeichens zwölfmaliger Teilnehmer der Tour de France und einer der bekanntesten Radsportler Deutschlands. Sehr oft ist Udo auch auf dem Mountainbike auf »seinen« Trails rund um Heltersberg anzutreffen – die hiesigen Mountainbikewege werden von ihm und einigen anderen Mountainbikern gepflegt.

Nach dem Ort besteht die Möglichkeit, die Tour zu kürzen und auf die Schleife zurück nach Waldfischbach-Burgalben zu fahren: Der Singletrail-Anteil beträgt dann mehr als 50 Prozent. Die ganze Tour fährt man indem man den Ort durchquert und direkt in einen Downhilltrail einbiegt. Auf engen Kurven geht es nach unten, bevor wir dann wieder einen schmalen Trail bergauf nehmen. Wir überqueren die Landesstraße, und weiter geht es auf einem Radweg und durch den Wald auf breitem Weg durch das Schwarzbachtal nach Johanniskreuz. Dort können wir eine Pause einlegen und uns im nahe gelegenen Restaurant verpflegen.

Dann geht es nach kurzer Straßenpassage gleich wieder in einen flachen, aber spaßigen Trail. Nun biken wir wieder gemütlich auf einem längeren Forstweg durch den Wald, bevor wir in einen anspruchs-

HÖHENPROFIL

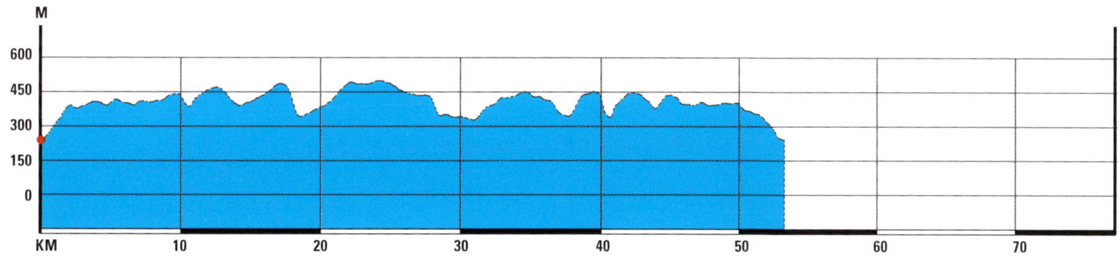

vollen, steinigen Singletrail abbiegen, der uns direkt zum Campingplatz Sägmühle bringt – unmittelbar am idyllischen Sägmühlweiher gelegen. Der Trail ist durchaus anspruchsvoll und hat höhere Steinabsätze, die durch den weichen Sand unsere Fahrtechnik fordern. Weiter geht es auf einem sandigen Weg zurück zur Landesstraße, bevor wir nach Schmalenberg kommen. Nach der Ortsdurchfahrt erwartet uns ein steiler Downhill und dann nochmals ein Anstieg auf schmalem Weg. Wir durchqueren wiederum Heltersberg. Der nun folgende kilometerlange Trail ist ein Genuss: Ein ständiges Auf und Ab bringt uns wieder auf einen breiten Weg, um kurz darauf erneut in einen kurzweiligen Trail abzubiegen. Dieser führt uns zu der imposanten Felsengruppe »Drei Felsen«. Hier genießen wir den panoramareichen Aussichtspunkt mit Blick auf die Stadt Waldfischbach-Burgalben. Anschließend fahren wir bergab, zuerst auf Trail, dann auf Straße zurück zum Ausgangspunkt.

TIPP DES AUTORS

Fährt man nur die Schleife bis Heltersberg und wieder zurück nach Waldfischbach-Burgalben, so hat diese einen Trailanteil von mehr als 50 %.

START/ENDE DER TOUR

Bahnhof Waldfischbach-Burgalben
Bahnhofstraße 1,
67714 Waldfischbach-Burgalben

EINKEHREN

Café am Bahnhof
Bahnhofstraße 8,
Waldfischbach-Burgalben,
Tel. 06333/279189

Sportheim zum Hembachblick
Jahnstraße 13, Heltersberg,
Tel. 06333/980078

Naturfreundehaus Heltersberg
In der Lettenkaut 6, Heltersberg,
www.naturfreunde-heltersberg.de

Haus der Nachhaltigkeit
Johanniskreuz,
www.hdn-pfalz.de/das-haus

Cafe Nicklis
Johanniskreuz
www.facebook.com/CafeNicklis JohanniskreuzBikertreff

Hotel-Restaurant Johanniskreuz
www.hotel-johanniskreuz.de/kontakt.htm

STRECKENVERLAUF

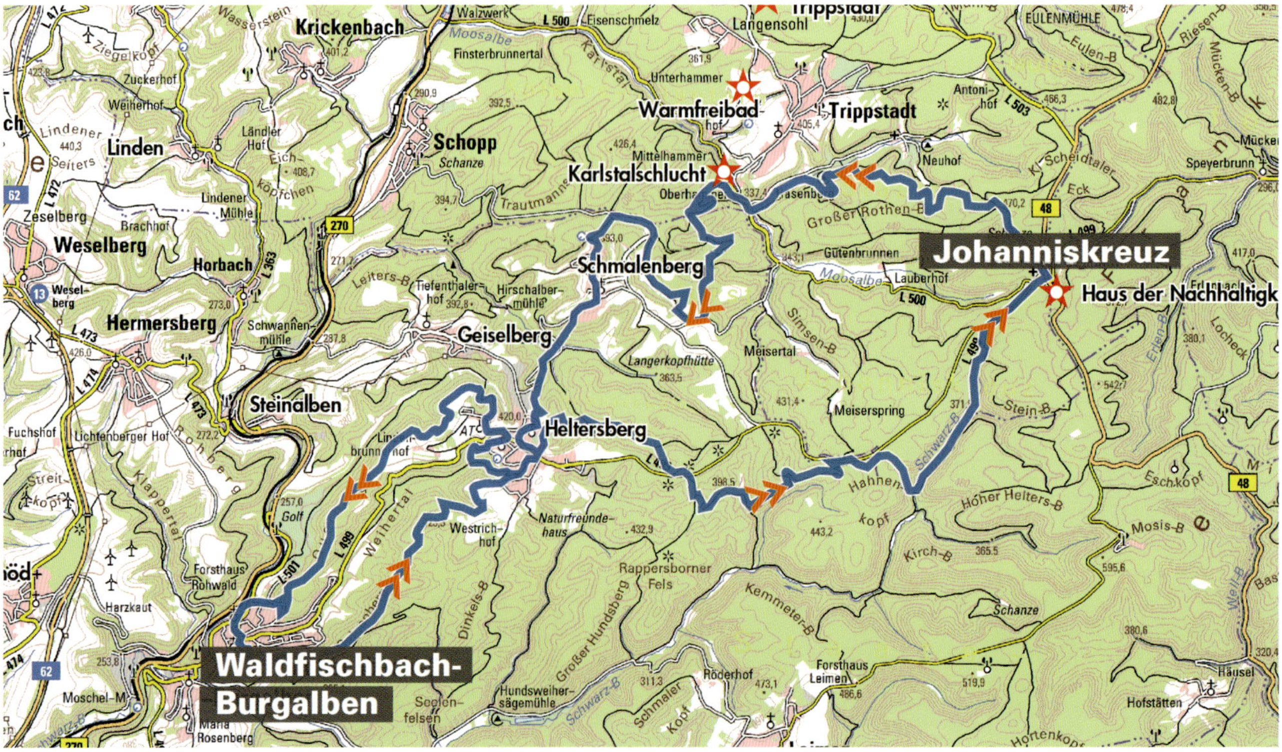

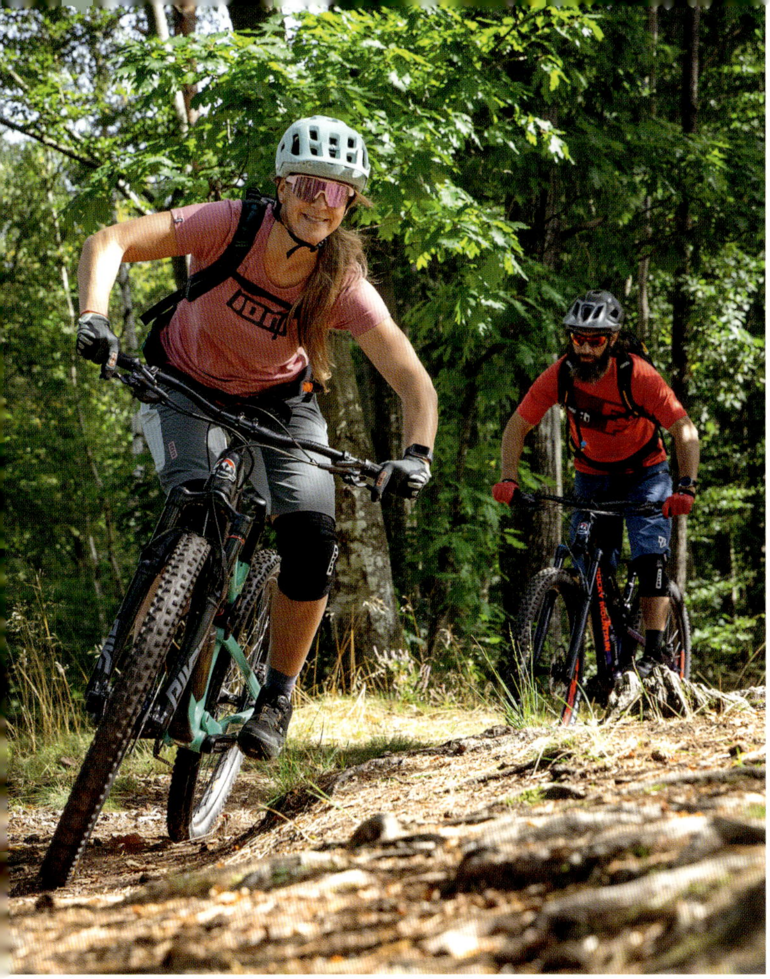

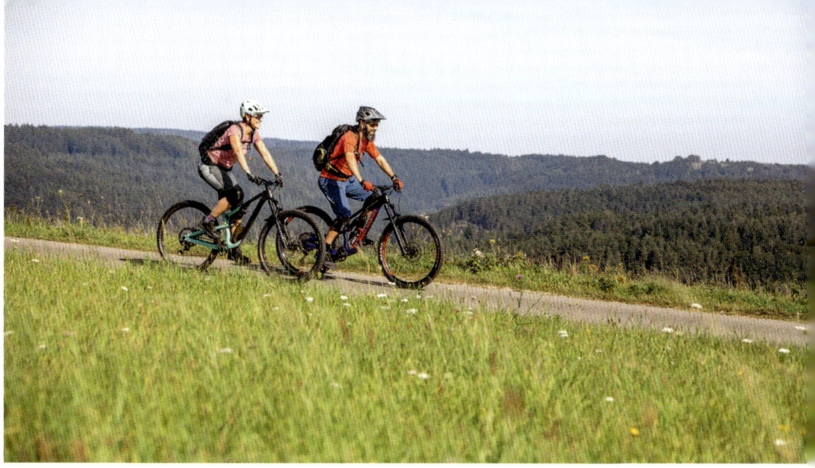

Nach Hochebene und langen Trails kann man auch einmal auf einem aussichtsreichen Ruheplatz verweilen und Northshore Biken à la Pfälzerwald.

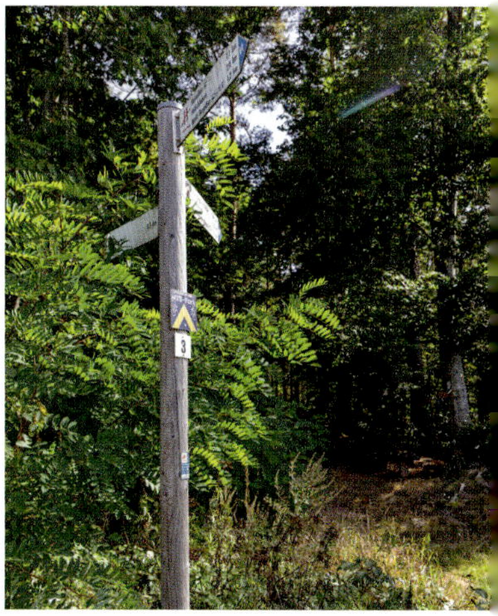

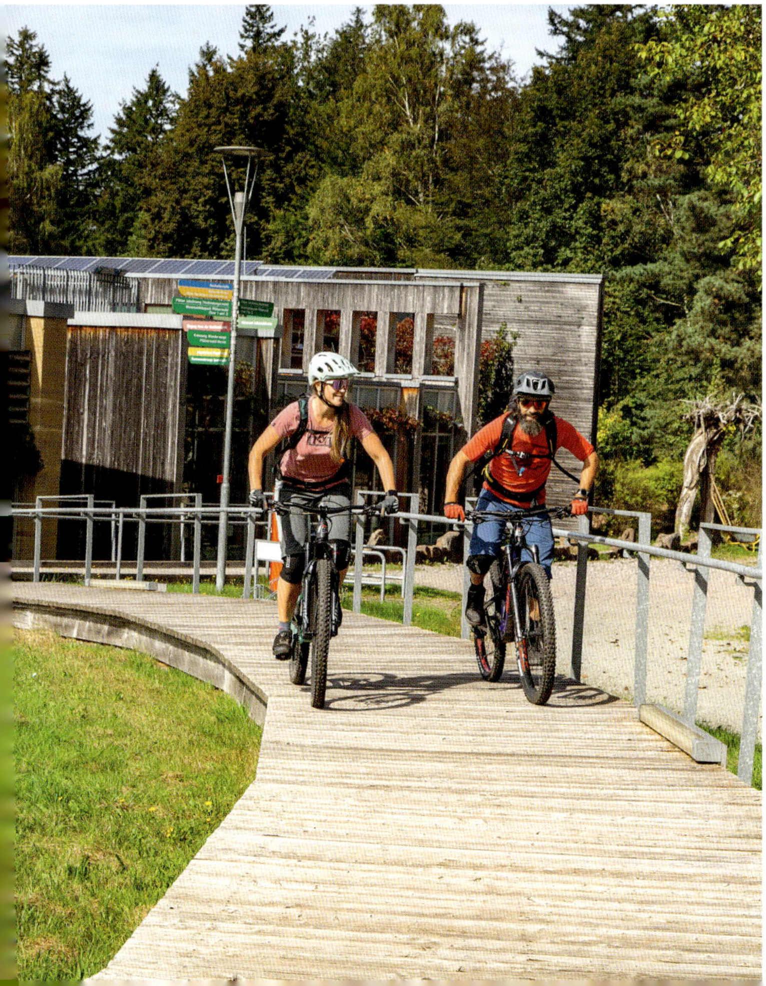

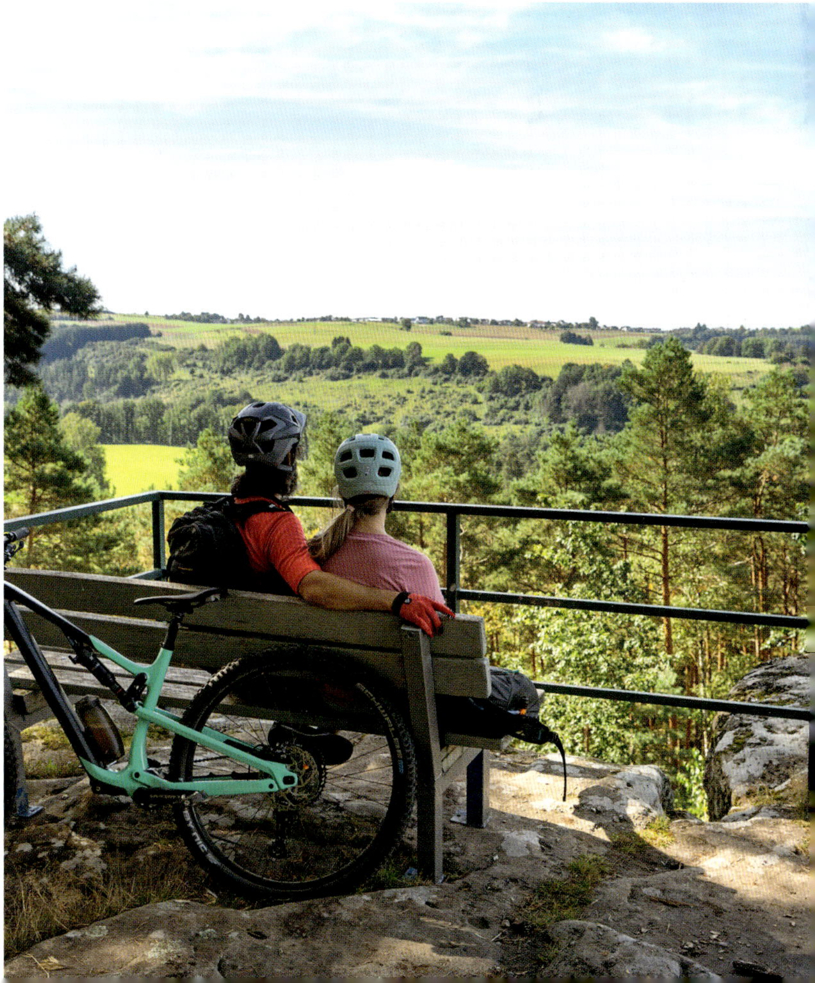

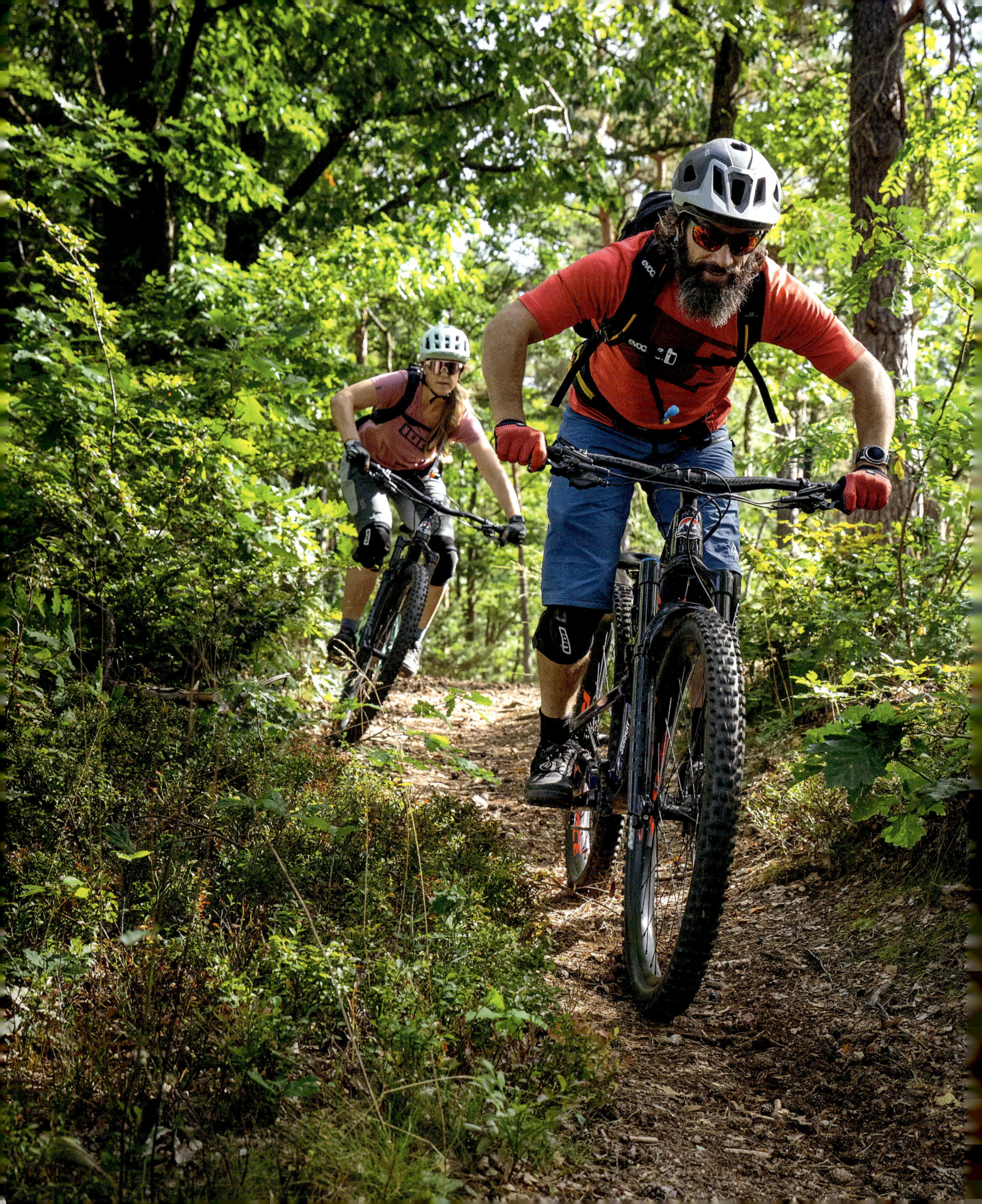

DAUER 5 STUNDEN im Tourenmodus

FAHRTECHNIK ●●○○○○ **KONDITION** ●●●●○○ **ERLEBNIS** ●●●●○○ **LANDSCHAFT** ●●●●○○

03 SCHOPPEN-TOUR

59 KM / 1.100 HM

ANSPRUCHSVOLLE, TOLLE MOUNTAINBIKE-TOUR IM HERZEN DES PFÄLZERWALDES MIT VIELEN HIGHLIGHTS WIE DER BURG WILENSTEIN UND DEM SÄGMÜHLWEIHER.

Konzentriertes Trailfahren durch dichten Wald.

Auch wenn der Dorfname Schopp wahrlich nichts mit des Pfälzers liebstem Trinkgefäß, dem Schoppenglas, zu tun hat, muss es doch an dieser Stelle angesprochen werden. Das Nationalgetränk der Einheimischen ist die Rieslingschorle, und die wird nur stilecht in dem 0,5 Liter fassenden Schoppenglas serviert. Gerade das Mischungsverhältnis mag bei so manchem Biker Kopfschütteln verursachen, ist es doch mit nur einer flachen Handbreit Sprudelwasser relativ alkohollastig und dient nicht zum kleinen Umtrunk vor unserer doch anspruchsvollen Tour.

Diese starten wir am Bahnhof in Schopp, von dort geht es nach kurzer Fahrt auf Asphalt über einen Forstweg und eine Trailabfahrt zur Pfälzerwaldhütte Schmalenberg. Danach folgt ein längerer Anstieg unterhalb des Hardterkopfes. Wir überqueren die Kreisstraße 29, um oberhalb von Schopp, vorbei an der Sportanlage, wieder ins Gelände zu fahren. Schopp hat übrigens auch eine sehr bekannte Radrennbahn, auf der im Jahr 2002 die Deutschen Meisterschaften im Cross-Country ausgetragen wurden. Nach einer längeren Fahrt auf einer Forststraße nähern wir uns der Burg Wilenstein. Sie wurde um 1152 durch den späteren Kaiser Friedrich Barbarossa zum Schutz des Reichslandes um Kaiserslautern erbaut. Hier besteht die Möglichkeit, einen kleinen Abstecher von unserer ausgeschilderten Tour zu machen und die Burg, die seit den 1960er-Jahren teilrestauriert ist, zu besichtigen.

Zurück auf der Tour, gelangen wir nach Bartelsberg am Kottelbach und passieren den Sägmühlweiher. Auf breitem Weg und kurzen Trails fahren wir nach Johanniskreuz. Der unter Mountainbikern beliebte Treffpunkt hat seinen Namen bereits seit der Ritterzeit, als Ritter Johannes in der Burg Wilenstein widerrechtlich sein eigenes Wappen einmeißeln ließ. Das »Herrn Johanns Creutz« wurde 1551 erstmals urkundlich erwähnt. Hier bietet sich auch eine Pause an, zum Beispiel im Haus der Nachhaltigkeit in unmittelbarer Nähe des großen Parkplatzes. Danach fahren wir am Antonihof vorbei über den sogenannten Geburtstagsweg. Der Weg ist schön flowig und zieht sich am Hang entlang, zuerst kupiert, dann geht es in eine Abfahrt und wir treffen

HÖHENPROFIL

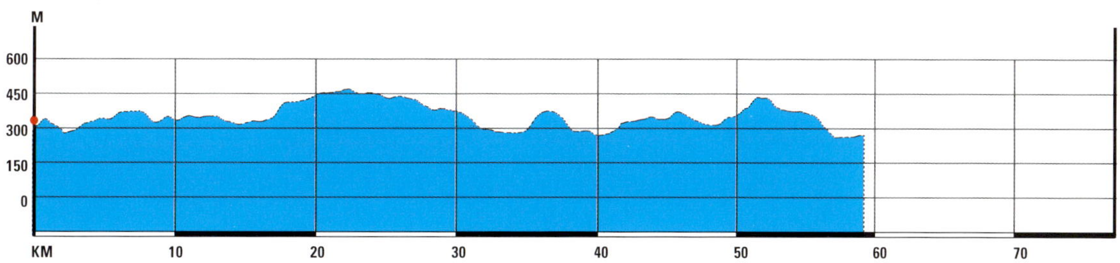

auf die Landesstraße L503, der wir einige Meter folgen. Danach biken wir vorbei an der St.-Blasius-zu-Aspach-Kirche. Nach kurzer Fahrt auf der Landesstraße und schmalem Pfad fahren wir weiter über den Aschbacherhof am Forsthaus Horst vorbei, in der direkten Nähe zum kleinen beschaulichen Ort Stelzenberg. Danach folgt ein langer Singletrail mit dem Ausgangspunkt Finsterbrunnertal. Abwechslungsreich fahren wir nach Überquerung der B270 nun durch das Hammertal und Schweinstal nach Queidersbach. Dann geht es wieder bergan durch dichten Wald in Richtung Krickenbach. Ein flüssig zu fahrender Trail fordert uns, kurz bevor wir wieder auf einer Nebenstraße am Ländlerhof vorbei Richtung unseres Ausgangspunktes fahren. Unterhalb des Eichköpfchens geht es dann auf einem schmaleren Weg und auf Asphalt zurück nach Schopp zum Bahnhof.

TIPP DES AUTORS

Direkt an der Mountainbike-Strecke liegt der Bikepark Trippstadt. Der kleine, aber feine Bikepark bietet verschiedene Sprungvariationen, hohe Wallrides und auch kurze Trailabschnitte – wie gemacht für ambitionierte Biker oder die, die es werden wollen. Der Bikepark ist zwar sehr anspruchsvoll, kleinere Sprungelemente bieten jedoch die Möglichkeit, sich an das Springen heranzutasten.

START/ENDE DER TOUR

Bahnhof Schopp
Bahnhofstraße, 67707 Schopp

EINKEHREN

Pfälzerwaldhütte Schmalenberg
www.pwv.de/index.php/schmalenberg-home

Klugsche Mühle (Trippstadt)
www.klugsche-muehle.de

Haus der Nachhaltigkeit
Johanniskreuz
www.hdn-pfalz.de/das-haus

Café Nicklis
Johanniskreuz
www.facebook.com/CafeNicklisJohanniskreuzBikertreff/

Hotel-Restaurant Johanniskreuz
www.hotel-johanniskreuz.de/kontakt.html

Restaurant Eichwaldstuben
Schopp
www.eichwaldstuben.de

STRECKENVERLAUF

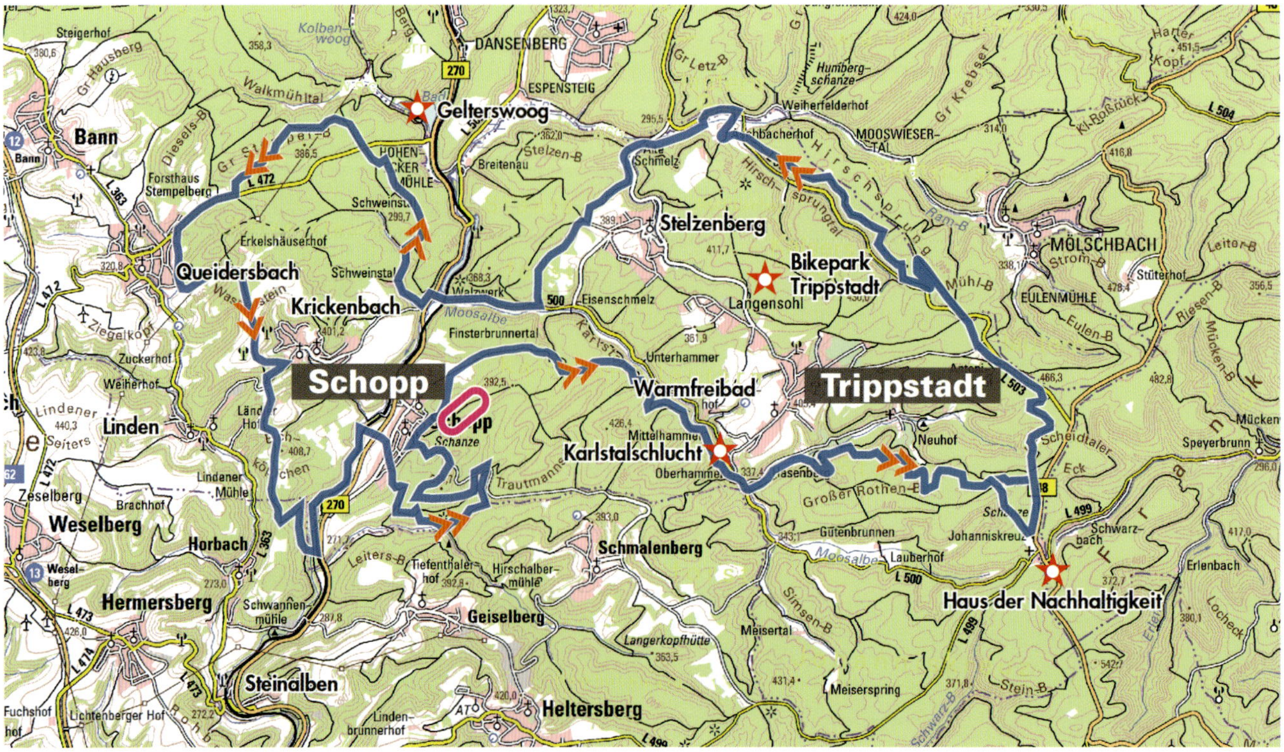

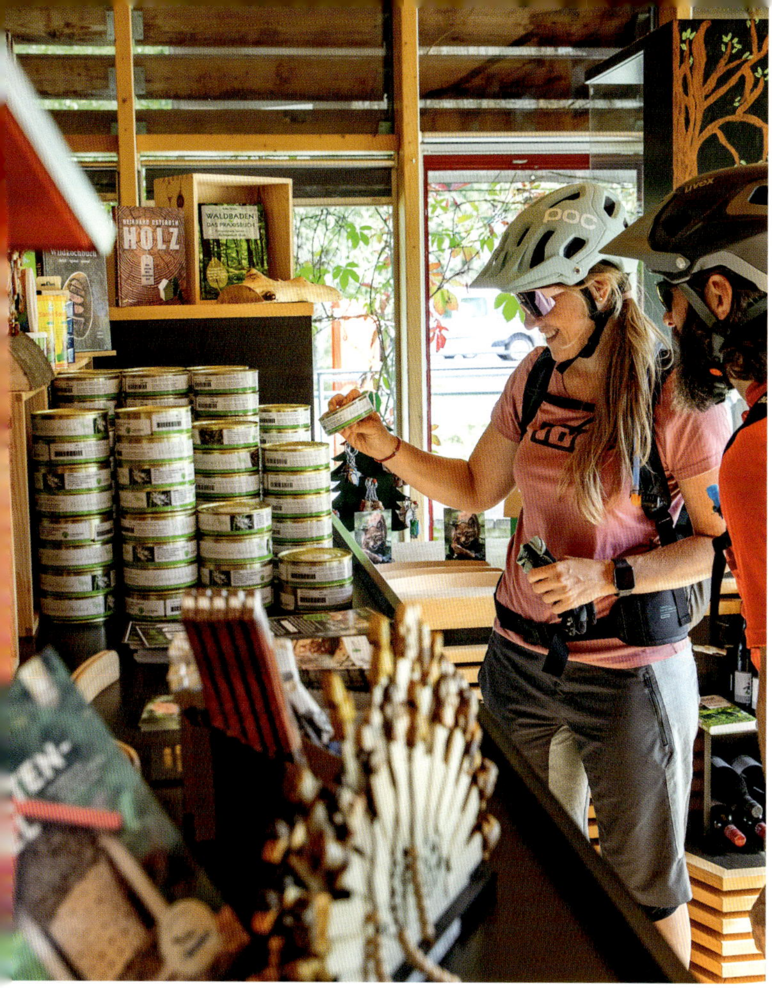

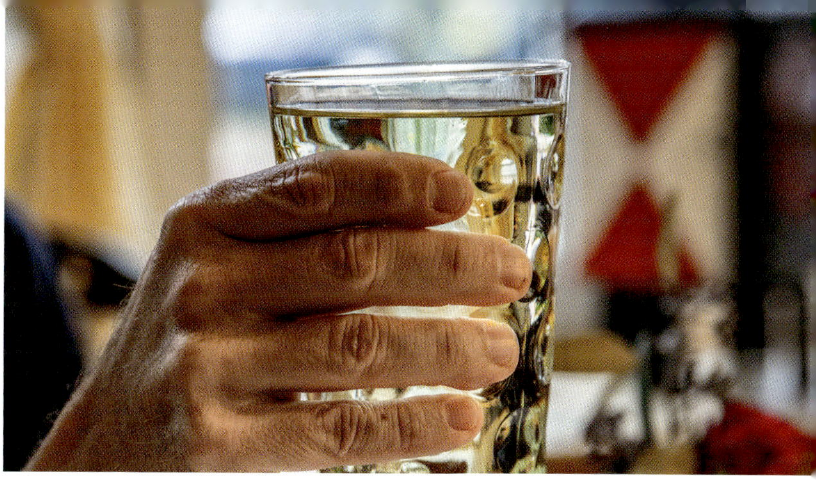

Umfangreiche Pfälzer Kulinarik mit Rieslingschorle und Pfälzer Leberwurst – nach einer anspruchsvollen Tour ein Genuss!

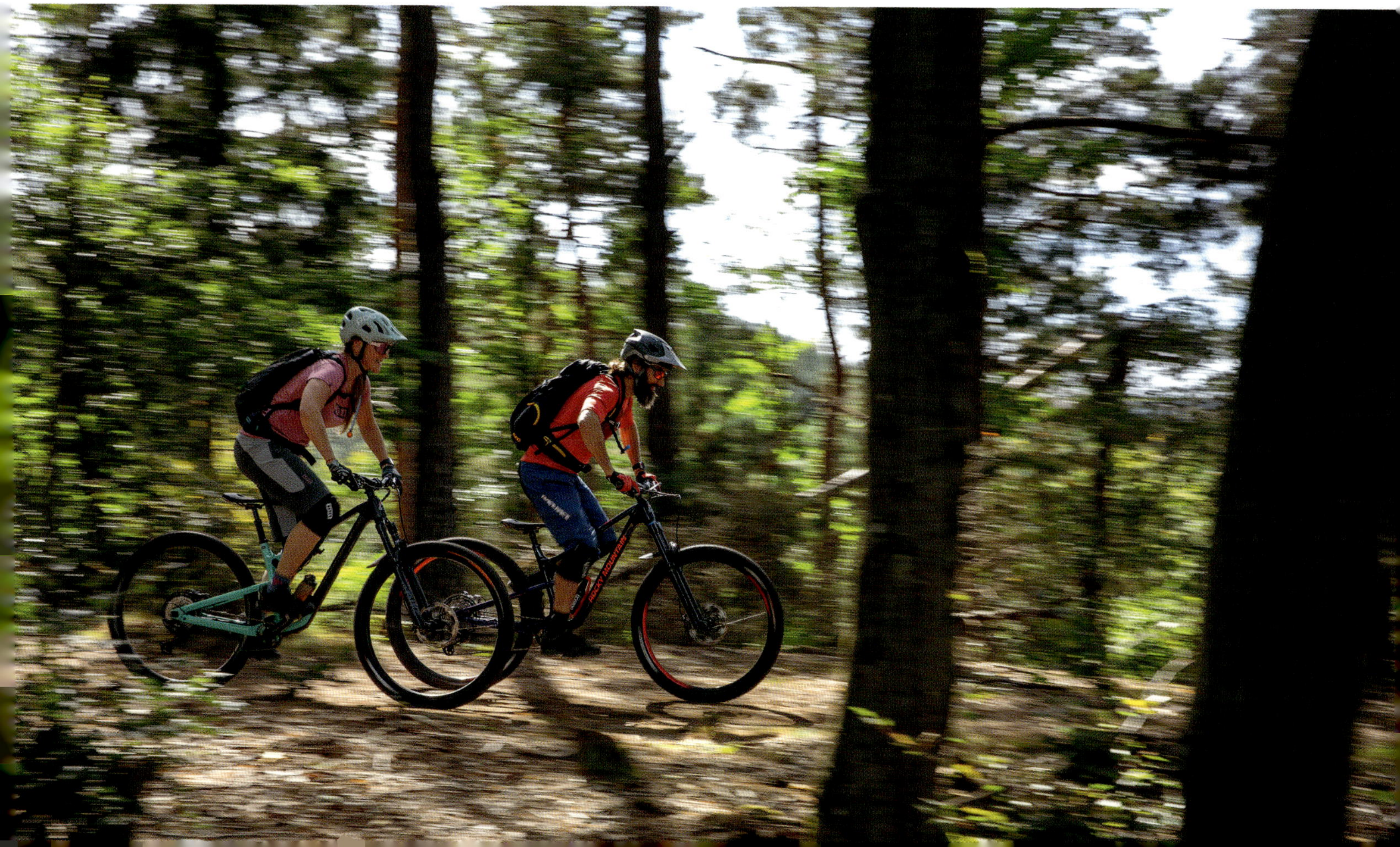

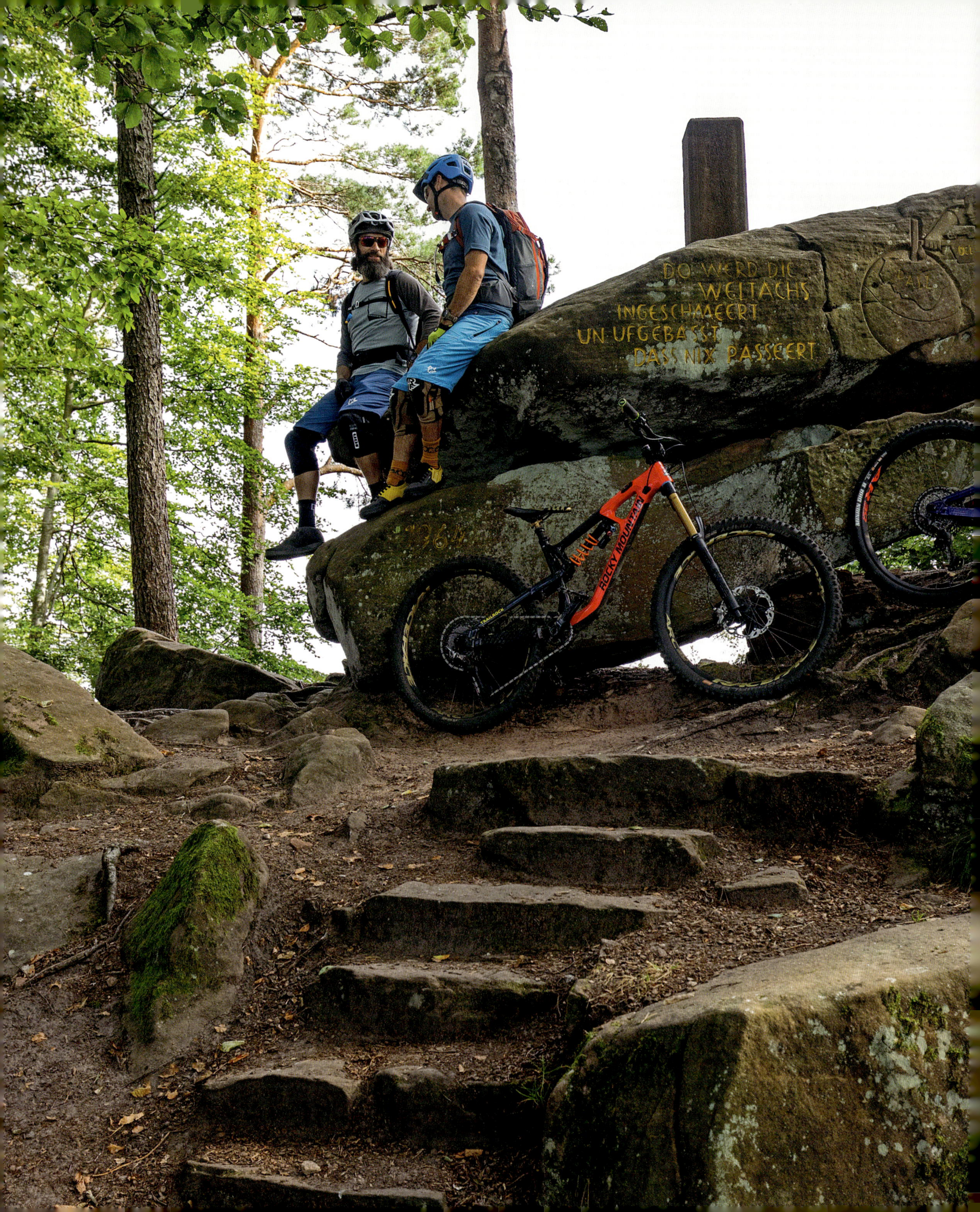
DO WERD DIE
WELTACHS
INGESCHMAEERT
UN UFGEBASST
DASS NIX PASSEERT
ROCKY MOUNTAIN

DAUER **6 STUNDEN** im Tourenmodus

FAHRTECHNIK ●●●○○○ **KONDITION** ●●●●●○ **ERLEBNIS** ●●●●●○ **LANDSCHAFT** ●●●●○○

04
WELTACHS-TOUR
65 KM / 1.400 HM

DIESE SINGLETRAILTOUR WARTET NICHT NUR MIT MEHR ALS 17 KILOMETER SCHMALEN, SPASSIGEN WEGEN AUF, SONDERN SPART AUCH NICHT MIT SEHENSWÜRDIGKEITEN: HIER DREHT SICH DER PFÄLZER UM DIE WELTACHS!

Die Pfälzer Weltachs taugt auch als Ruheplatz.

Die vielen Felsen im Pfälzerwald machen dieses Gebiet so einzigartig: Unzählige Felsformationen säumen die Wege und Plätze. Dabei ist jede für sich skurril und komplett unterschiedlich. Unvergleichbar hat die Natur diese Felsen geformt und der Mensch ihr originelle Namen verpasst. So wie dem Buntsandsteinfelsen bei Waldleinigen mit dem Namen »Pälzer Weltachs«. Warum diese ständig geölt werden muss, erfahrt ihr beim Abfahren dieser Tour.

Am Startpunkt in Hochspeyer geht es vorbei am Schwimmbad gleich bergauf, zuerst auf Nebenstraßen, dann auf einem einfachen dichten Waldtrail. Bei der Überquerung der B48 haben wir die erste Steigung bezwungen. Nun biken wir auf einem schmalen Weg, oft mit Laub bedeckt, bevor wir auf abwechslungsreichen Wegen nach Waldleiningen kommen. Hier besteht die Möglichkeit, die Tour zu kürzen und direkt auf die Schlussschleife zu fahren. Wer sich für die große Runde entscheidet, durchquert den Ort komplett. Darauf folgt eine schöne Trailabfahrt mit einigen anspruchsvollen Spitzkehren, die unsere Fahrtechnik fordern, bevor wir dann weiter eher flach auf schmalem Pfad unterwegs sind. Wir fahren wieder aufwärts bis zur B48, queren diese und biken zur oben angekündigten »Pälzer Weltachs«. Dieses beliebte Fotomotiv ist ein bearbeiteter Buntsandstein. In einem Gedicht heißt es, dass die Weltachse sich im Mittelpunkt des Pfälzer Staates befände und den Pfälzern seit der Schöpfung die Schmierung der Weltachse anvertraut sei. Wir biken weiter auf einem mit einigen Wurzeln und Absätzen gespickten Trail über den Kleinen Roßrück nach Mölschbach.

Nach einem Asphaltstück geht es vorbei an der Eulenmühle und dem Antonihof. Der Hof ist nicht bewirtschaftet. Er diente früher als Sitz des Forstwarts und wurde auch als Jugendherberge genutzt. Seit 1990 befindet sich dort das forstliche Genressourcenzentrum RLP. Nun besteht die Möglichkeit, einen kurzen Abstecher nach Johanniskreuz zu machen oder aber direkt zu den »Drei Linden« zu fahren. Nach der rasanten Abfahrt geht es zum sogenannten Dämmchen. Nun folgt wiederum ein flowiger Trail zum Langental, bevor wir wieder nach

HÖHENPROFIL

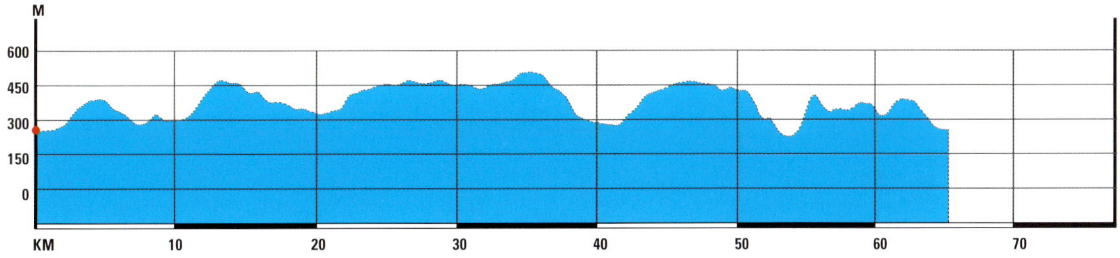

Waldleiningen zurückkehren. Über eine Forststraße geht es zum Wolfsohl. Wir biken mehrere einfache und wenig fordernde, aber mit einigen Wurzeln besetzte Singletrails über den Eselsohler Berg und die Hohe Loog. Zum Teil sehr anspruchsvoll mit Spitzkehren geht es dann hinunter ins Leinbachtal. Darauf folgend fahren wir nun in den schwersten Anstieg dieser Tour, zum Schlossberg über den sogenannten Frankensteiner Monster-Trail. Die Belohnung nach dieser Anstrengung erfolgt prompt mit einer langen Abfahrt zur Frankensteiner Burg mit schönem Blick auf Frankenstein. Die typische Felsenburg auf 300 Meter Höhe wurde um 1146 erstmalig erwähnt und aufgrund des engen Felsengeländes stufenförmig gebaut – das Land Rheinland-Pfalz hat die Ruine teilrestauriert. Nach kurzem Auf und Ab folgen eine Trailabfahrt zum Kaninchenheim und ein kurzer Straßenabschnitt zurück zum Bahnhof in Hochspeyer.

TIPP DES AUTORS

In Hochspeyer nahe der Jugendherberge befindet sich ein Singletrailparcours mit vier Abfahrtstrails verschiedener Schwierigkeitslevels.

START/ENDE DER TOUR

Bahnhof Hochspeyer

Bahnhofstraße 3, 67691 Hochspeyer

EINKEHREN

Landgasthof Leinhof
Leinhofstraße 12,
67693 Waldleiningen, Tel. 06305/1792

Haus der Nachhaltigkeit
Johanniskreuz
www.hdn-pfalz.de/start/

Waldhaus Schwarzsohl
www.schwarzsohl.de
(zurzeit geschlossen!)

Kaninchenheim Hochspeyer
Am Meisenkopf 1, 67691 Hochspeyer,
Tel. 06305/8774

Restaurant Zum Rathaus
Hochspeyer
www.zumrathaus.de

Pizzeria Da Rosario
Hochspeyer
Tel. 06305/383

STRECKENVERLAUF

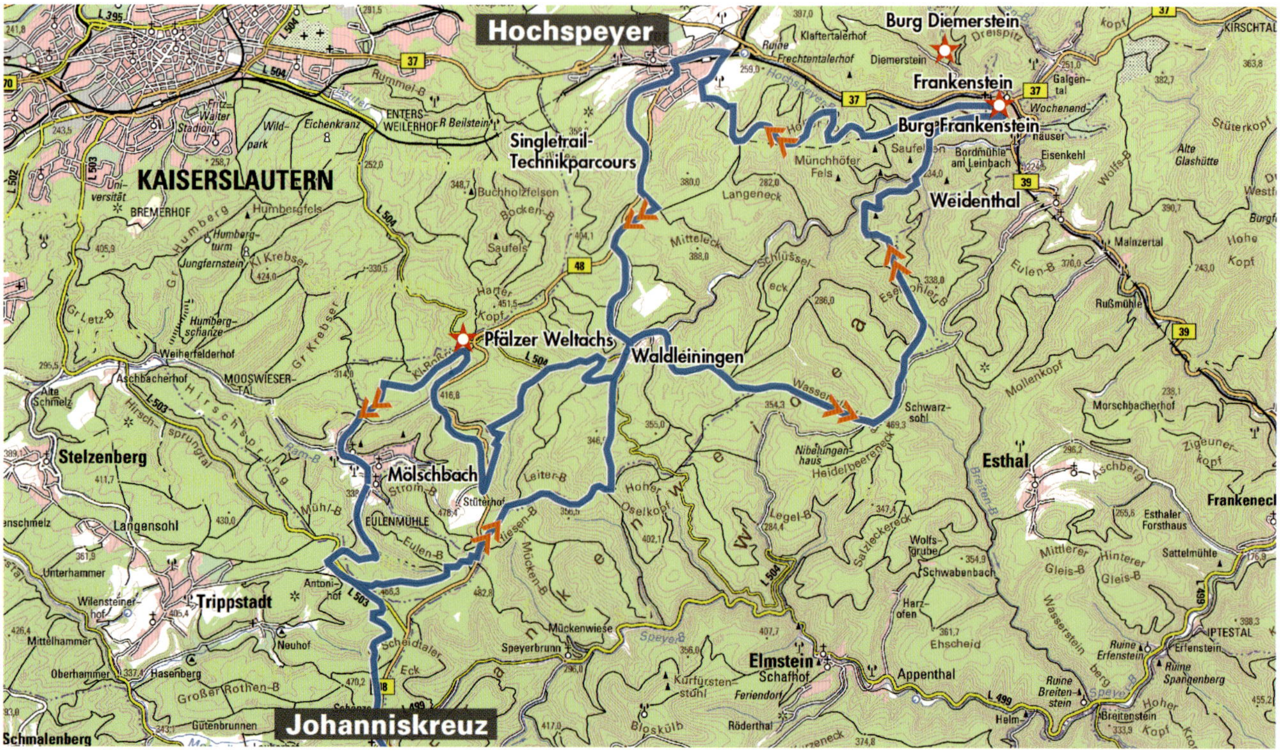

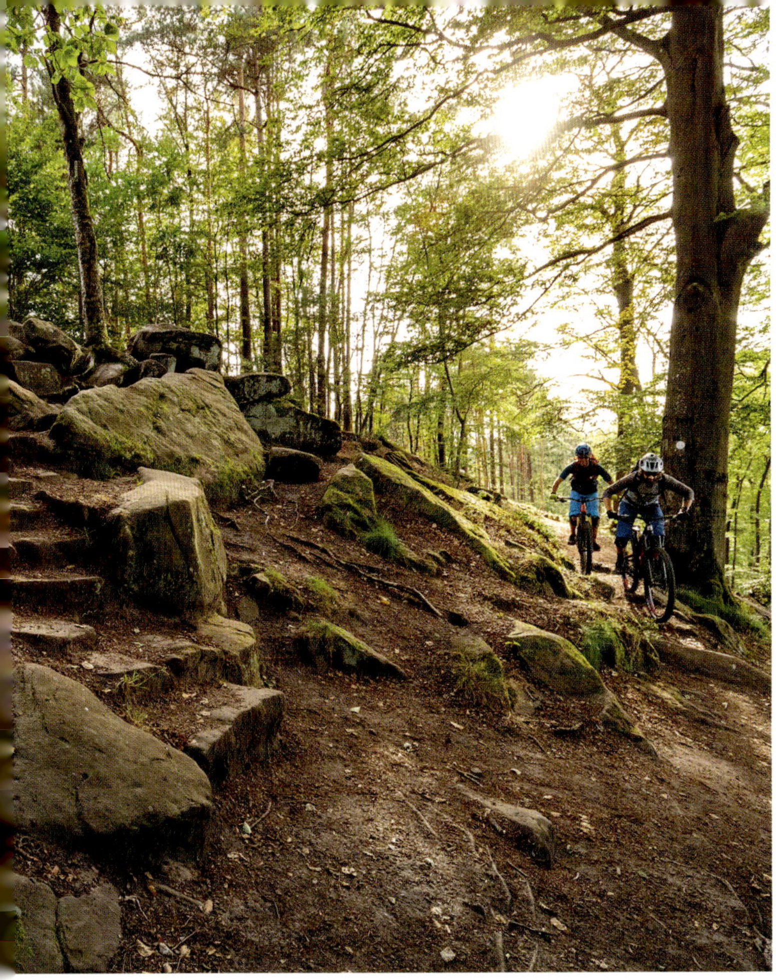

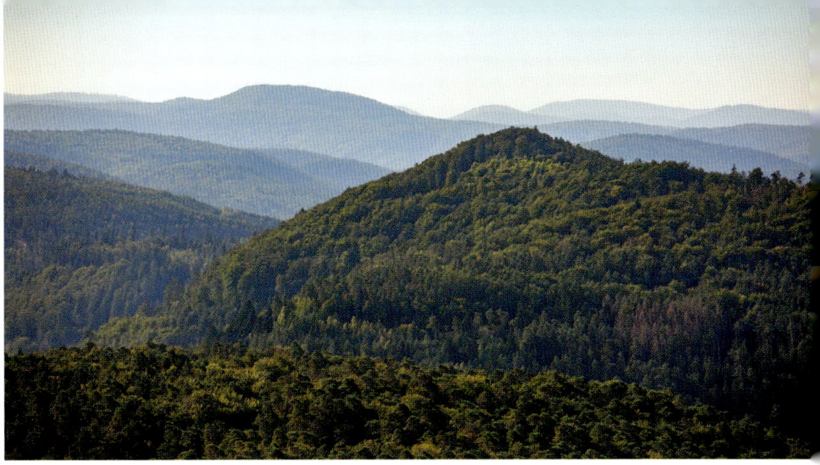

Direkt an den anspruchsvollen, schmalen Wegen, durchsetzt von durch Felsstufen und Wurzeln, ergeben sich oft tolle Ausblicke in die Weiten des Pfälzerwaldes.

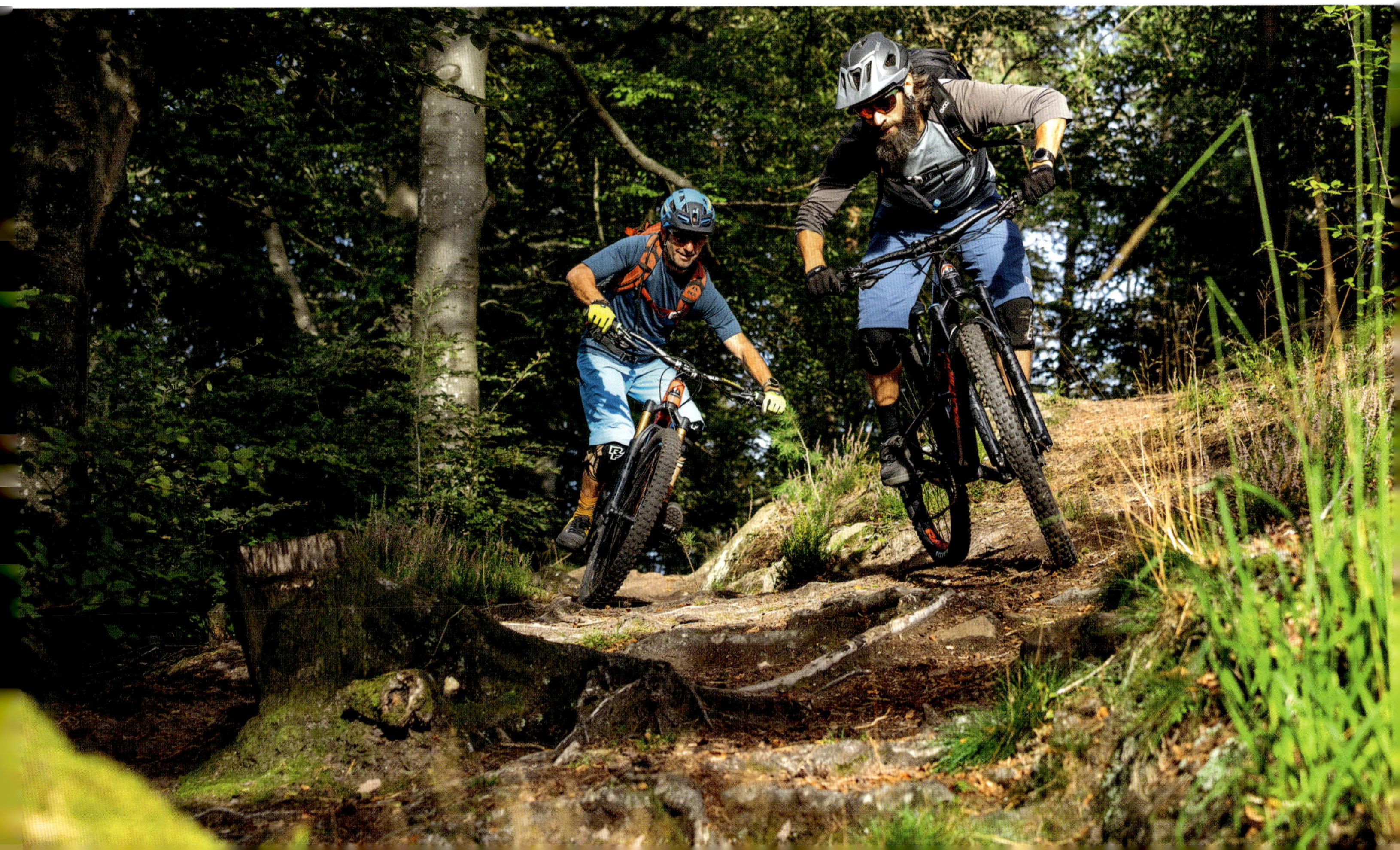

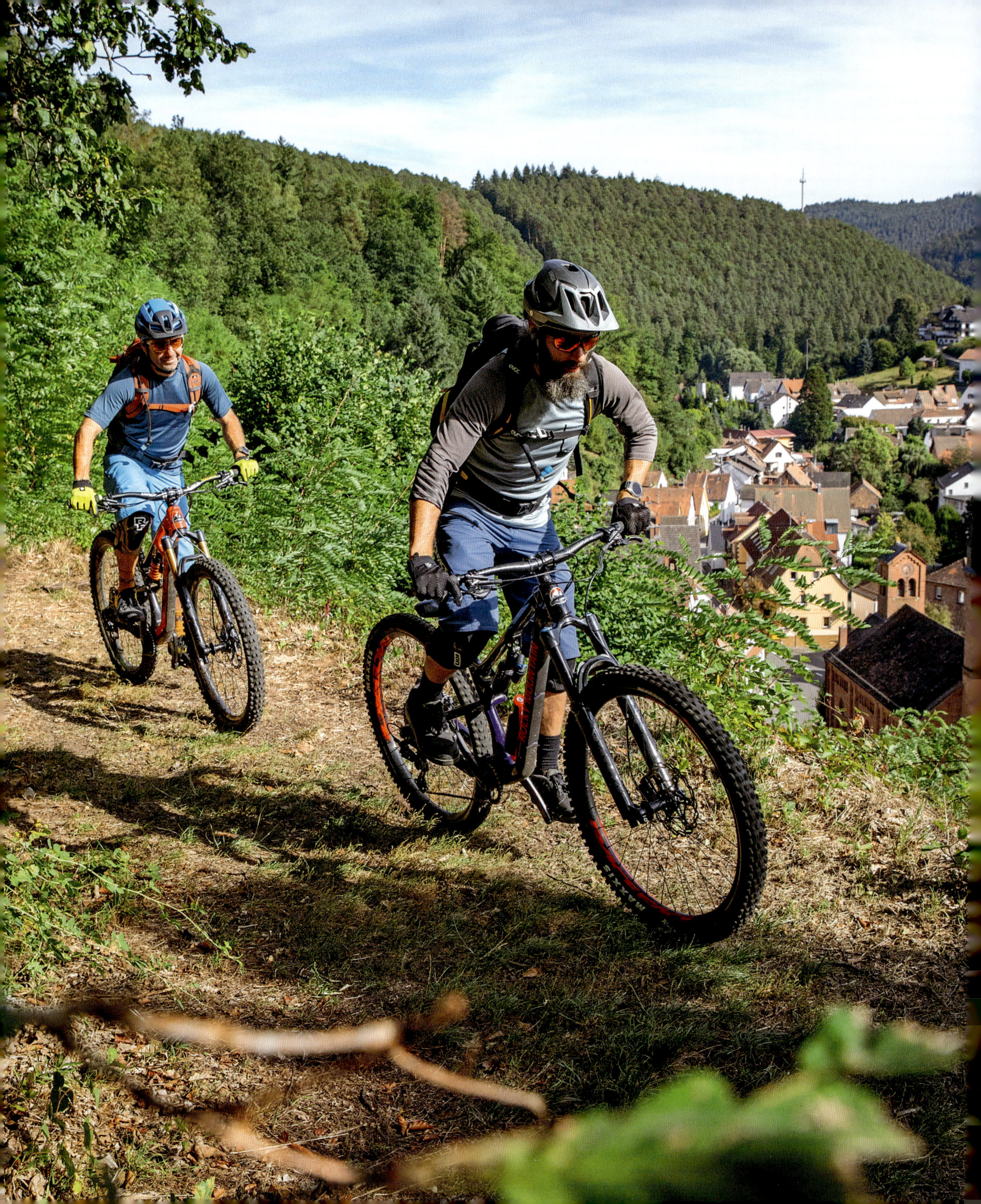

DAUER 7–8 STUNDEN im Tourenmodus

FAHRTECHNIK ●●●●○○ KONDITION ●●●●●● ERLEBNIS ●●●●●○ LANDSCHAFT ●●●●●●

05
GÄSBOCK-TOUR
75 KM / 1.560 HM

DIE MARATHON-RUNDE IM HERZEN DES PFÄLZERWALDES AUF DEN SPUREN DES GÄSBOCK-MARATHONS. LANGE TRAILS UND SENSATIONELLE AUSSICHTEN ERWARTEN UNS BEI DIESER TOUR.

Unterwegs oberhalb des Lambrechter Tals.

Der Gäsbock-Marathon ist jedes Jahr Anfang Mai ein Highlight für eine Vielzahl von Mountainbikern weit über die Grenzen Deutschlands hinaus. Initiiert von den sogenannten Gäsbockbikern aus Lambrecht mit ihrem Urgestein Daniel Hermann, ist dieser Marathon nicht nur wegen seiner traillastigen Streckenführung so beliebt, sondern auch wegen der schon eigensinnigen und echt pfälzischen Verpflegungsstationen: An denen musste schon so mancher Biker abgeholt werden, weil er den Marathon wegen des Genusses verschiedener Kaltschalengetränke nicht beenden durfte oder auch nicht konnte. Diese Stationen haben wir leider, oder aber auch zum Glück, bei unserer Gäsbock-Tour nicht, aber trotzdem jede Menge Highlights: Lange Abfahrten, anspruchsvolle Trails, aber auch steile Anstiege, zum Teil auf schmalen Wegen, sind Programm.

Los geht es direkt in der Stadt Lambrecht, die am idyllischen Speyerbach liegt. Dieser Wasserlauf kreuzt sehr oft unsere Tour und ist ein linker Nebenfluss des Rheins. Der Speyerbach bildet neben drei weiteren Gewässern eines der vier großen Entwässerungssysteme des Pfälzerwalds. Wir fahren auf Nebenstraßen über die Sattelmühle, nur leicht steigend, nach Frankeneck. Danach folgt ein abwechslungsreicher Anstieg, mal schmal, mal breit mit einer Abfahrt nach Esthal. Wir rollen durch den Ort und folgen der Straße am Schwabenbach entlang. Kupiert geht es weiter über einen kurzen Trail zum Naturfreundehaus Elmstein. Nun biken wir auf einem Trail vorbei an einem schönen Aussichtspunkt nach Elmstein. Das Elmsteiner Wappen zeigt unter anderem vier Sterne, jedem Stern lässt sich ein Glanzpunkt des Ortes zuordnen: die Lage, die Natur, die Kultur und die vielen Freizeitmöglichkeiten in der Gemeinde und der Umgebung. Der Ort selbst wirbt also mit einer echten 4-Sterne-Gemeinde. In Elmstein kann die Tour auch gekürzt und direkt zurück nach Lambrecht gefahren werden.

Es folgt ein langer Anstieg unterhalb des Gipfels des 570 m hohen Bergs Bloskülb. Über breite Wege und kurze, schmalere Abschnitte geht es dann nach Speyerbrunn. Dort besteht wiederum die Möglichkeit, die Tour zu kürzen und die Schleife zurück zum

HÖHENPROFIL

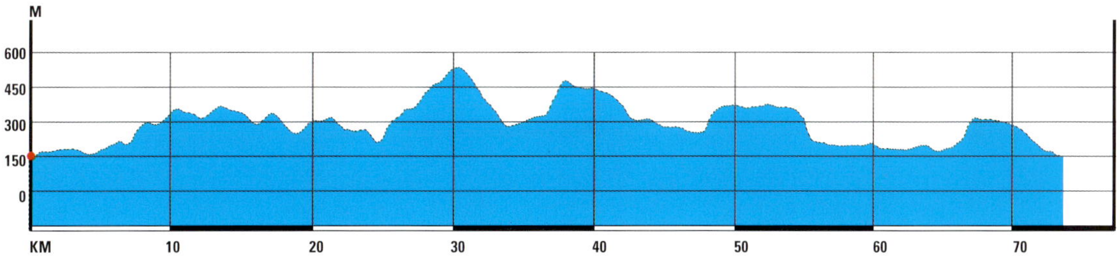

Ausgangspunkt zu nehmen. Wir folgen jedoch den Wegzeichen und fahren über Erlenbach nach Johanniskreuz. Im Haus der Nachhaltigkeit gibt es einen kleinen Shop mit allerlei typischen pfälzischen Spezialitäten. So findet man dort pfälzischen Wein und auch die deftigen pfälzischen Wurstsorten.

Nach Johanniskreuz geht es länger auf einem einfachen, langen Trail bergab. Wir fahren nochmals durch Speyerbrunn und auf einer Forststraße entlang der L499, bevor es dann wieder bergauf, auch auf einem schmalen Weg, weitergeht. Wieder in Elmstein angekommen, führt uns der Weg über die kleinen Ortsteile Appenthal und Helmbach nach Erfenstein. Hier bietet sich die Möglichkeit, bei einem kurzen Abstecher die Burg Spangenberg zu besichtigen. Die mittelalterliche Burg wurde teilrekonstruiert und hat eine durchaus empfehlenswerte Burgschänke, die sich zur Einkehr eignet. Zum Ende der Tour gelangen wir über Iptestal, das nur aus wenigen Häusern und einer Straße besteht, und eine letzte Trailabfahrt mit einigen Serpentinen nach Lambrecht zurück.

TIPP DES AUTORS

Es gibt viele Sehenswürdigkeiten nahe der eigentlichen Streckenführung: Der GPS-Track mit Wegpunkten eignet sich hierbei perfekt, um einige zu besichtigen.

START/ENDE DER TOUR

Bahnhof Lambrecht
Bahnhofstraße 4, 67466 Lambrecht (Pfalz)

EINKEHREN

Pizzeria Venezia, Lambrecht
www.pizzeria-venezia-lambrecht.metro.rest/?lang=de

Gaststätte Sportheim ASV Esthal
Tel. 06325/389

Wolfsschluchthütte Esthal
www.esthal.de/wolfsschluchthuette/

Naturfreunde Haus Elmstein
www.esthal.de/wolfsschluchthuette/

Haus der Nachhaltigkeit
Johanniskreuz
www.hdn-pfalz.de/das-haus

Cafe Nicklis
Johanniskreuz
www.facebook.com/CafeNicklisJohanniskreuzBikertreff/

Hotel-Restaurant Johanniskreuz
www.hotel-johanniskreuz.de/kontakt.htm

Hotel-Restaurant Waldschlössel
Speyerbrunn
www.speyerbrunn.de

Burgschänke Burg Spangenberg
Erfenstein
www.burg-spangenberg.de

STRECKENVERLAUF

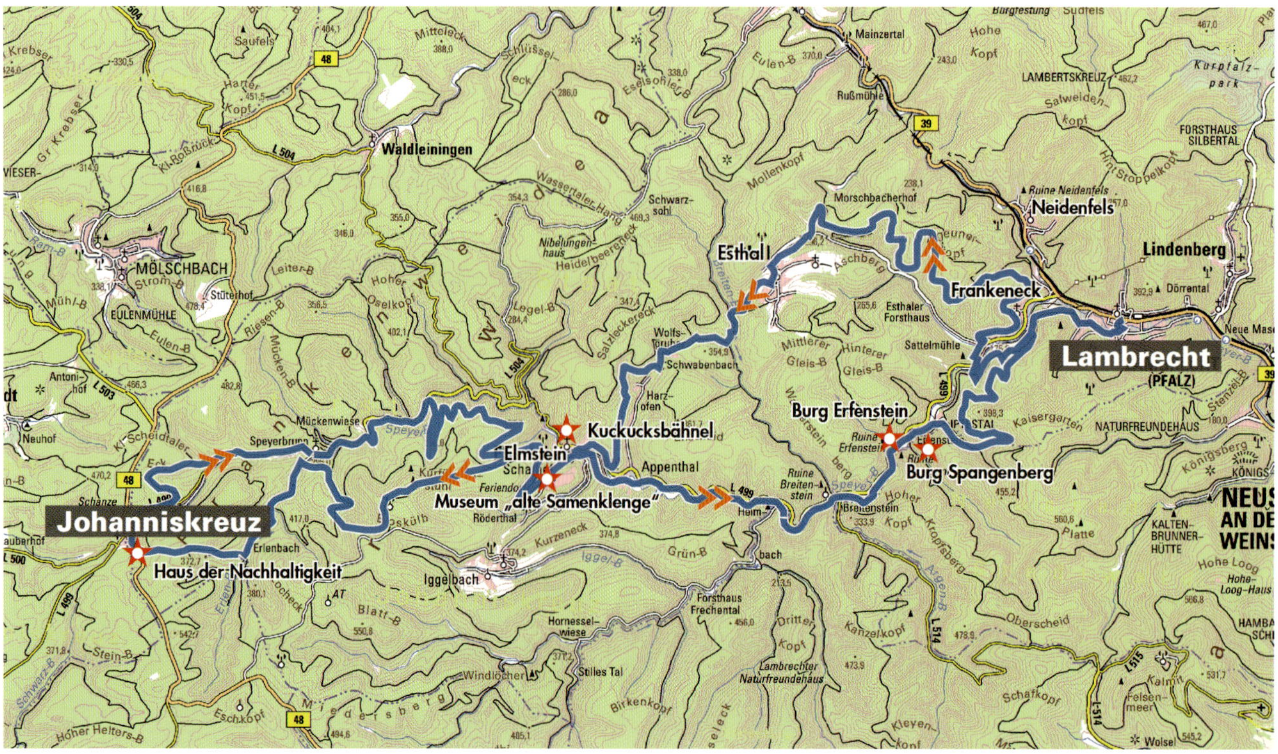

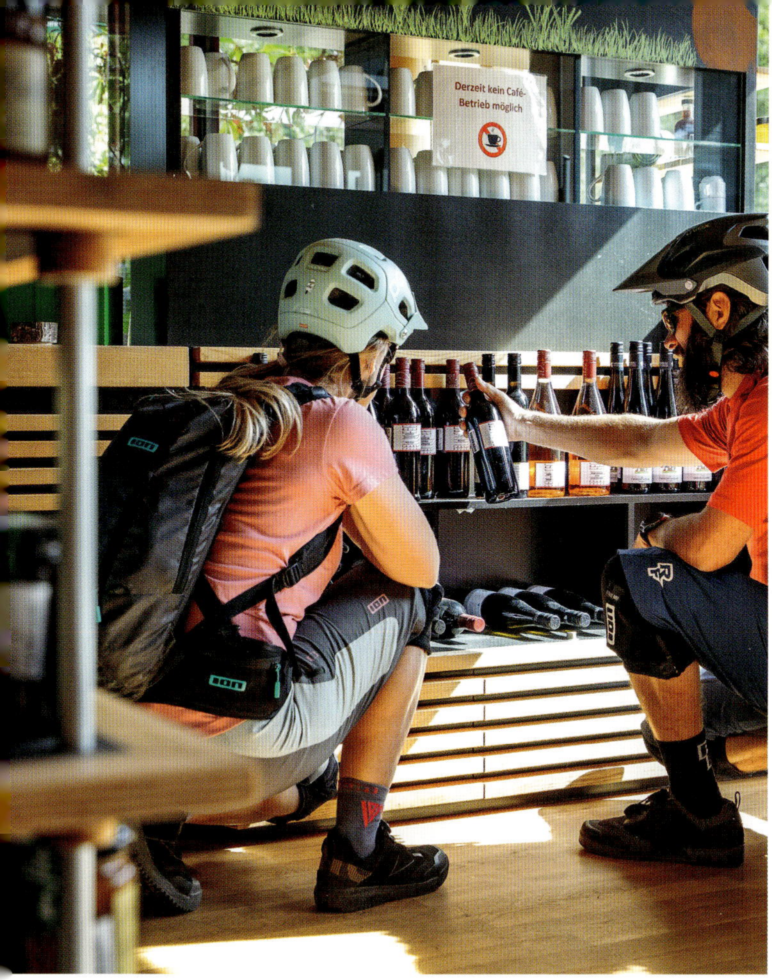

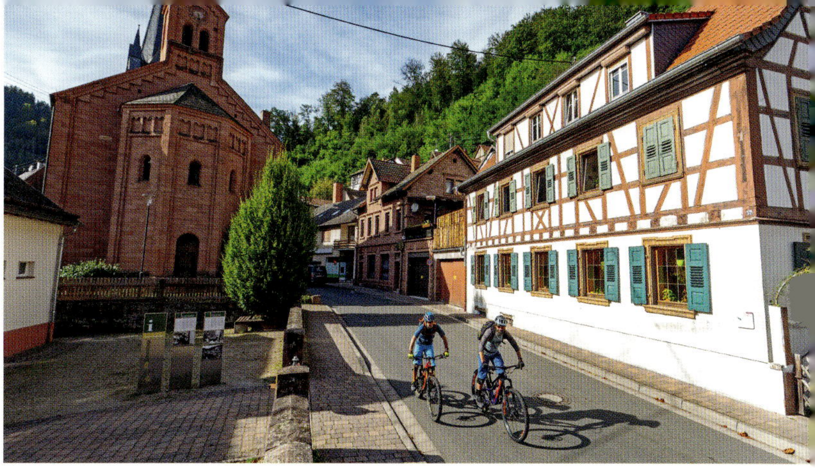

Fahrten durch idyllische Dörfer sorgen für Entspannung, und in kleinen Läden kann man seinen Weinvorrat auffüllen – danach geht es auf flowigen Singletrails und breiteren Wegen wieder mitten durch den Wald.

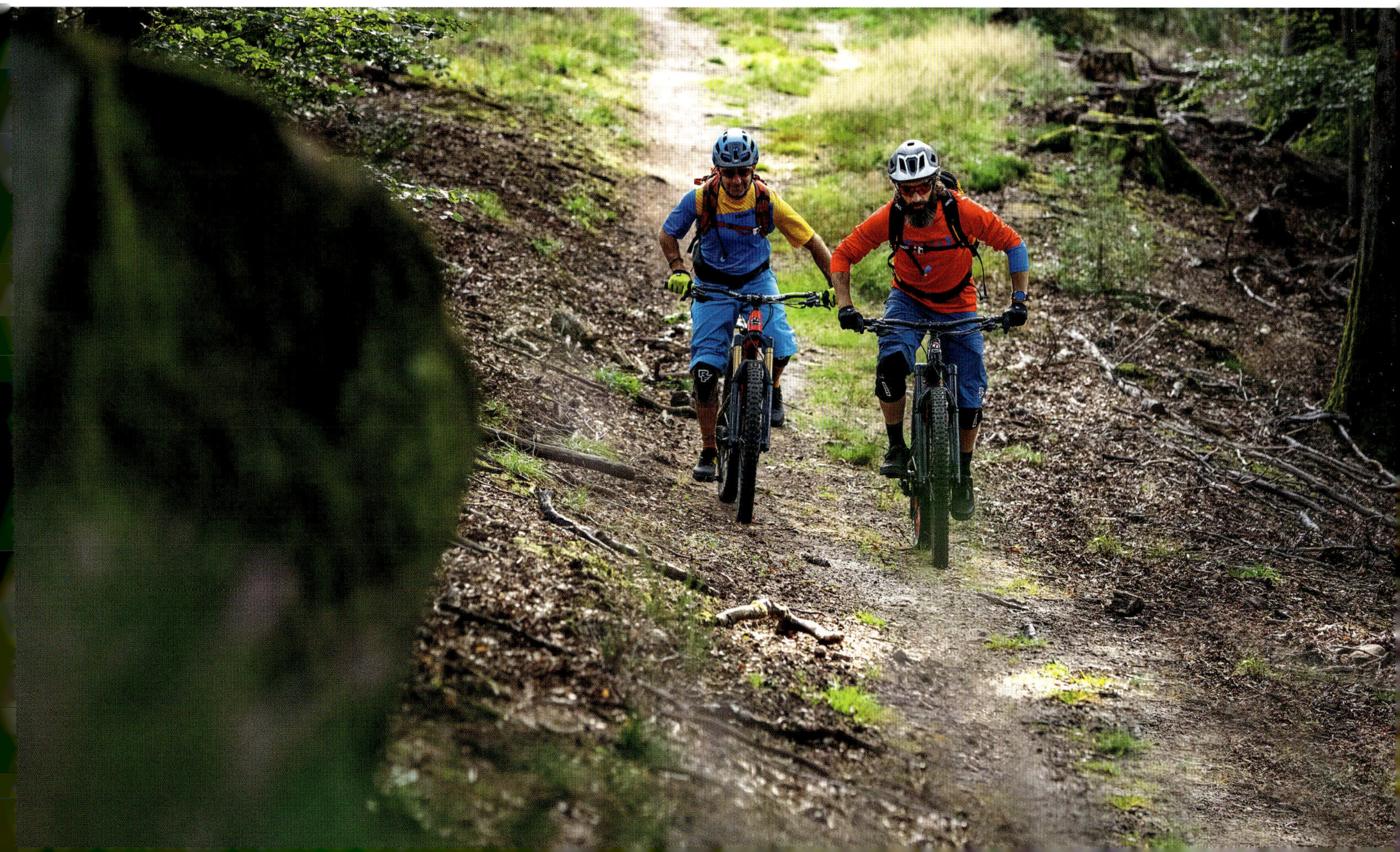

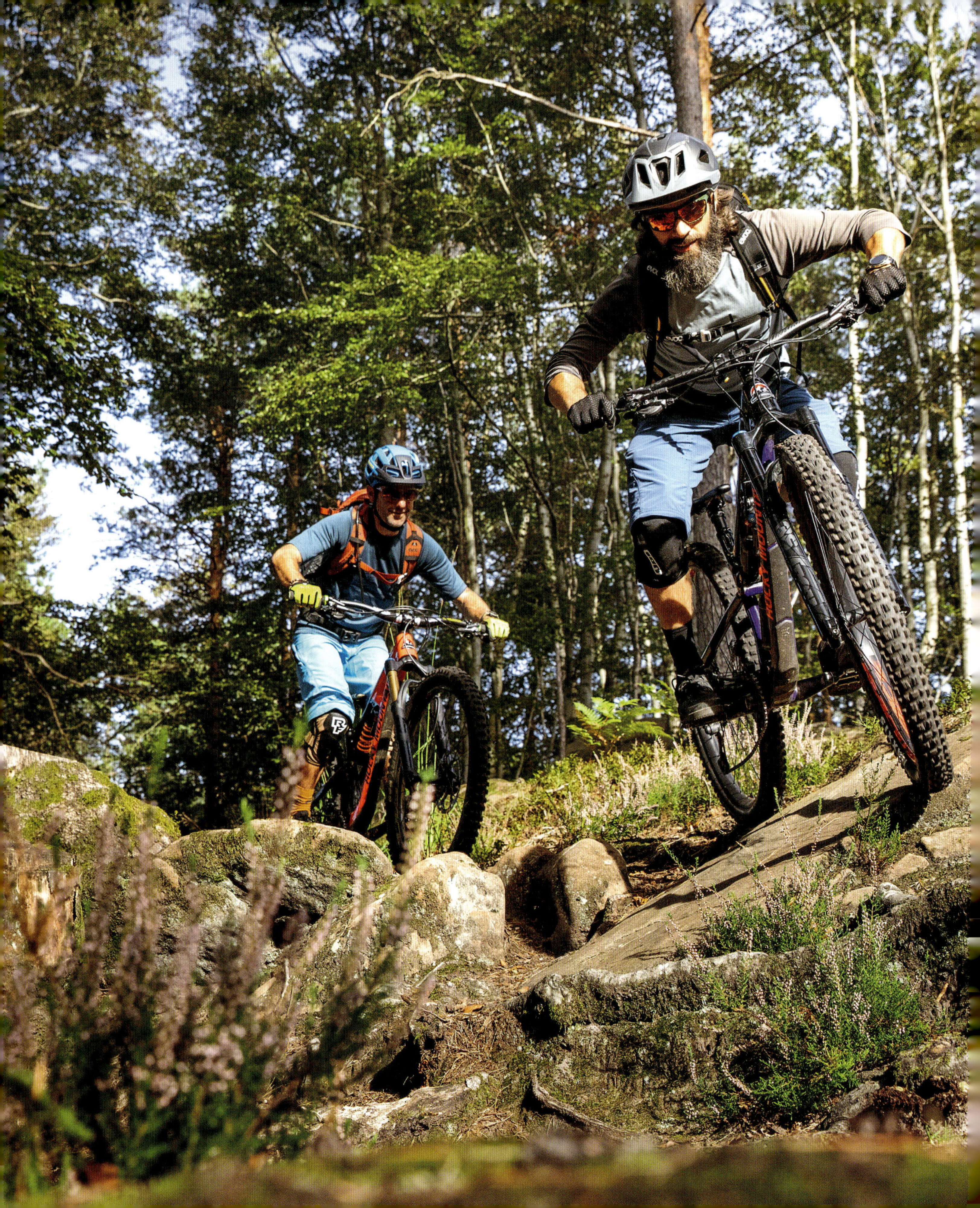

DAUER 5 STUNDEN im Tourenmodus

FAHRTECHNIK ●●●○○○ **KONDITION** ●●●●○○ **ERLEBNIS** ●●●●●○ **LANDSCHAFT** ●●●●●●

06

LANDSTUHL-TOUR

52 KM / 910 HM

BURGEN UND VIELE PANORAMAREICHE AUSSICHTSPUNKTE ÜBER DEN PFÄLZERWALD – DIESE MOUNTAINBIKE-TOUR BESTICHT DURCH VIELE EINZIGARTIGE HÖHEPUNKTE UND DEN HOHEN TRAILANTEIL!

Fertigmachen zum Felsplattensurfen.

Der Pfälzerwald ist unter anderem für die Vielzahl seiner historischen Bauten und mittelalterlichen Burgen bekannt. Nahezu auf jeder unserer Touren kann man eine dieser Burgen, die meist zwischen dem 11. und 13. Jahrhundert erbaut wurden, besichtigen. Oft sind sie als Ergebnis der vielen geführten Kriege nur noch als Ruinen sichtbar, aber selbst diese sind durchaus sehenswert – geben sie doch nahezu immer einen herrlichen Blick auf die Weite des Pfälzerwaldes frei.

Diese Tour beginnen wir direkt an der schön gelegenen Burg Nanstein. Besonders imposant ist der teilweise wieder aufgebaute Batterieturm aus der Zeit Franz von Sickingens, eines rebellischen Ritters, der bei einem Beschuss der Burg den Tod fand. Gleich nach der Burg nehmen wir eine kurze Abfahrt, bevor wir abwechselnd Straße und breitere Waldwege befahren. Nun geht es auf einen langen, flüssig zu fahrenden Trail direkt am Heidenfelsen vorbei. Bei diesem handelt es sich um ein römisches »Quellheiligtum« aus dem 3. Jahrhundert. In keltischer Zeit war der dort gelegene Bach Gutenborn als Heilquelle bekannt. Anfang des 19. Jahrhunderts wurden bei Ausgrabungen Überreste eines Tempels entdeckt – zwei Steine sind noch sehr gut erhalten. Die Heidenfelsen gehören zu den wenigen erhaltenen römischen Kulturdenkmälern Deutschlands, die sich noch am ursprünglichen Ort befinden. Die nächste Auffahrt nehmen wir auf einer Nebenstraße, bevor es wieder auf einem Singletrail zum Bärenlochweiher geht. Nun biken wir oberhalb von Kindsbach bergauf auf der alten Steigstraße, dann leicht bergab an der Felsenbank vorbei. Die Bank ist spektakulär im Fels integriert und bietet sich nicht nur als schöner Ruhestopp an, sondern auch als ein gutes Bildermotiv. Nun folgt ein schöner Bergabtrail Richtung Einsiedlerhof. Wir fahren über den Großen und Kleinen Berg zur Burgruine Perlenburg, die nur einen kleinen Abstecher von unserer Route entfernt liegt. Vorbei an der Mühlberger Hütte geht es zum Gelterswoog. Diesen idyllisch gelegenen Badesee kann man, gerade im Sommer, mit einem Sprung ins kalte Nass zur kurzen Erfrischung nutzen. Danach fahren wir durch den dichten Wald zum kleinen Ort Bann. Wir durchqueren den Ort, und weiter

HÖHENPROFIL

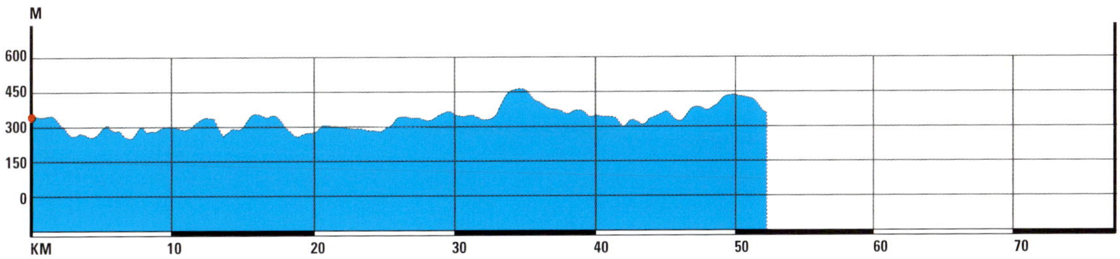

geht es zum Großen Hausberg, dem höchsten Punkt unserer Tour. Nach der rasanten Abfahrt folgt ein kurzer Trail zum Bärenloch.

Nun biken wir über eine schöne längere Trailabfahrt am Herrengärtchen vorbei nach Landstuhl. Hier besteht die Möglichkeit, die Tour zu kürzen und direkt zum Ausgangspunkt zurückzukehren. Wer weiterhin die Tour genießen möchte, fährt kurz dem Burgweg folgend abwechslungsreich über einige leichtere Trailabschnitte und Waldwege über das Forsthaus Geigerhof am Hinkelstein vorbei zum Bildschacherhof. Im freien Feld kann man die herrliche Aussicht genießen, bevor es über einen weiteren schönen Aussichtspunkt und auf einem leichten Abfahrtstrail an skurrilen Felsen vorbei zurück zu unserem Ausgangspunkt geht.

TIPP DES AUTORS

Die skurrile Felsformation Krämerstein liegt nicht weit von unserer Originalroute am Fleischackerloch entfernt. Der Abstecher lohnt sich: Die beeindruckende Blockmeerbildung mit ihren zwölf Meter hohen Sandsteinfelsen stammt aus der Trias.

START/ENDE DER TOUR

Burg Nanstein
Burgweg 1, 66849 Landstuhl

EINKEHREN

Burgschänke Burg Nanstein
Nanstein
www.burgschaenke-landstuhl.de

Seehotel Gelterswoog
Kaiserslautern
www.seehotel-gelterswoog.de

Kahnhaus am Bärenlochweiher
Tel. 06371/732616
(zurzeit geschlossen)

Landhotel Zum Storchennest
Bann, *www.zum-storchennest.de*

Schloss Hotel Landstuhl
Landstuhl
www.schlosshotel-landstuhl.de

Gaststätte Zum Bärenloch
Bann, Tel. 06371/3203

STRECKENVERLAUF

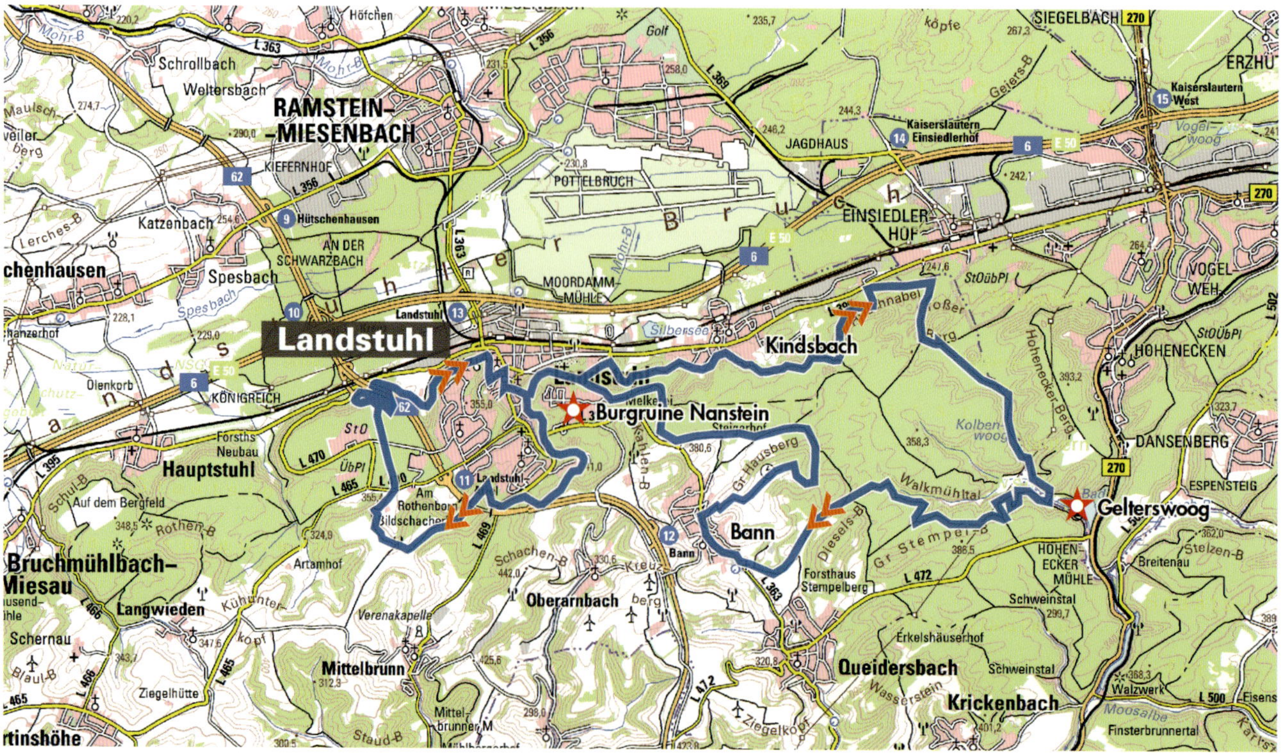

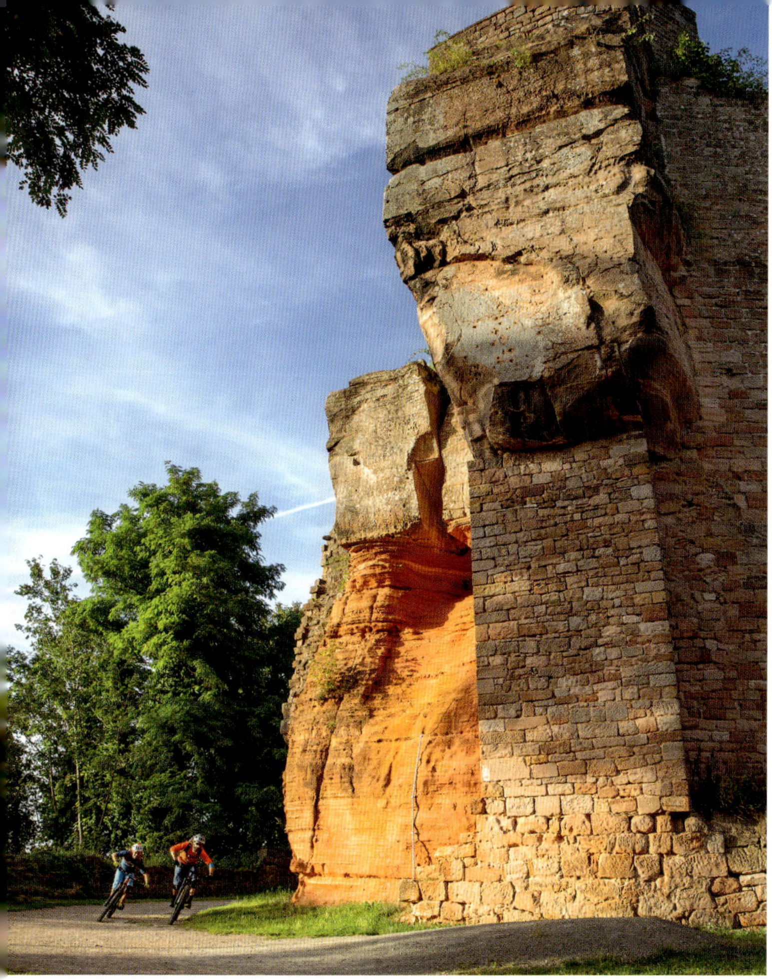

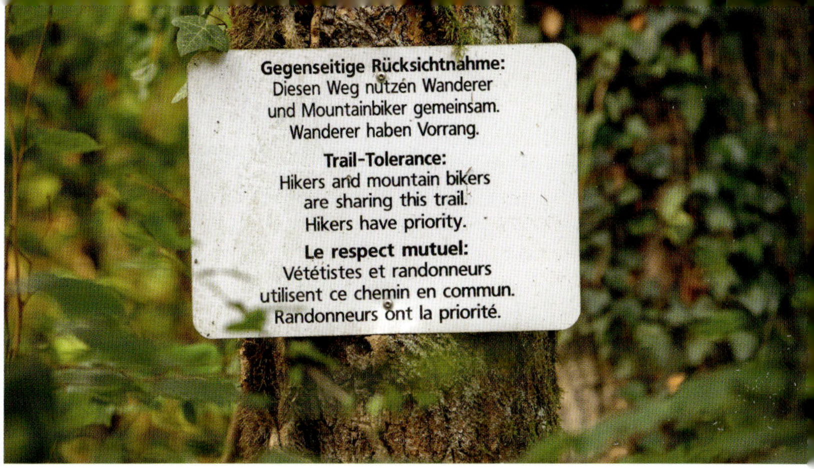

Hoch über Landstuhl thront diese typische Felsenburg und bietet eine herrliche Aussicht über die Stadt und das Nordpfälzer Bergland. Bei der Abfahrt gilt wie überall: Rücksicht nehmen!

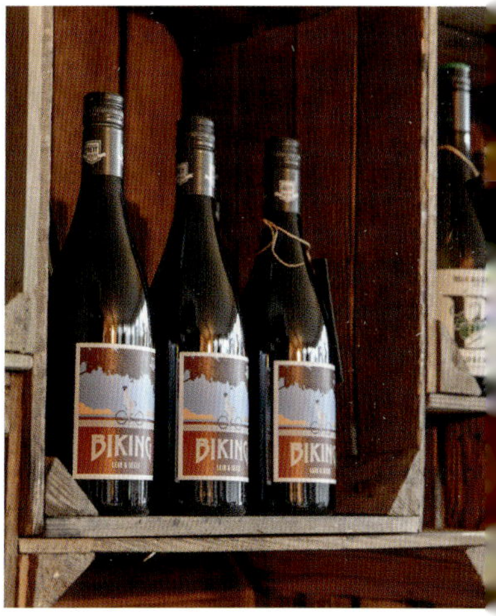

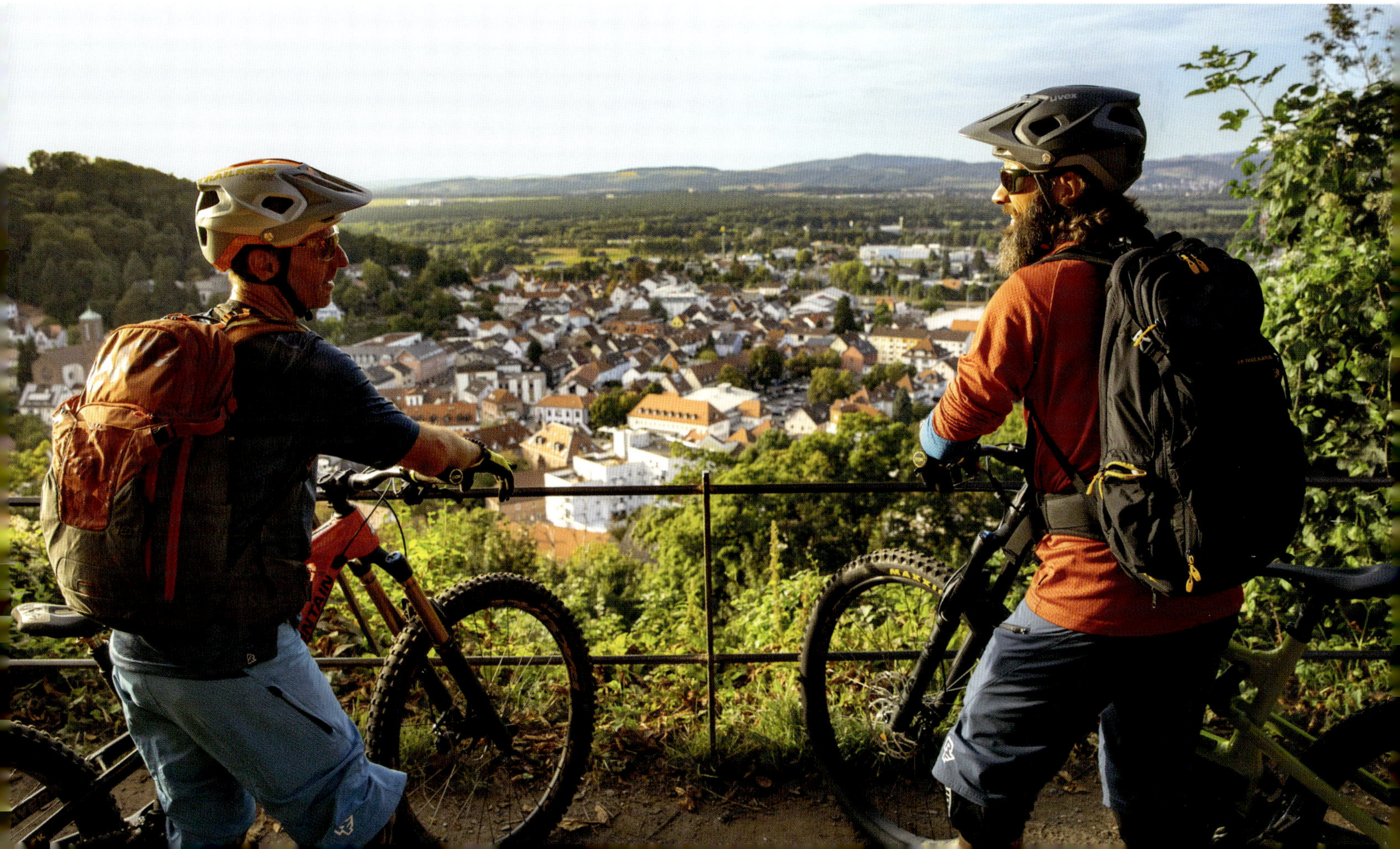

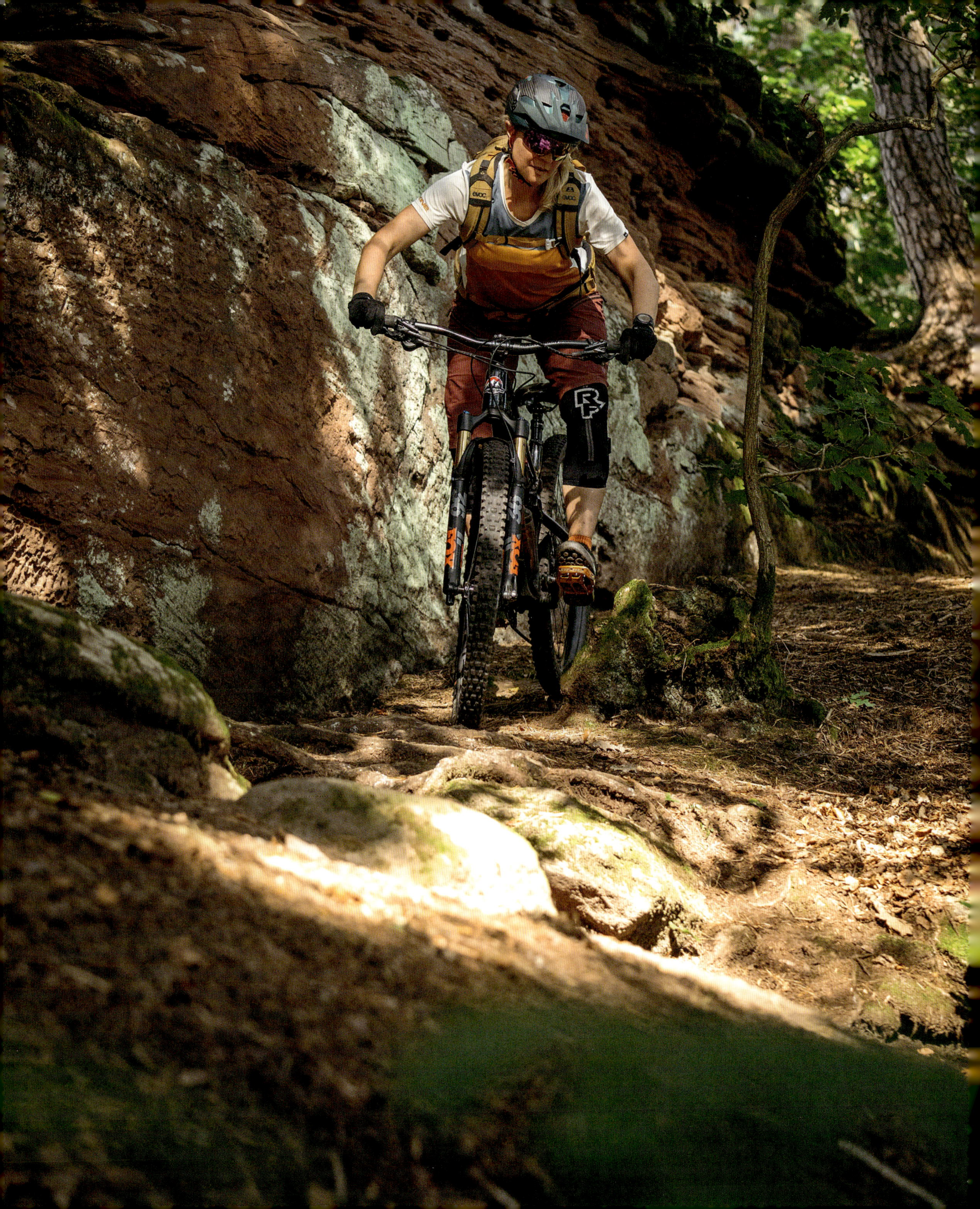

DAUER 3 STUNDEN im Tourenmodus

FAHRTECHNIK ●●○○○○ **KONDITION** ●●●○○○ **ERLEBNIS** ●●●○○○ **LANDSCHAFT** ●●●●○○

07 SÜDPFALZ-TOUR 32 KM / 830 HM

KOMPAKTE MOUNTAINBIKE-TOUR MIT EINIGEN SEHENSWÜRDIGKEITEN WIE BURGEN, FELSEN UND SCHÖNEN AUSSICHTSPUNKTEN.

Rollen entlang der Felswände.

An der Grenze zum Pfälzerwald in der Südpfalz liegt das zweitgrößte Weingebiet Deutschlands. Der Pfälzer Wein, gerade der Riesling, hat viele Fans. Die Pfalzweine werden auf mehr als 100 Millionen Rebstöcken angebaut und mit jährlich etwa 2,5 Millionen Hektoliter gekeltert. Die Weinrebe kam mit den Römern in die Pfalz. Die vielen Winzerhöfe am Rand des Pfälzerwaldes bieten ihre guten Tropfen oft auch direkt zum Verkauf bzw. in einer Straußwirtschaft an. Die Winzer haben dabei immer interessante und lustige Geschichten rund um den Weinbau auf Lager. Es werden gesellige Weinproben angeboten, an der man allerdings nicht im Rahmen einer Mountainbike-Tour teilnehmen sollte. Ohne Bike kann man nicht nur den Geschichten lauschen, sondern auch die vielen rädikatsweine genüsslich verkosten.

Unsere Tour beginnt am Rande dieses Gebiets im beschaulichen Ort Albersweiler. Der Ort liegt in einer Senke zwischen der Haardt und dem Wasgau, wie der Südteil des Pfälzerwaldes auch genannt wird. Einrollend geht es flach durch den Ort, nach kurzem Radweg und Straßenstück leicht bergauf in den Wald. Auf einer Forststraße und kurzem schmalen Weg fahren wir gleich wieder bergab zum Drei-Burgen-Blick. Der Aussichtspunkt bietet einen atemberaubenden Blick ins Trifelsland auf die drei Burgen Trifels, Anebos und Scharfenberg. Das ist deshalb einzigartig, weil trotz der Vielzahl der Burgen im Pfälzerwald selten gleich drei von einem Ort aus zu sehen sind. Nach der kurzen Pause führt uns der Weg nach Gräfenhausen. Wir müssen nun unseren ersten langen Anstieg bewältigen. Vorbei am Waldstadion geht es auf zum Teil schmalem Pfad zum Sommerfelsen. Hier lohnt sich ein kurzer Abstecher direkt an das Felsmassiv mit spektakulärem Felsentor. Der Torbogen ist groß und bietet sich als außergewöhnliches Fotomotiv an. Danach führt uns eine rasante Abfahrt nach Eußerthal. Das kleine Dorf im Landkreis Südliche Weinstraße ist, wie so oft in der Pfalz, im Umfeld eines Klosters entstanden. Vom eigentlichen Kloster sind nur wenige Reste übrig geblieben. Wir fahren weiter, vorbei am Gasthaus Birkenthaler Hof, in dem sich auch eine längere Pause anbietet.

HÖHENPROFIL

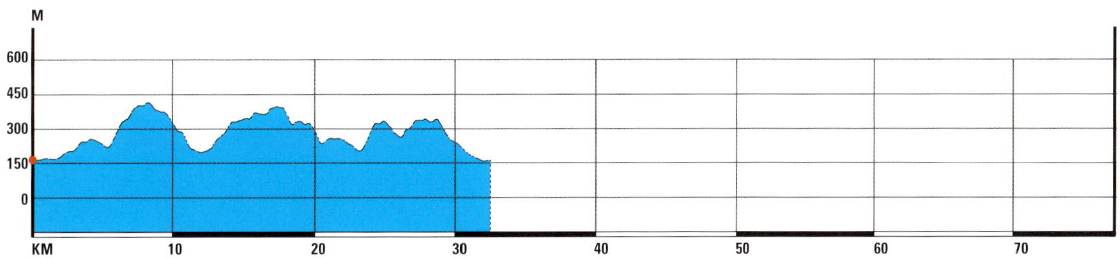

Anschließend biken wir unterhalb des Watterskopfes auf schönen Wegen wieder bergauf. Die Aussicht auf die umliegenden Berge sollte man genießen. Bergab fahren wir auf Forstwegen und kurzen Trailabschnitten nach Ramberg. Der kleine Ort ist offiziell anerkannter Luftkurort und liegt romantisch zwischen den Bergen. Direkt angrenzend liegt die Burgruine Ramburg – ein Abstecher lohnt sich, denn der Ort ist von oben in schönem Panorama zu sehen. Darauf folgt der historische Bürstenbinderweg, dessen Name wohl darauf zurückgeht, dass viele Arbeiter der ehemaligen Bürstenfabrik ihn nutzten. Besagten Weg nehmen wir im lockeren Auf und Ab und überqueren danach die Landesstraße. Nun geht es zum Dernbacher Haus, auch dort wäre eine Rast möglich. Unsere weitere Fahrt bringt uns jetzt über Forstwege und kurze Trailabschnitte nach St. Johann, direkt vorbei am historischen Rokokoschlösschen, dessen Grundstein 1764 gelegt wurde und das noch sehr gut erhalten ist. Nun fahren wir leicht bergab auf Nebenstraßen zurück zu unserem Startpunkt.

TIPP DES AUTORS

Verschiedene Sehenswürdigkeiten liegen nicht weit von der Strecke entfernt, so zum Beispiel die Burgruine Ramburg oder der Sommerfelsen. Ein kurzer Abstecher lohnt sich!

START/ENDE DER TOUR

Bahnhof Albersweiler

Kanalstraße, 76857 Albersweiler

EINKEHREN

Birkenthaler Hof

www.birkenthaler-hof.de

Zum Belzenikel

www.zum-belzenikel.de

Dernbacher Haus

www.dernbacher-haus.business.site

Naturfreundehaus Kiesbuckel

www.naturfreunde-landau.de

STRECKENVERLAUF

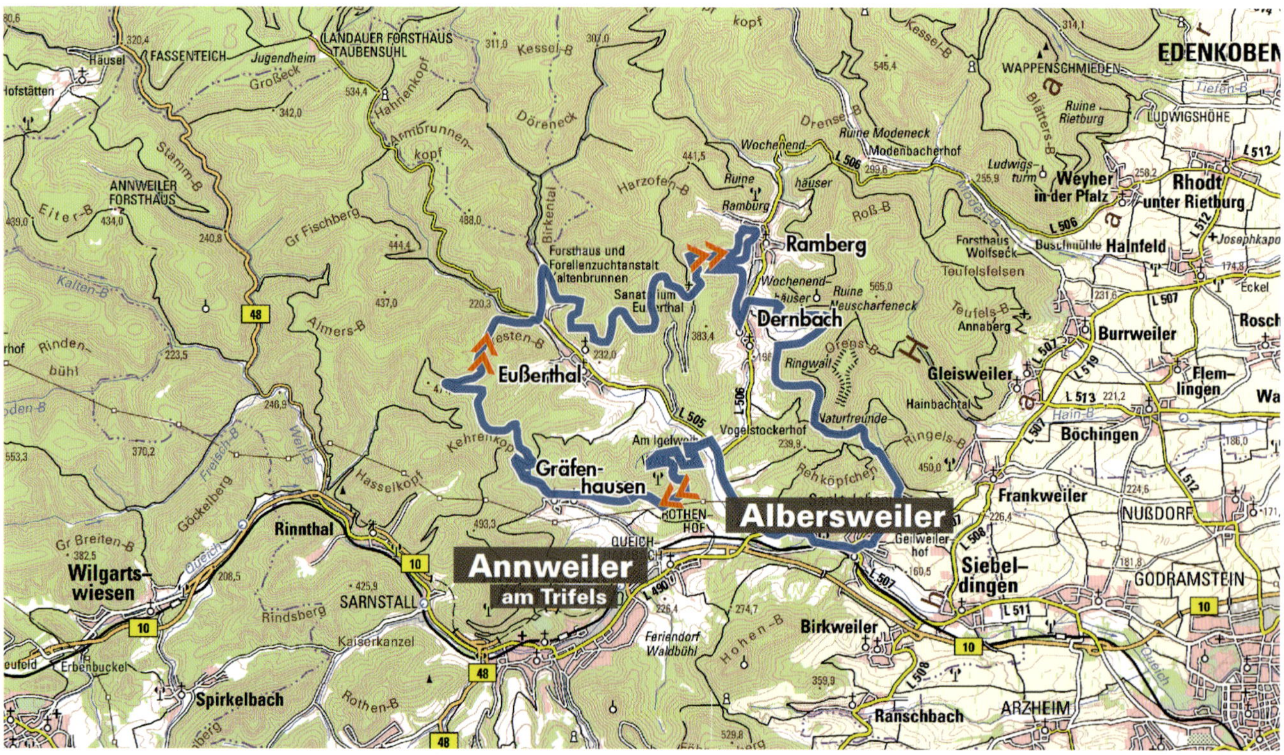

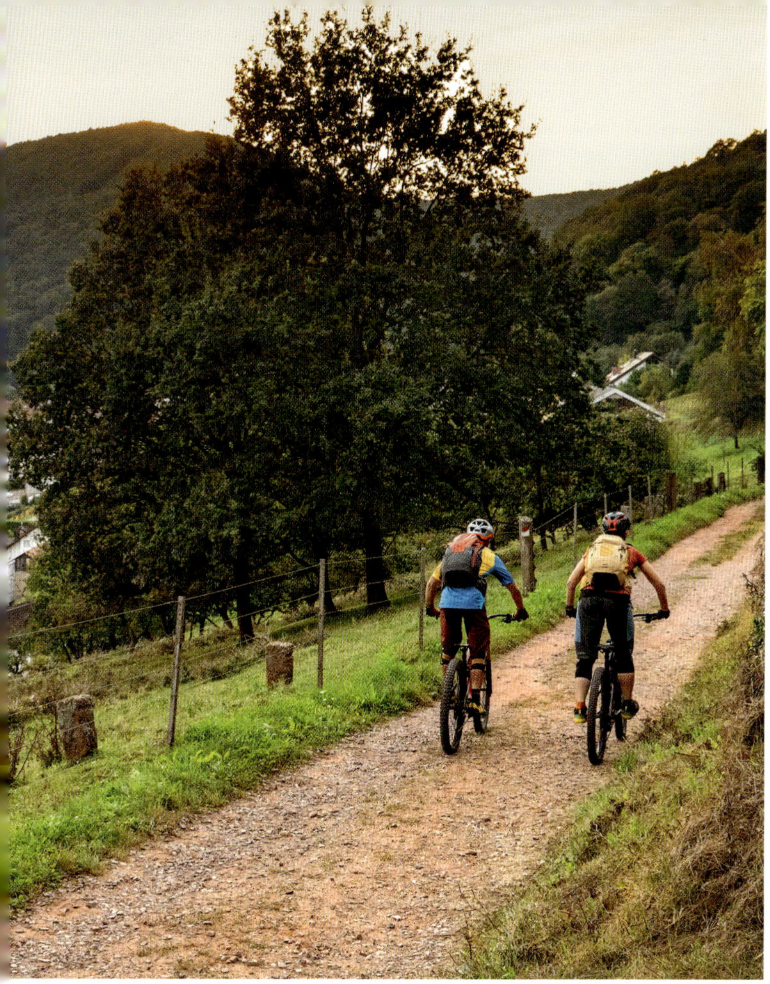

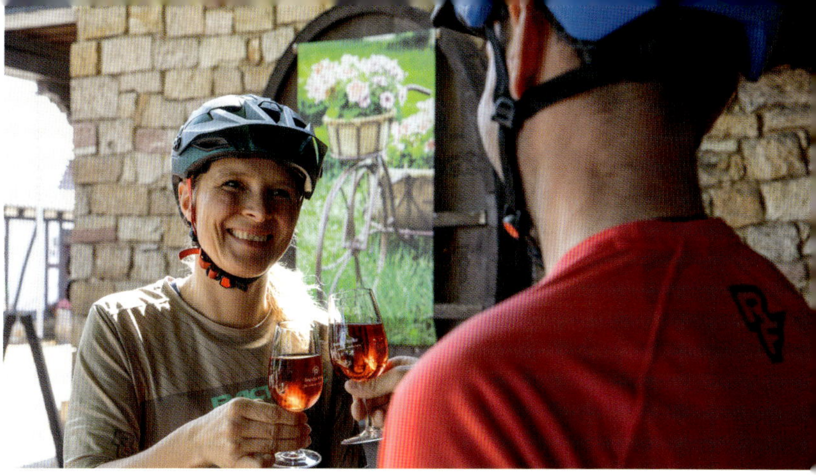

Südpfälzischer Charme – die sogenannten Wingerte (Weinberge) findet man direkt an der Strecke, wie auch eine Vielzahl von Verkostungsmöglichkeiten der lokalen Weinspezialitäten.

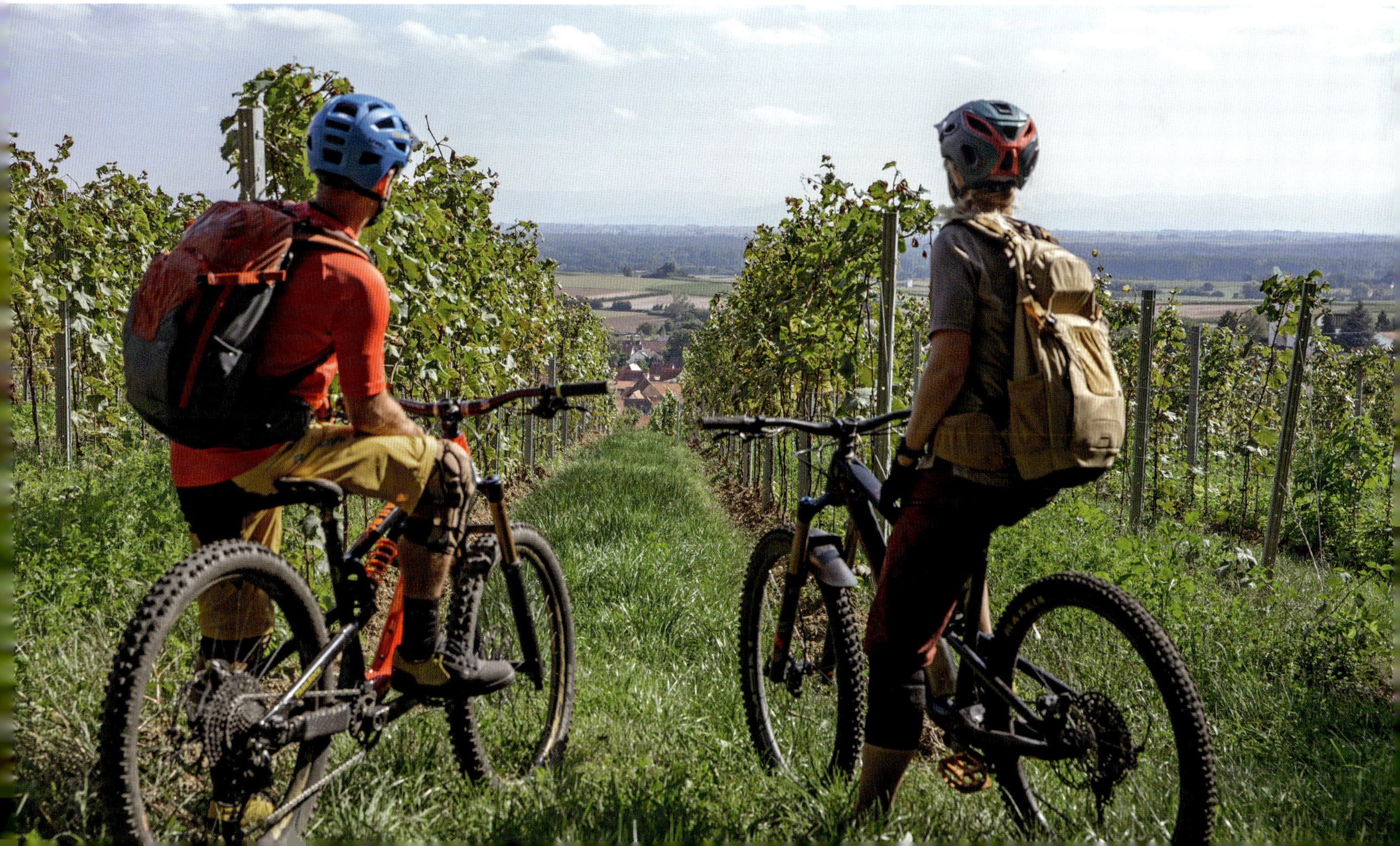

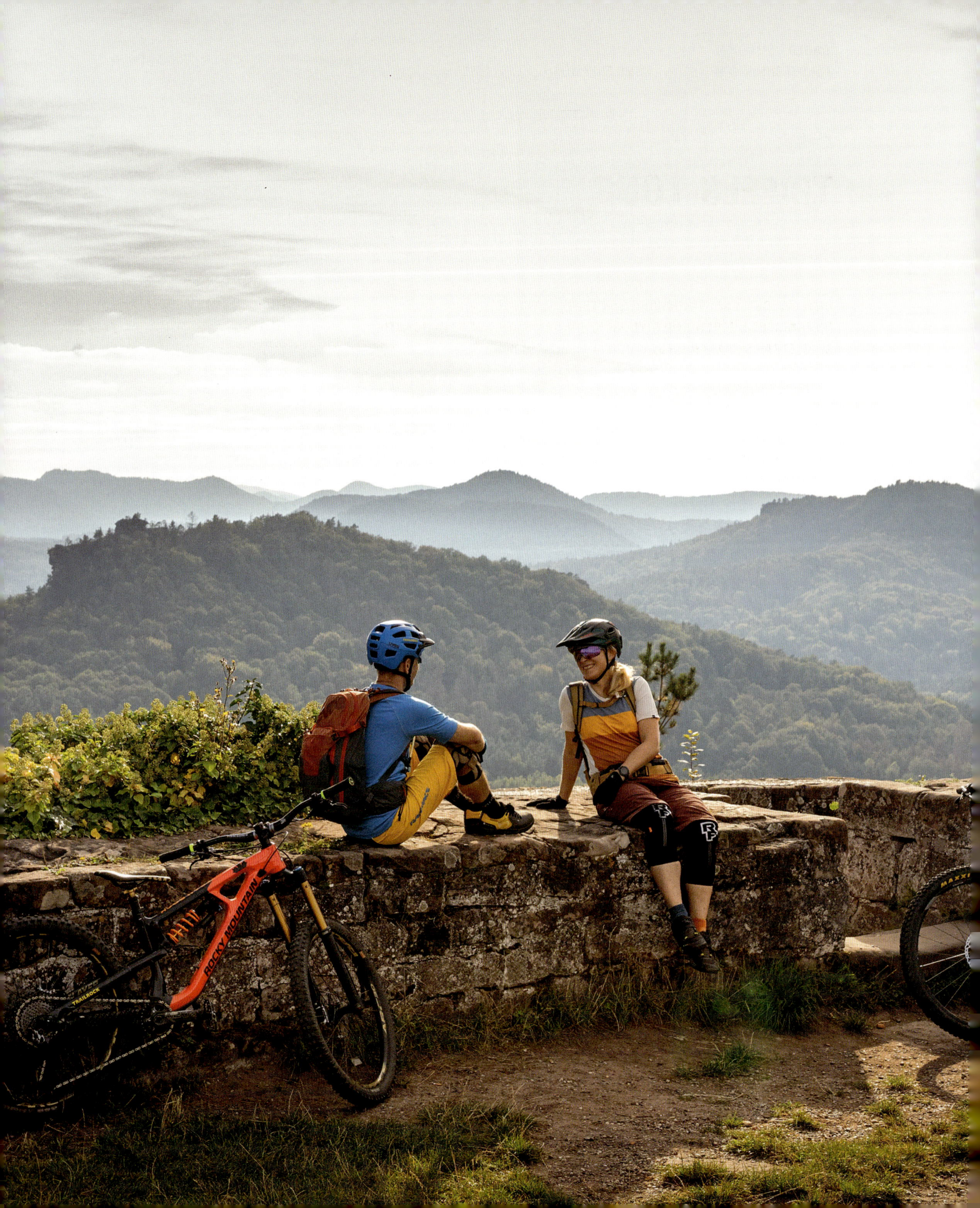
ROCKY MOUNTAIN

DAUER 4 STUNDEN im Tourenmodus
FAHRTECHNIK ●●○○○○ **KONDITION** ●●●○○○ **ERLEBNIS** ●●●●○○ **LANDSCHAFT** ●●●●●○

08
TRIFELS-TOUR
51 KM / 1.350 HM

UNTERWEGS IM SAGENUMWOBENEN TRIFELSLAND!
HISTORISCHE BURGEN UND IDYLLISCHE DÖRFER, ABER AUCH EINZIGARTIGE SINGLETRAILS PRÄGEN DIESE MOUNTAINBIKE-TOUR!

Ein kurzer Plausch mit Fernblick.

Der Trifels ist eine der bedeutendsten Reichsburgen des Stauferreiches, er thront majestätisch über der Stadt Annweiler. Die schon von fern gut sichtbare und bestens erhaltene Burg wurde von den Saliern als eine Holz- und Steinburg errichtet. Die Staufer bauten sie aus zur stattlichen Reichsburg und machten sie auch zur Schatzkammer des Heiligen Römischen Reiches deutscher Nation. Große Bedeutung erlangte die Burg ebenfalls als Gefängnis für den englischen König Richard Löwenherz. Heute können in der Burg originalgetreue Nachbildungen der Machtsymbole wie Krone, Zepter und Reichsapfel in der Schatzkammer besichtigt werden. Wenn man schon in der Nähe ist, sollte man sie unbedingt besuchen, auch wegen des lohnden 360-Grad-Blicks auf die umliegenden Berge und Felsenburgen. Unsere Route gibt immer wieder einen beeindruckenden Blick auf die Burg frei.

Zu Beginn unserer Mountainbike-Tour rollen wir am Fuße des Trifels zuerst durch die historische Stadt Annweiler, um dann nach einer kurzen Steigung vorbei am Meisenbrunnen in den Ort Sarnstall zu fahren. Auf einer Nebenstraße kommen wir nach Rinnthal. Nun geht es weiter auf einer Forststraße einen längeren Anstieg hinauf; es folgt eine Abfahrt auf einfachem Weg, der uns in den kleinen Ort Spirkelbach führt. Dort queren wir den Flecken und fahren gegenüber auf eine Forstpiste Richtung Ochsenborn, um dann oben angekommen rechts in einen Trail abzubiegen. Auf diesem schmalen Weg sind einige Serpentinen zu bewältigen. Zuerst auf einem Waldweg und dann auf einer Nebenstraße fahren wir weiter nach Lug und dann ebenfalls teilweise auf einem Radweg nach Schwanheim. Hier geht es einen kurzen Anstieg zur Schwanheimer Wasgauhütte hoch. Dort bietet sich auch die Gelegenheit für eine Pause, um sich mit Pfälzer Köstlichkeiten zu versorgen. Wir fahren nun auf einem schönen Waldweg nach Darstein, um dann unter die Ruine Lindelbrunn zu biken. Hier empfehlen wir, die Route kurz zu verlassen und die mittelalterliche Burgruine zu besichtigen. Auf der Felsenburg hat man einen panoramareichen Weitblick auf den Pfälzerwald. Der Anstieg und auch spätere Abstieg ist zwar steil, aber gut zu bewältigen.

HÖHENPROFIL

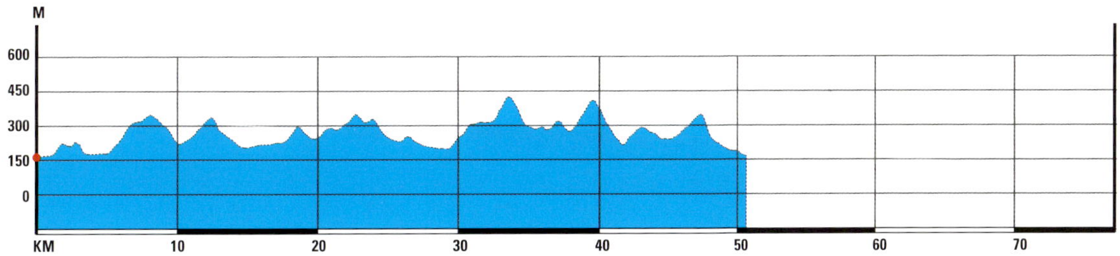

Weiter geht es auf und ab nach Silz. Dort kommen wir dann direkt am Silzer See vorbei. Der Badesee mit großer Liegewiese ist auch idealer Ruhepol bei unserer Tour: Badehose nicht vergessen! Weiter geht es nach der Durchfahrt der Ortschaft auf dem sogenannten Römerpfad nach oben. Unterhalb des Hundsfelsens gelangen wir nun zum Treutelskopf. Dort hat man einen schönen Tiefblick auf die umliegenden Berge, die Bänke laden zu einer kurzen Ruhepause ein. Anschließend folgt eine Schleife oberhalb von Klingenmünster. Zuerst biken wir einen schönen langen Hangtrail, nur kurz unterbrochen durch eine Forstpistenüberquerung, nach unten. Flach geht es zur Burg Landeck. Die mittelalterliche Burg steht exponiert und bietet einen überwältigen Blick in die Rheinebene. Nach der Burg fahren wir auf breitem Forstweg nach oben, um wieder über den Treutelskopf zur normalen Runde zurückzukehren. Nach kurzer Abfahrt geht es über Waldhambach und Waldrohrbach wieder nach oben, über die Kletterhütte und einen schmalen Pfad nach Bindersbach. Dort folgen wir der Nebenstraße und fahren über den Kurpark zurück zum Bahnhof nach Annweiler.

TIPP DES AUTORS

Die Burg Landeck bietet nicht nur eine unglaubliche Aussicht auf das Rheintal, sondern ist auch bekannt für ihre deftig pfälzische Küche im Innern des Burghofes.

START/ENDE DER TOUR

Bahnhof Annweiler

Bahnhofstraße, 76855 Annweiler

EINKEHREN

Burg Landeck

www.landeck-burg.de

Wasgauhütte

Schwanheim

www.schöne-aussicht.de/die-wasgauhuette-in-schwanheim-am-rimbach-steig

Cramerhaus

www.cramerhaus.de

STRECKENVERLAUF

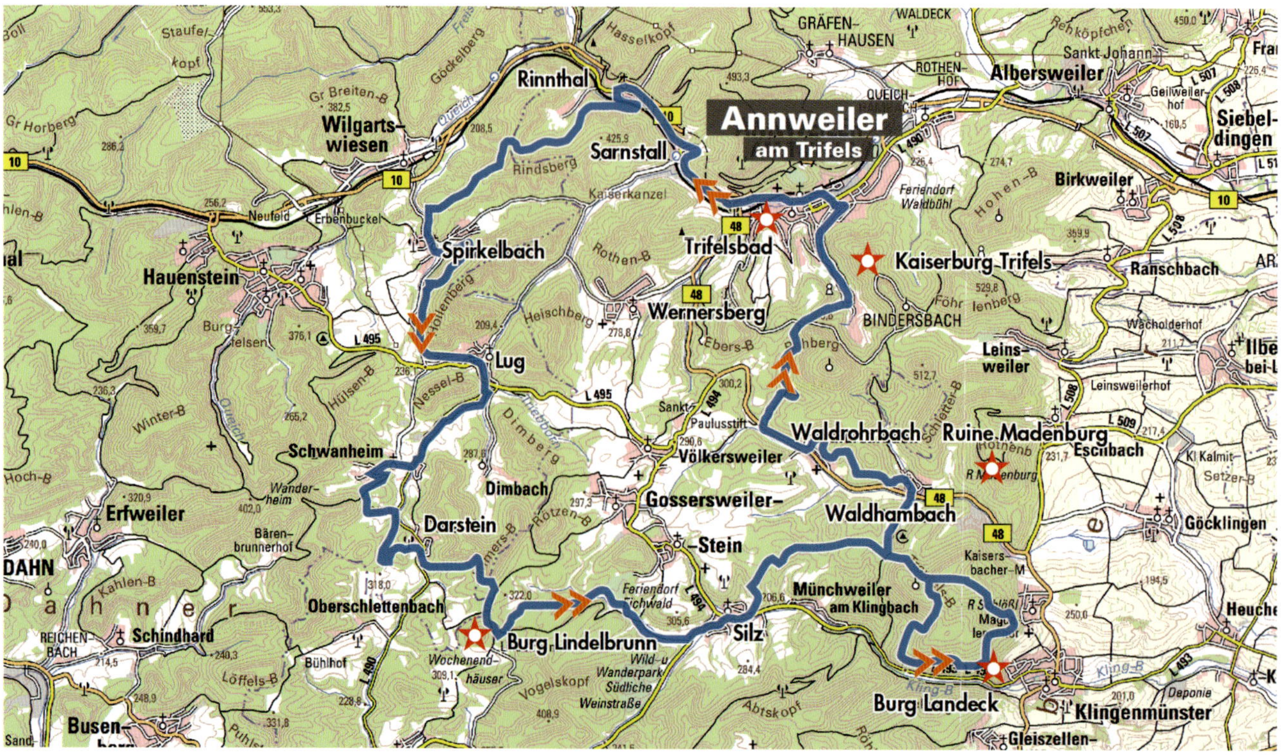

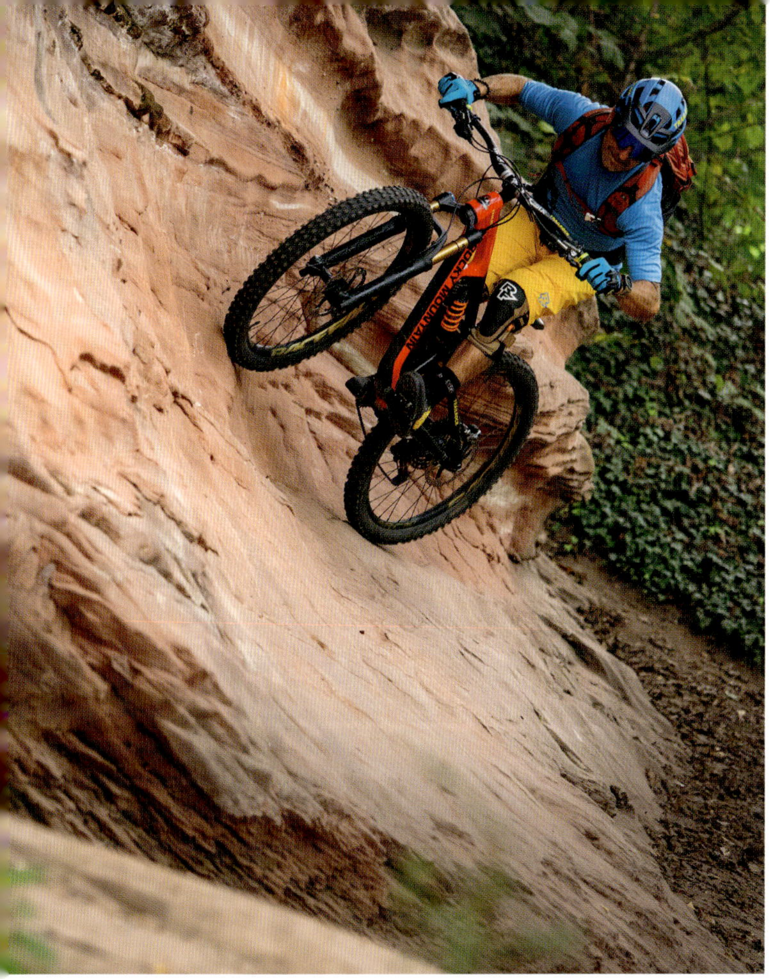

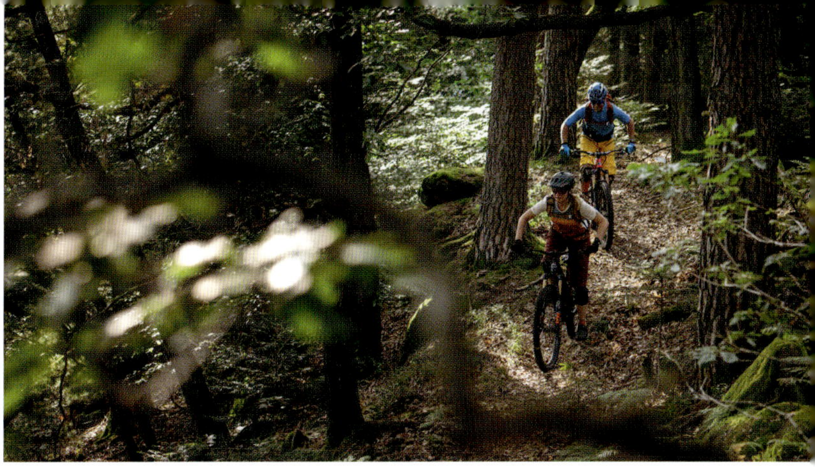

Die griffigen Sandsteinfelsen laden zu Kunststückchen ein, danach geht es durch dichten Wald mit Abstecher zur Burg Lindelbrunn, die ein weit reichendes Panorama bietet.

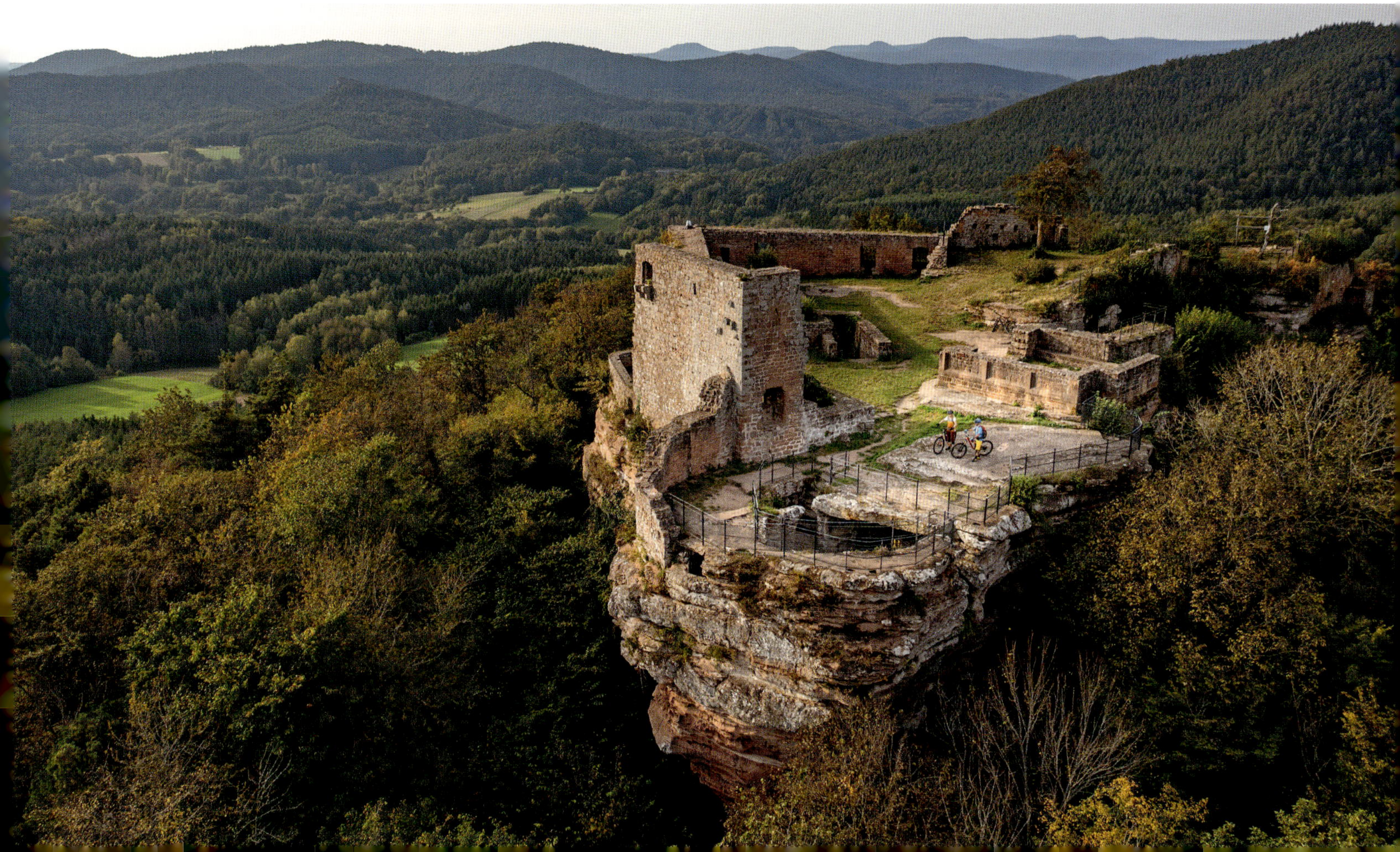

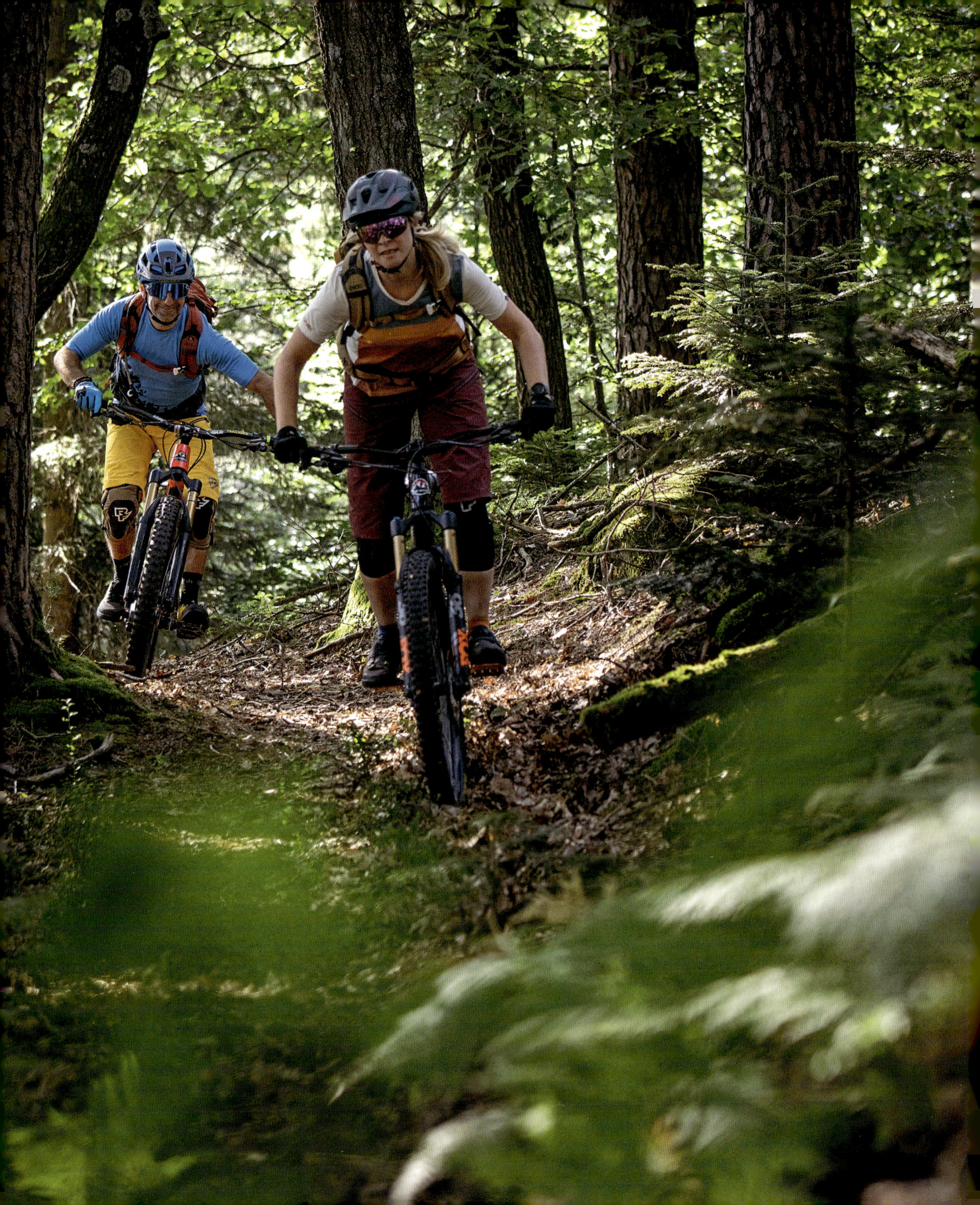

DAUER 4 STUNDEN im Tourenmodus

FAHRTECHNIK ●●●○○○ **KONDITION** ●●●●○○ **ERLEBNIS** ●●●●○○ **LANDSCHAFT** ●●●●●○

09
KELLERFELS-TOUR
42 KM / 1.060 HM

LEICHTE MOUNTAINBIKE-TOUR RUND UM DEN KURORT BAD BERGZABERN IN DER MEDITERRANEN SÜDPFALZ. EINE SPEKTAKULÄRE FELSDURCHFAHRT IST DIE ATTRAKTION DIESER TOUR!

09

Abfahrtsspaß auf laubigem Geläuf.

Das besondere Klima an der Südlichen Weinstraße verdanken der Pfälzerwald und das umliegende Gebiet dem Phänomen des Föhns. Der ist zwar im Gegensatz zum bekannten warmen Alpenfallwind eher schwach ausgeprägt, trotzdem ist er dem Weinbau der Region sehr zuträglich. Der Pfälzerwald ist ausschlaggebend für den »Mini-Föhn«, da dessen bewaldeter Höhenrücken aus dem Westen nahende Tiefdruckgebiete abfängt. Das mediterrane Klima beschert wenige Regentage und meist beste Temperaturen zum Mountainbiken. Schnee fällt am Rand der Südpfalz so gut wie nie – die Durchschnittstemperatur im Winter beträgt 10 Grad Celsius. So gilt die Region gerade hier an der Weinstraße als eine der wärmsten und trockensten Regionen Deutschlands. Nicht umsonst wachsen am Rand des Mittelgebirges neben Wein auch Feigen, Kiwis, Esskastanien oder Mandeln.

Diese Tour prägt ein stetiges Auf und Ab mit verschiedenen Untergründen und beginnt am Rande der südlichen Weinstraße. Von der Kurstadt Bad Bergzabern geht es einrollend auf Nebenstraßen Richtung Böllenborn. Dort folgt unser erster längerer Anstieg auf einer Teerstraße. Oben angekommen, nehmen wir einen spaßigen, flowigen Singletrail nach unten. Anschließend folgen immer abwechselnd kurze, aber auch längere Trailabschnitte auf Teer- und Forststraßen. Dann biken wir direkt unter der Burgruine Lindelbrunn, vorbei am bewirtschafteten Cramerhaus. Dort empfiehlt es sich, eine Pause einzulegen.

Danach geht es erst auf einer Straße, dann auf einem Forstweg entspannt nach oben zum Vogelsberg und dem Kellerfelsen zur Attraktion dieser Tour: Der nun folgende Singletrail beginnt an einem engen Felsentor direkt durch den Kellerfelsen. Gerade die Einfahrt in den darauffolgenden Singletrail bietet ein schönes Bildmotiv. Der Trail zieht sich herrlich am Hang entlang, zuerst einfach und flowig, bevor gegen Ende eine durchaus anspruchsvolle Serpentine auf uns wartet. Auch die Trailausfahrt mit einer großen Felsplatte hat es in sich.

Nach kurzer Forststraßen-Überquerung geht es auf einem recht sandigen und felsigen Trail weiter nach

HÖHENPROFIL

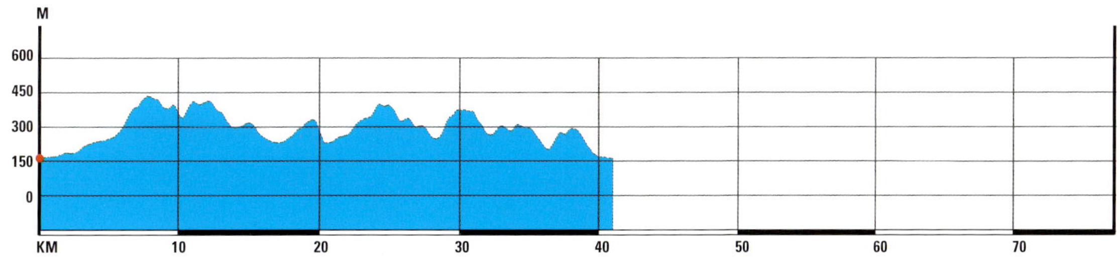

unten. Auch hier haben wir gegen Ende wieder einen hohen Felsabsatz mit anschließend sehr enger Kurvenführung. Entspannt rollen wir wieder bergab, um dann über eine Auffahrt zur sogenannten Silzer Linde zu gelangen. Die Silzer Linde ist ein imposanter Baum, der dem Platz seinen Namen gegeben hat und gerade im Frühjahr mit frischem Lindgrün aufwartet. Hier finden wir auch eine der zahlreichen Schutzhütten vor. Weiter geht es in den Ort Blankenborn. Auch hier erwartet uns ein langer und flowiger Singletrail nach unten. Danach müssen wir nochmals steil bergan. Der Trail zirkelt sich anstrengend nach oben, wir überqueren nochmals eine Straße, um dann wieder auf kurzem Trail und Nebenstraße abwärts zu biken. In Bad Bergzabern angekommen, beenden wir unsere Tour direkt in der Eisdiele am Kurpark.

TIPP DES AUTORS

Kurz vor dem Cramerhaus unbedingt links hoch zur Burgruine Lindelbrunn. Von dort hat man einen herrlichen Blick auf die umliegende Landschaft.

START/ENDE DER TOUR

Bahnhof Bad Bergzabern
Landauer Straße,
76887 Bad Bergzabern

EINKEHREN

Cramerhaus
www.cramerhaus.de

STRECKENVERLAUF

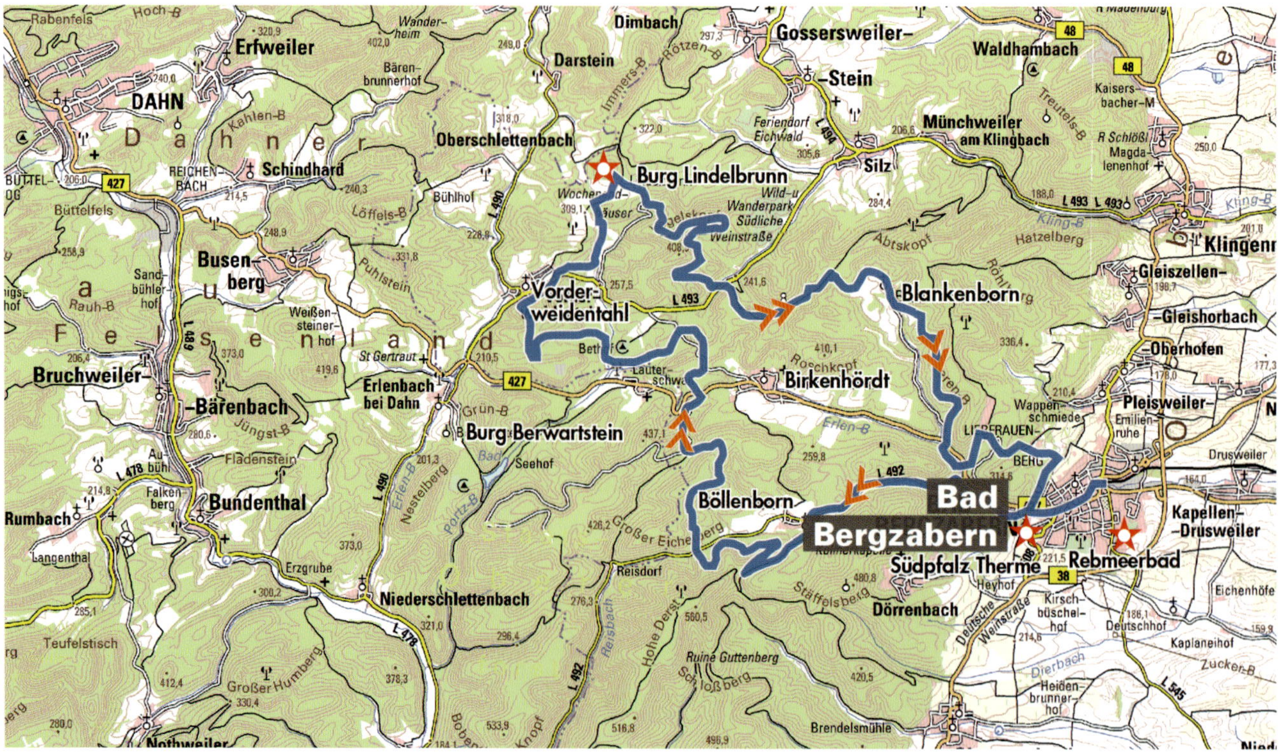

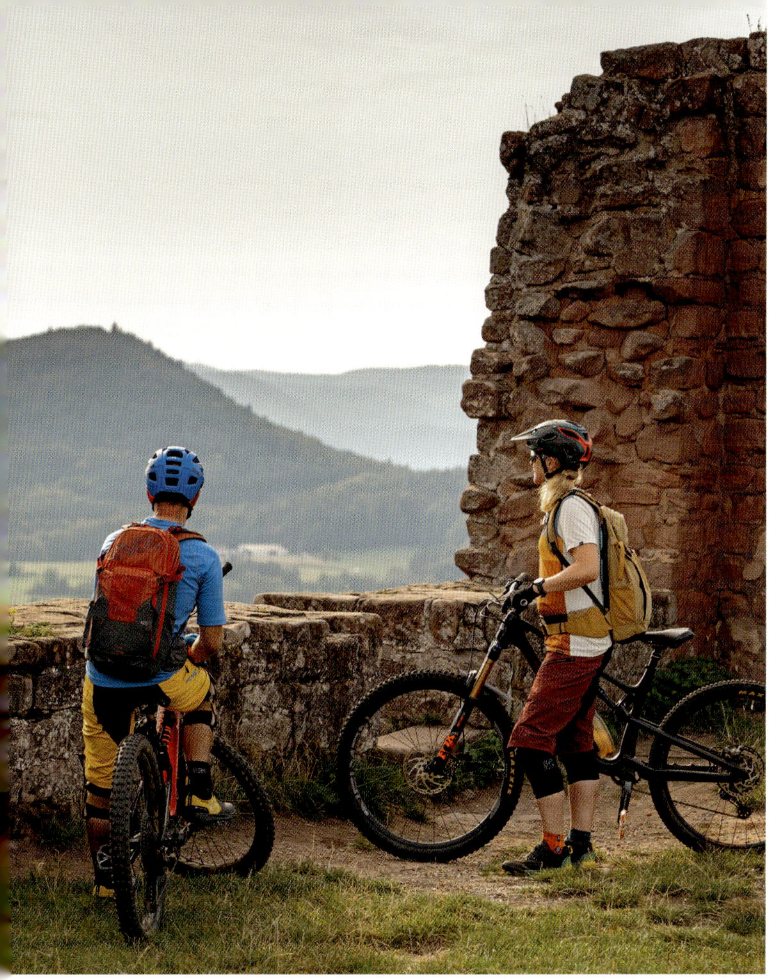

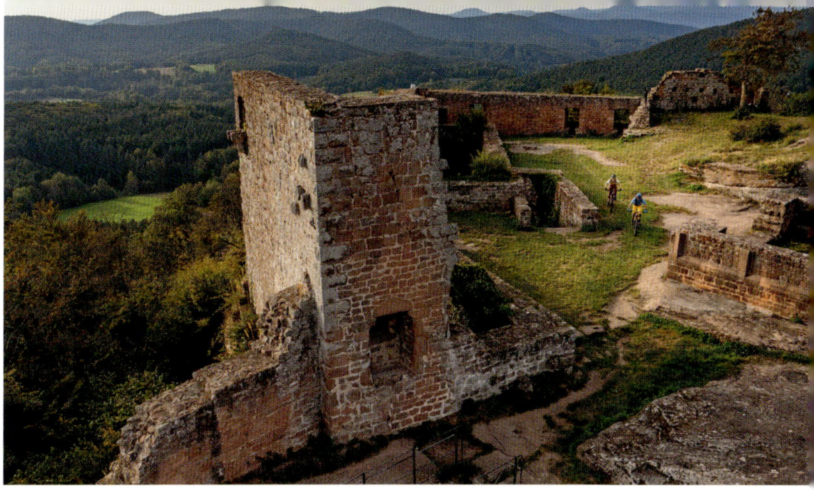

Die Highlights dieser Tour – die Burg Lindelbrunn und der Kellerfelsen, der direkt mit dem Bike durchfahren werden kann. Vorsicht bei der Ausfahrt, es wird wurzelig.

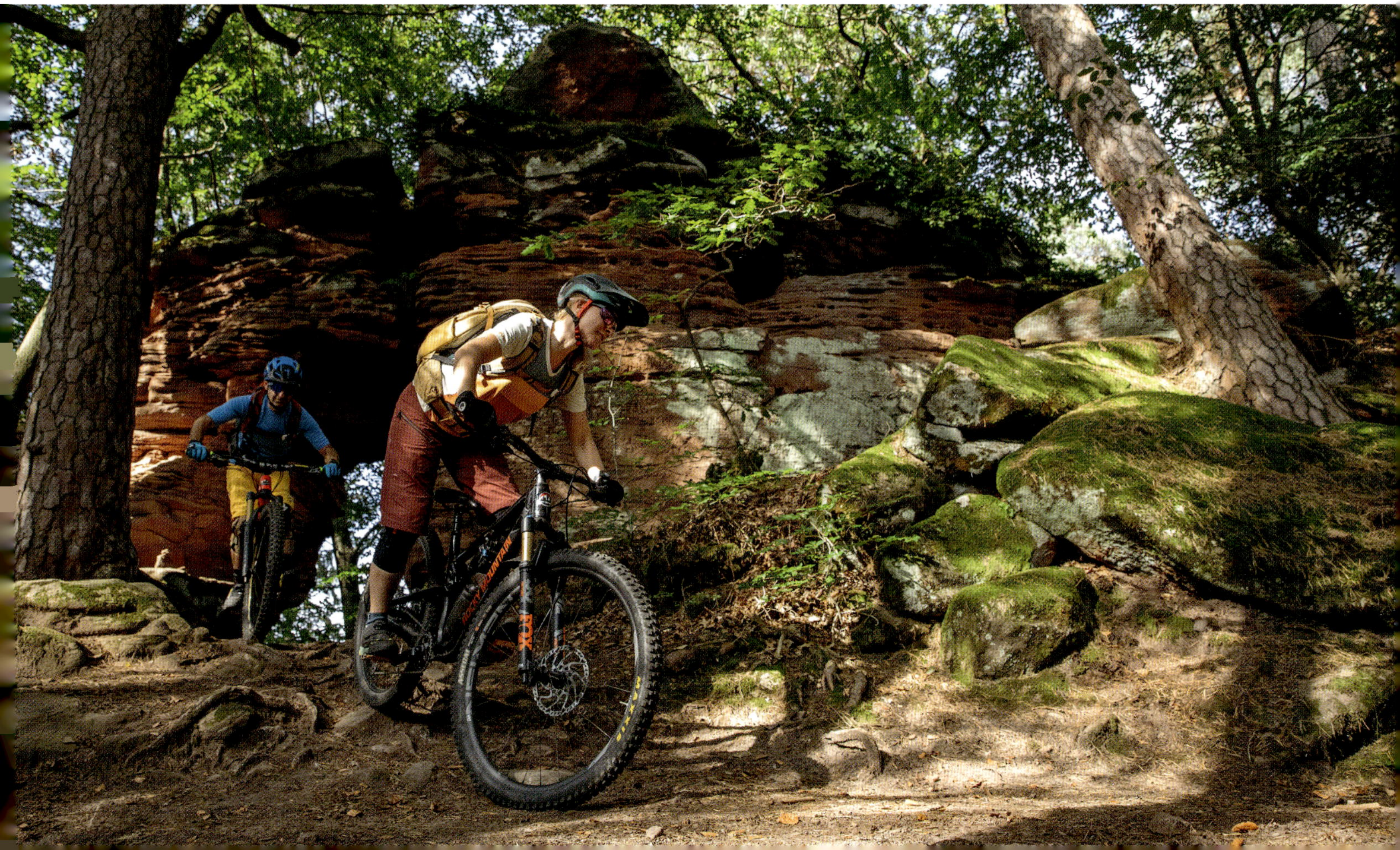

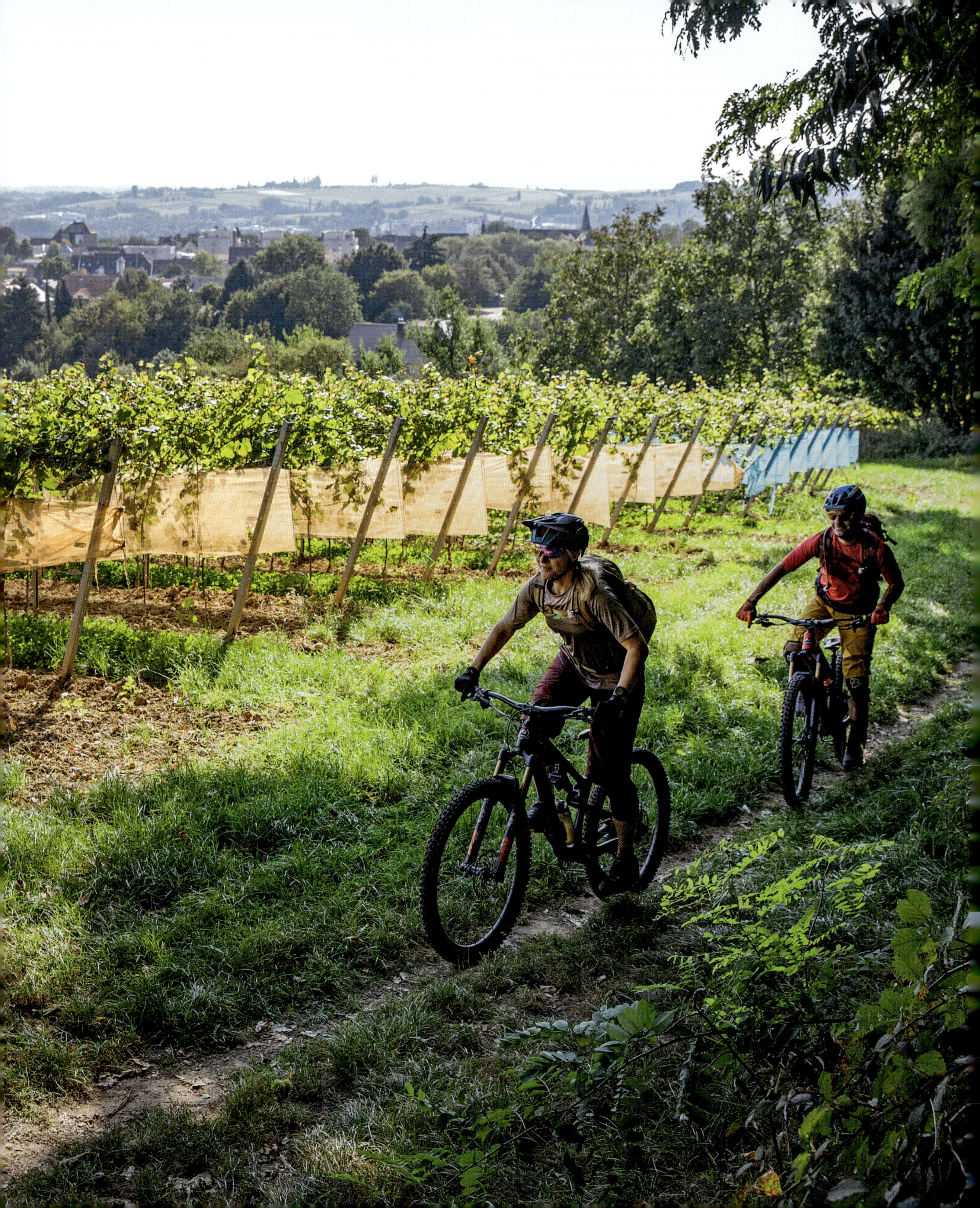

DAUER 4,5 STUNDEN im Tourenmodus

FAHRTECHNIK ●●●●○○ **KONDITION** ●●●●○○ **ERLEBNIS** ●●●●○○ **LANDSCHAFT** ●●●●●○

10 DEUTSCHES WEINTOR

31 KM / 1.060 HM

SINGLETRAILS OHNE ENDE – BERGAUF WIE BERGAB. DIESE ANSTRENGENDE, ABER ÜBERAUS LOHNENSWERTE TOUR IST MOUNTAINBIKEN PUR! DARÜBER HINAUS GIBT'S NOCH HISTORISCHES.

Die Rheinebene ist bereits von den Weinreben der Südpfalz aus zu sehen.

Das imposante und historische Deutsche Weintor in der südpfälzischen Weinbaugemeinde Schweigen-Rechtenbach ist ein denkmalgeschützter Torbau. Es gilt als eines der Wahrzeichen der Pfalz und markiert den südlichen Beginn der Deutschen Weinstraße. Das Gegenstück steht am 85 Kilometer entfernten nördlichen Ende der Weinstraße in Bockenheim. Das Weintor ist ganzjährig geöffnet und bietet nach einigen Treppenstufen auf einer großen Empore einen herrlichen Blick auf den Pfälzerwald und die Rheinebene. Bis zur französischen Grenze sind es nur 700 Meter. Der Ort Weißenburg im Nordelsass ist nur einen Kilometer entfernt und lockt mit einer schmucken Fußgängerzone mit vorzüglichen, typisch französischen Läden.

Unsere Tour beginnt im nicht weit entfernten kleinen südpfälzischen Ort Oberotterbach. Die Tour zieht sich gemächlich durch Weinberge idyllisch in den nahe gelegenen Wald. Dann geht es mit einem steilen, dennoch gut zu fahrenden Trail weiter bergauf. Abwechslungsreich führt die Tour uns am Waldrand mit Kontakt zu den Weinbergen nach Schweigen-Rechtenbach mit dem beschriebenen Weintor. Nicht nur eine Rast, sondern auch einen herrlichen Blick über die Rheinebene können wir hier genießen. Danach geht es über eine Ortsdurchfahrt zurück in den Wald, wiederum steil bergauf auf einem schmalen Weg.

Nach Unterbrechung durch eine Wegkreuzung fahren wir kurz wieder auf einer Forststraße, von der wir in den Grenzgänger Weg am Oberen Abtskopf abbiegen. Dieser Trail zieht sich kupiert im Auf und Ab an alten Grenzsteinen direkt an der Grenze zu Frankreich entlang. Danach geht es rasant auf breitem Weg und nochmals kleiner Schleife oberhalb vom St. Germanshof zur Landesstraße. Diese überqueren wir und folgen der Forststraße. Nach kurzer Abfahrt biken wir nun einen sehr langen, anspruchsvollen Singletrail bergan. Der ist zwar immer gut fahrbar, aber doch sehr anstrengend, auch aufgrund seiner Länge. Manch einen zwingen die Spitzkehren am Ende aus dem Sattel, aber dann ist es geschafft. Wir durchqueren den sogenannten Mundartwald und kommen zum Steinernen Tisch. Diese skurrile

HÖHENPROFIL

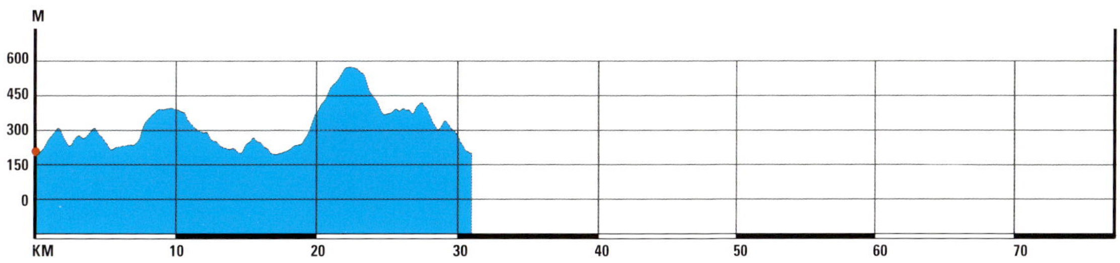

Felsformation bietet nicht nur eine schöne Aussicht auf die umliegenden Wälder, sondern lädt auch zu einer Rast auf dem Platz vor dem Felsen ein.

Nun geht es zuerst sehr technisch, dann immer wieder flowig auf dem Trail nach unten. Auf einer Forststraße biegen wir in einen schmalen Weg, der einige engere Kurven bietet. Nach der nächsten Auffahrt treffen wir wiederum auf eine Wegspinne mit Schutzhütte und einem Weltkriegsdenkmal; hier steht auch eine nachdenklich stimmende Tafel, auf der ersichtlich ist, was auf diesen historischen Wegen im Ersten und Zweiten Weltkrieg geschah. Danach folgt noch ein kurzer Anstieg auf breitem Weg, dann fahren wir über den Hasenberg und die angrenzenden Weinberge zurück nach Oberotterbach.

TIPP DES AUTORS

Das deutsche Weintor gilt als eines der Wahrzeichen der Pfalz und bietet nach kurzem Aufstieg auf eine Aussichtsplattform einen herrlichen Blick über die Rheinebene.

START/ENDE DER TOUR

Parkplatz Oberotterbach
in der Straße Am Plätzel

EINKEHREN

Deutsches Weintor
www.weintor.de
www.erlebnis-weintor.de
St. Germanshof
www.restaurant-germanshof.de
Waldgaststätte im Schützenhaus Oberotterbach
www.schützenhaus-oberotterbach.de

STRECKENVERLAUF

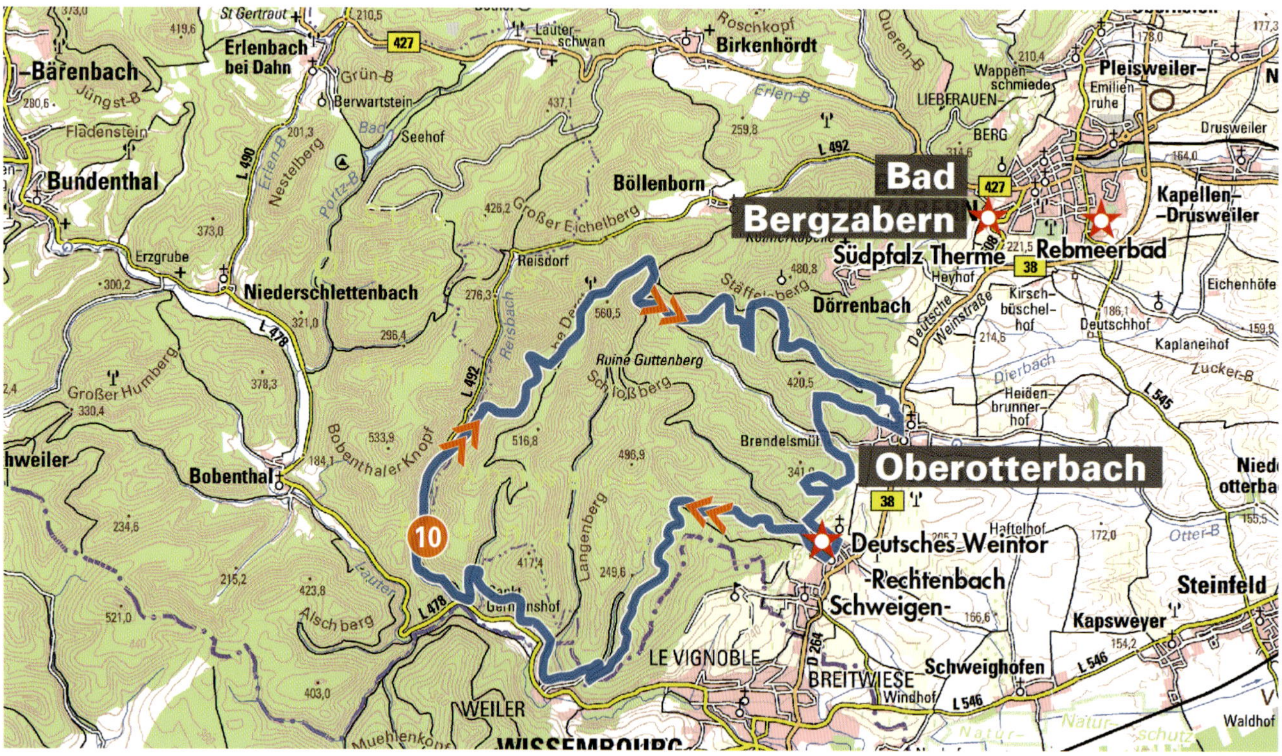

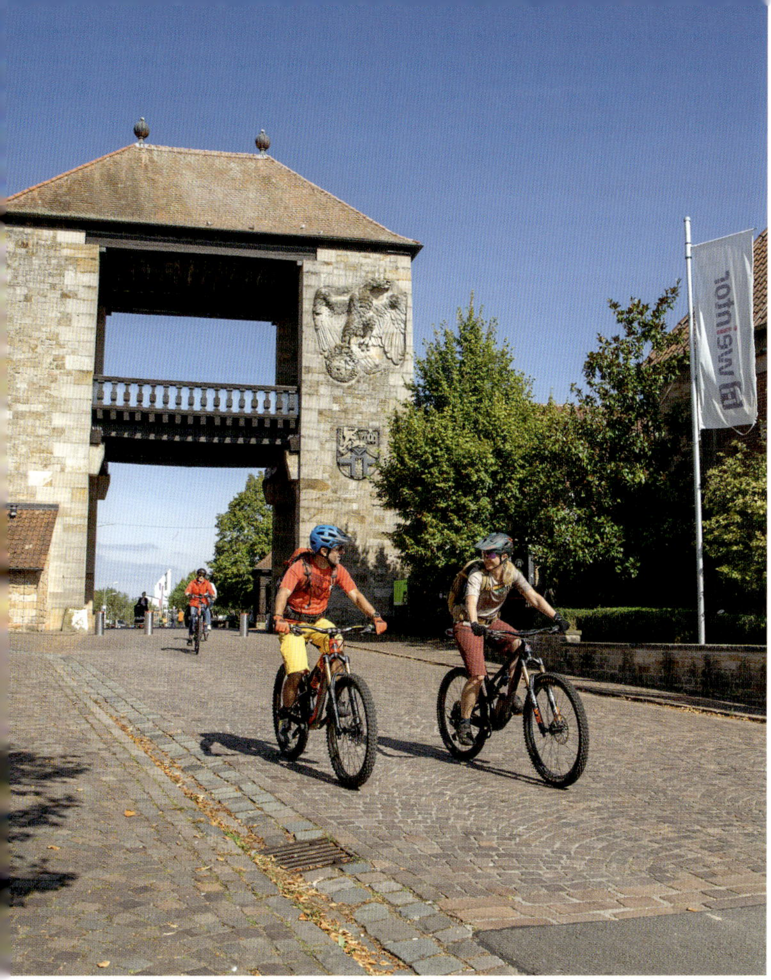

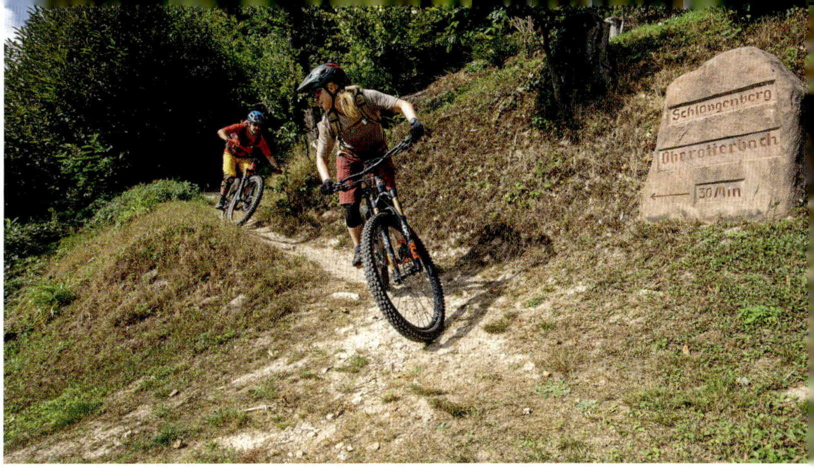

Lockeres Rollen durch das Deutsche Weintor (links). Oberhalb im Wald sind die Trails im Sommer oft staubig (oben), da sorgt ein See für die nötige Abkühlung (unten).

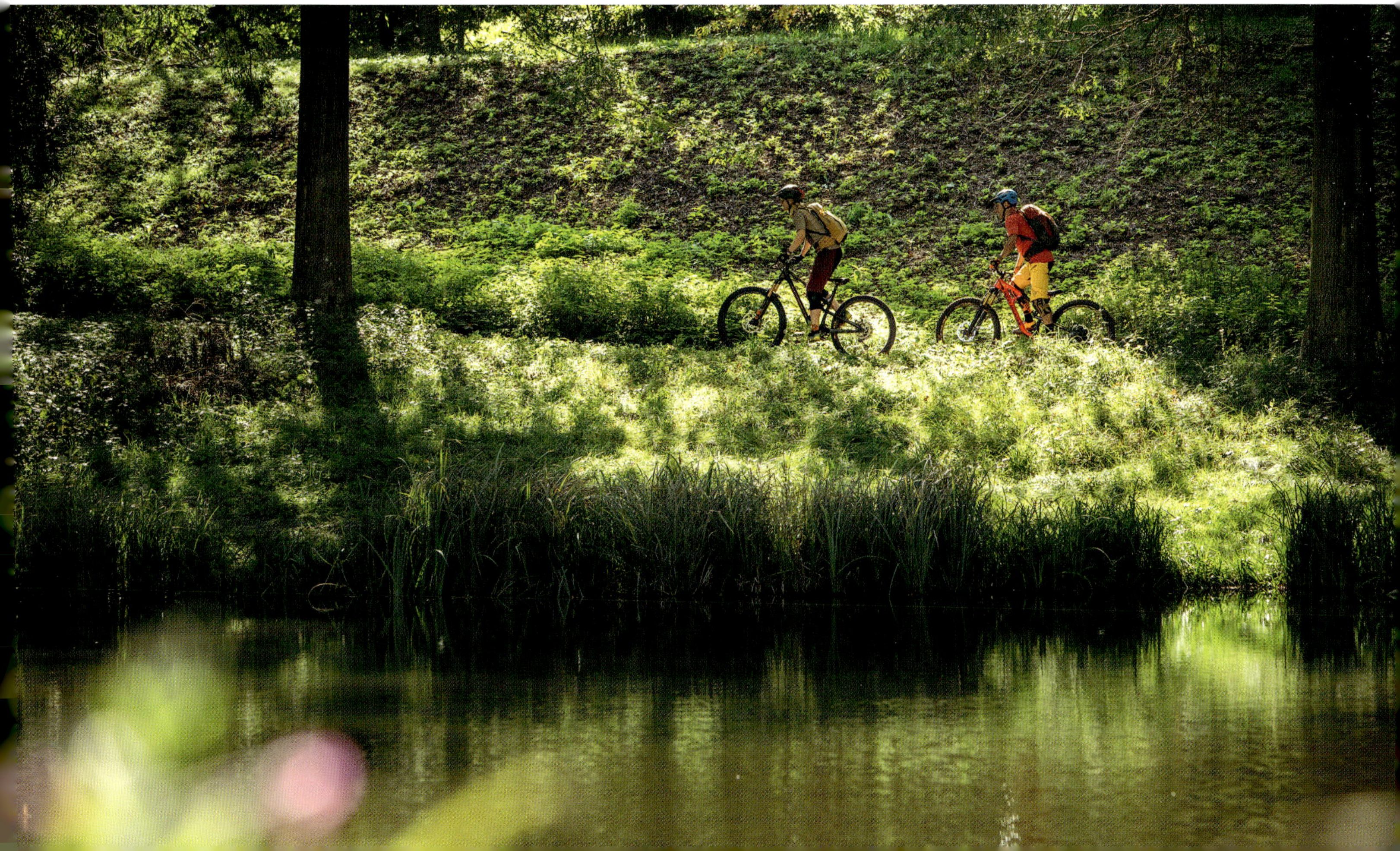

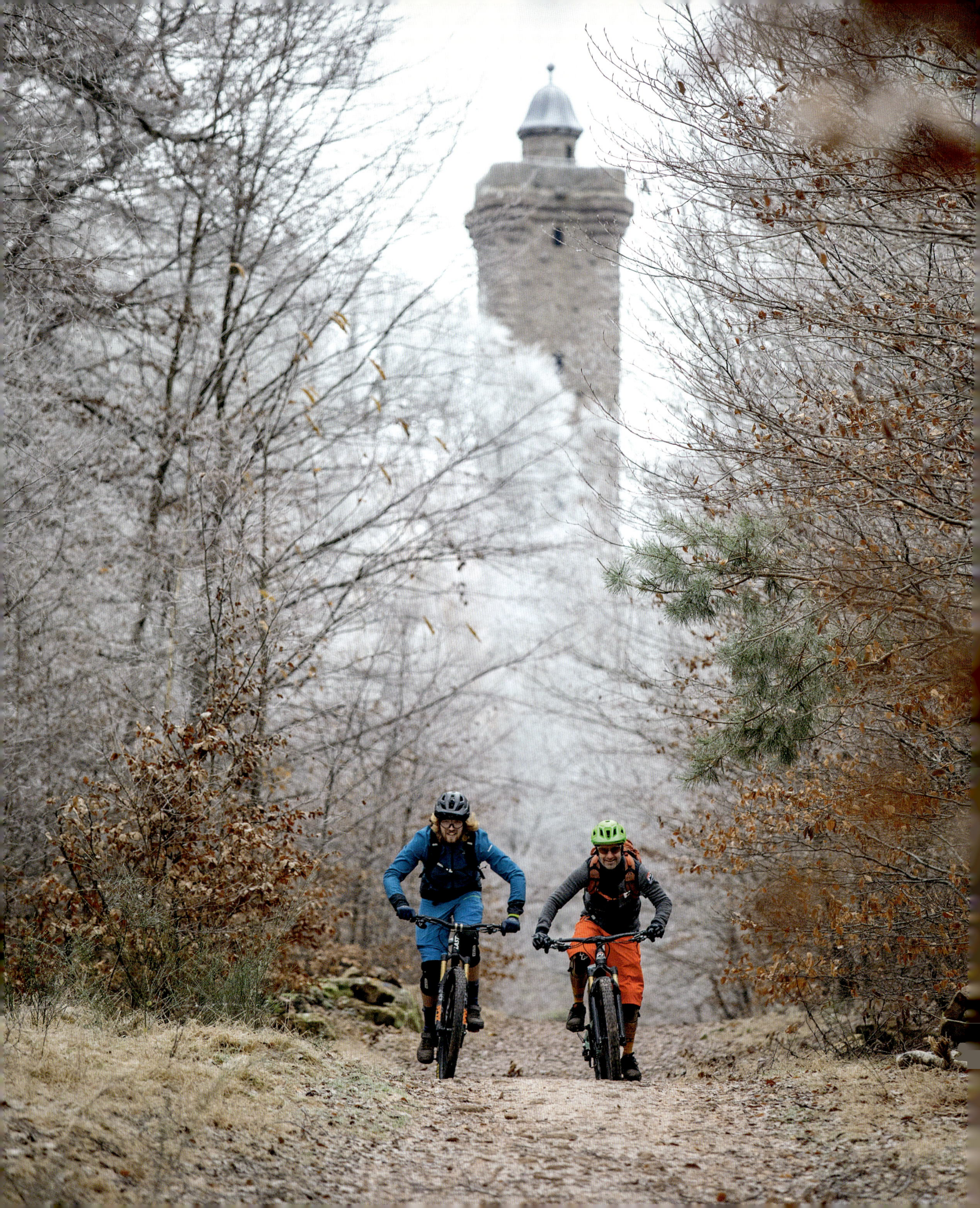

DAUER 4,5 STUNDEN im Tourenmodus

FAHRTECHNIK ●●●○○○ **KONDITION** ●●●○○○ **ERLEBNIS** ●●●●●○ **LANDSCHAFT** ●●●●●○

11 LUITPOLD-TOUR 40 KM / 800 HM

HOCH HINAUS ZU PANORAMAREICHEN AUSSICHTSPUNKTEN MIT UNGLAUBLICHEM WEITBLICK – FLOWIGE ABER AUCH ANSPRUCHSVOLLE TRAILS NEHMEN WIR AUF DIESER TOUR UNTER UNSERE STOLLEN.

Herbstimpressionen am Luitpoldturm.

Hauenstein ist bekannt durch seine Schuhfabrikation und sein Outlet – das direkt im Ort liegende Schuhmuseum ist nicht nur wegen zahlreicher Treter bekannter Stars, wie zum Beispiel die Cowboystiefel von Schimanski, die Lackschuhe von Thomas Gottschalk oder die Bergsteigerschuhe von Luis Trenker oder Reinhold Messner, zu empfehlen, sondern auch, weil es einen umfassenden Überblick über die Geschichte der Schuhproduktion in der südwestlichen Pfalz gibt. Bereits kurz nach dem Zweiten Weltkrieg wurden hier Tausende Schuhe jährlich produziert, und ein großer Teil der Bevölkerung war damals für die Schuhfabrikation tätig. Auch von den umliegenden Ortschaften kamen die Arbeiter zu Fuß über die Berge und Hügel zur Arbeit. Ihnen verdanken wir heute die Vielzahl der schmalen Wege rund um Hauenstein, die sogenannten Arbeiterpfade. Überall zirkeln sie sich hoch und wieder herunter, oft mit engen Spitzkehren zersetzt. Einige der Trails sind in unserer Tour enthalten. Oft staunen selbst die Wanderer, wenn man ihnen den historischen Hintergrund der vielen Pfade erklärt.

Gleich nach unserem Startpunkt geht es zur ersten anspruchsvollen Steigung, vorbei an der Ruine Falkenburg. Die Felsenburg sollte man ausgiebig besichtigen: Nicht nur die schöne Aussicht, sondern auch die sagenumwobene Burgruine selbst lohnt sich. Nach einer kurzen Trailabfahrt geht es stetig steigend, auf Trails und Waldwegen hinauf zum kleinen Ort Hermersbergerhof, der aus rund einem Dutzend Häusern besteht. Auch hier lohnt sich ein Abstecher auf den nahe gelegenen und bestens ausgeschilderten Luitpoldturm. Der Turm hat eine Höhe von 34 Metern und steht auf dem 610 Meter hohen Weißenberg, einem der höchsten Berge des Pfälzerwaldes: Die Aussicht dort oben ist atemberaubend – den Blick auf mehr als 100 Gipfel sollte man sich keinesfalls entgehen lassen.

Danach geht es bergab nach Wilgartswiesen. Kurze, flowige Trails und breitere Waldwege wechseln sich ab. Nach einer kurzen Straßenfahrt biken wir nach Spirkelbach auf einer Forststraße steil nach oben. Nach der Auffahrt geht es in den Hermann-Rinner-Pfad. Der Singletrail ist durchaus anspruchs-

HÖHENPROFIL

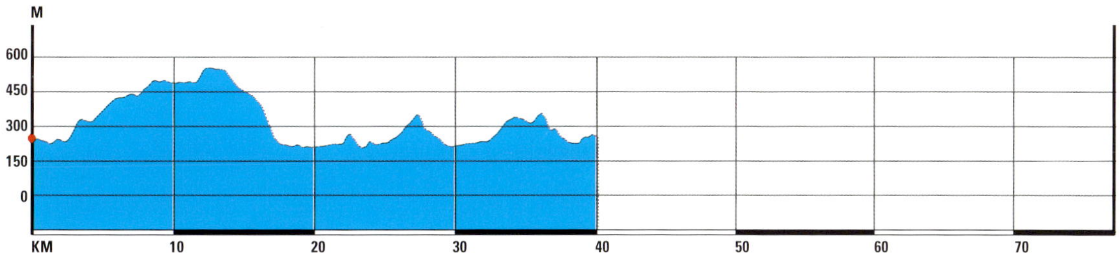

voll, die Spitzkehren sind eng und wurzelig. Sichere Fahrtechnik ist gefragt, ansonsten heißt es oft absteigen und das Bike schieben. Unten angekommen, müssen wir kurz nach oben, bevor wir die Ortschaften Lug und Schwanheim durchfahren und es wieder ins Gelände geht. Dann, wie soll es anders sein, biken wir auf einer Forststraße nach oben, um den nächsten Abfahrtsspaß zu erleben. Den Trail nennt man im Volksmund »Schnapspfad«, da dieser immer noch gern genutzt wird, um von der nahe gelegenen Pfälzerwaldhütte auf direktem Wege nach Hauenstein zu laufen. Gleich zu Beginn muss man um recht enge Spitzkehren herumzirkeln, die oft auch sehr sandig und rutschig sind. Nach diesem kurvenreichen Erlebnis zieht sich der Trail am Hang entlang; im unteren Teil gestaltet sich die Abfahrt mit weiten Kurven und endet am Zeltplatz Stopper in Hauenstein. Nun biken wir nochmals wellig auf einem einfachen Trail direkt am Ort entlang, um danach auf einer Asphaltstraße zum Ausgangspunkt zurückzukehren.

TIPP DES AUTORS

Der Luitpoldturm ist ein Aussichtsturm auf dem Weißenberg auf 610 Meter Höhe. Dieser bietet einen einmalig weiten Blick über den Pfälzerwald.

START/ENDE DER TOUR

Bahnhof Hauenstein-Mitte
Falkenburgstraße, 76846 Hauenstein

EINKEHREN

Landgasthof Luitpoldsturm
Horstweg 2, 76848 Wilgartswiesen,
Tel. 06331/40405

Wasgauhütte, Schwanheim
www.schöne-aussicht.de/die-wasgauhuette-in-schwanheim-am-rimbach-steig

STRECKENVERLAUF

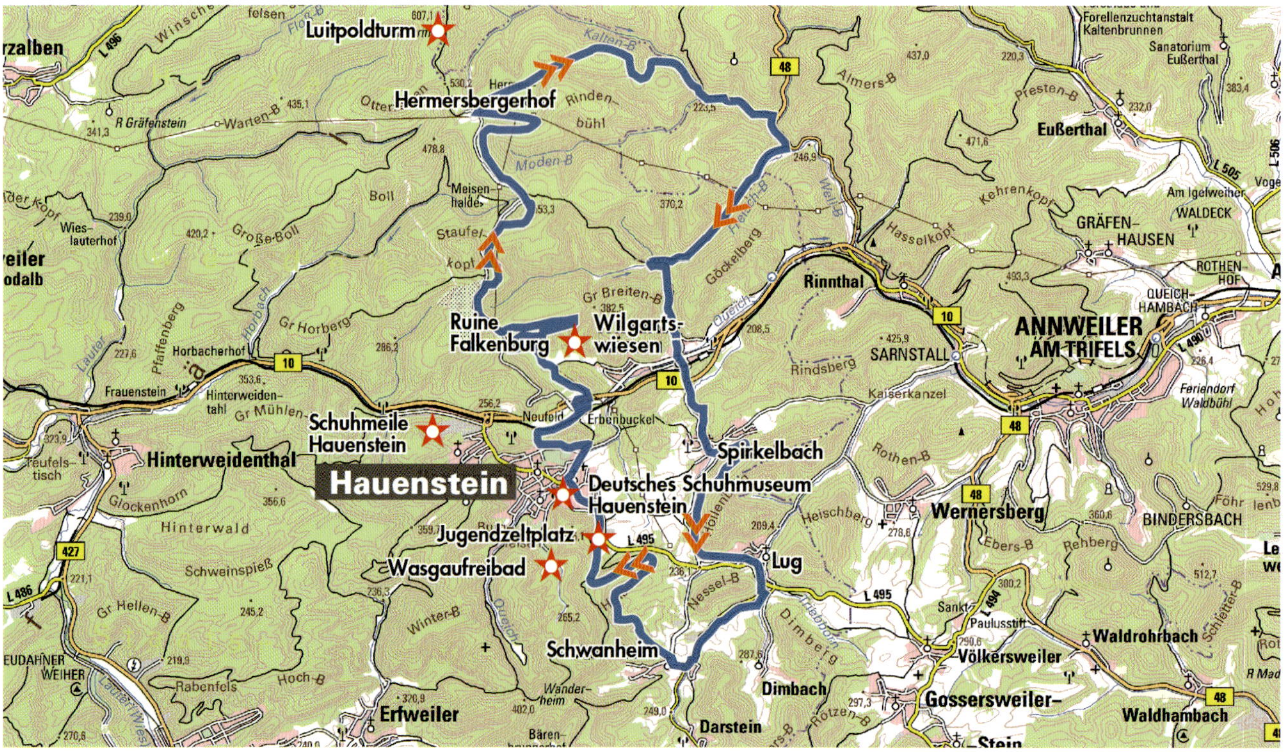

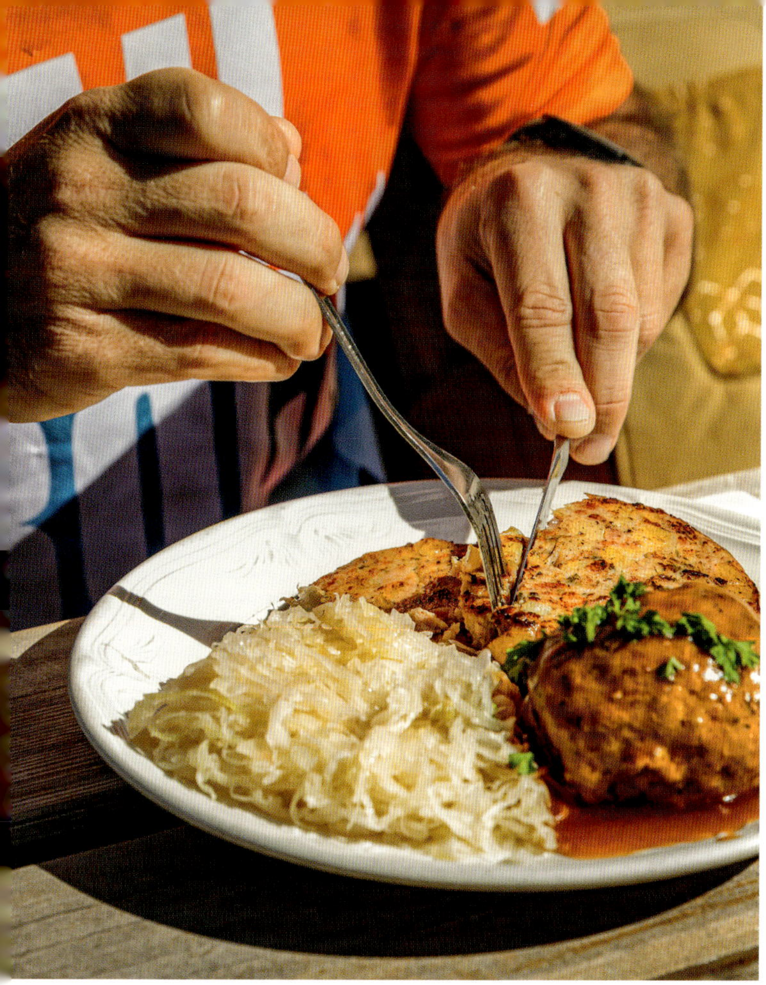

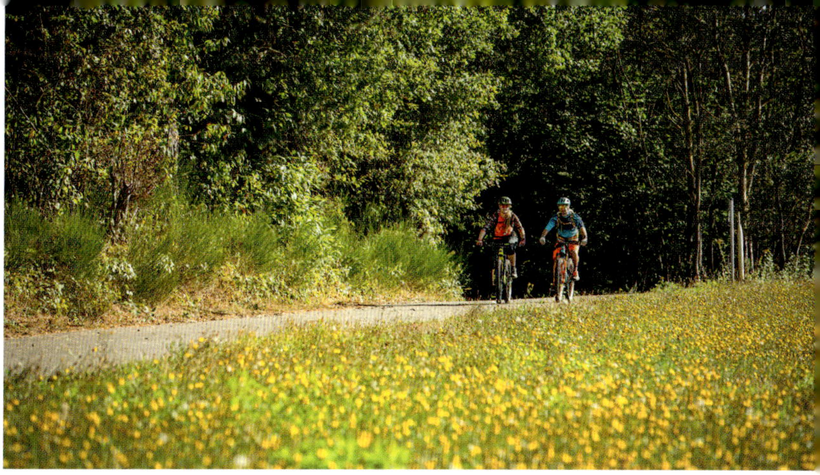

Saumagen, Leberknödel und Sauerkraut dürfen bei dieser Tour nicht fehlen (links). Entspanntes Radeln auf kurzen Radwegabschnitten (oben), unterbrochen von verschiedenen Aussichtsplattformen mit grandiosen Aussichten (unten).

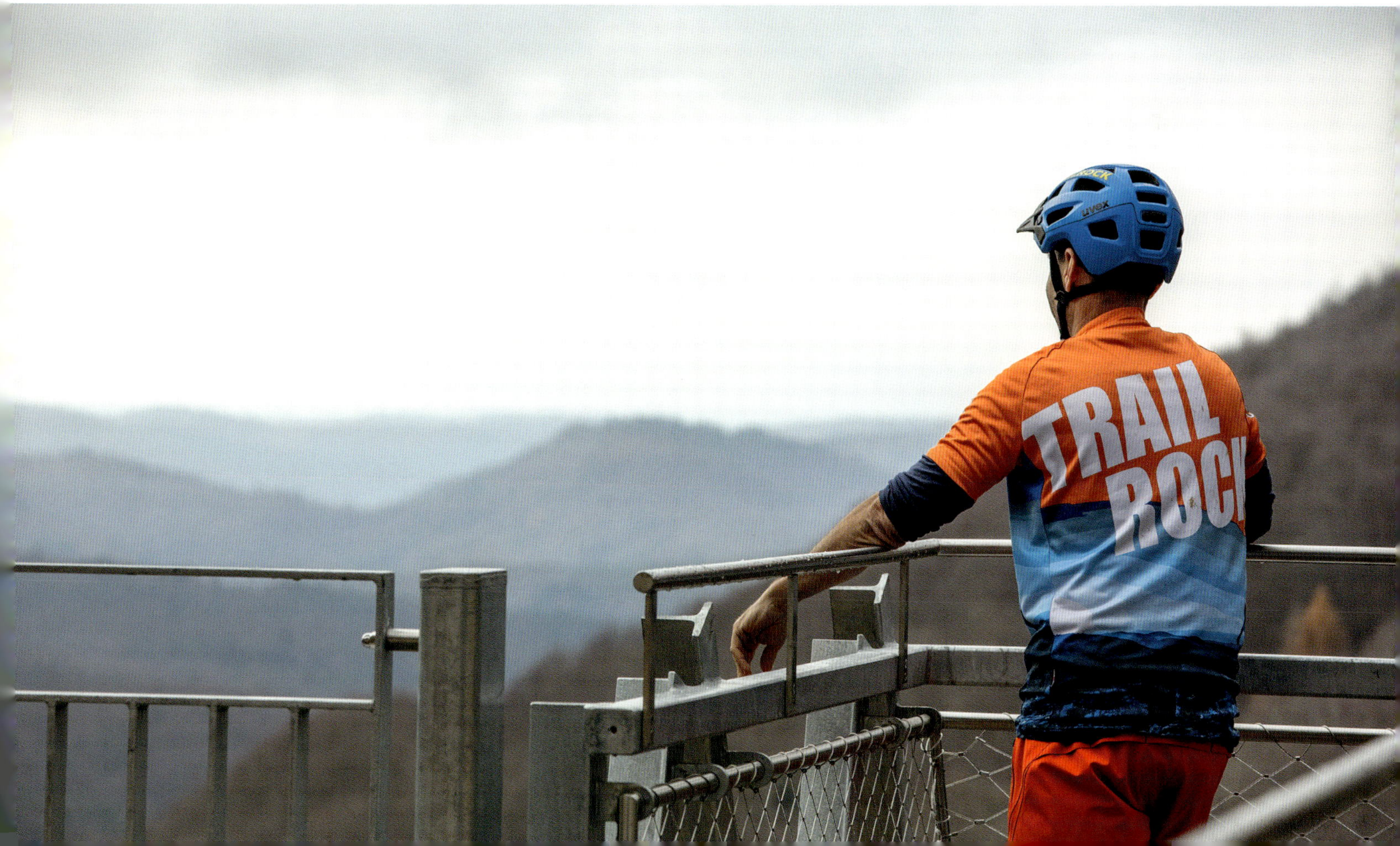

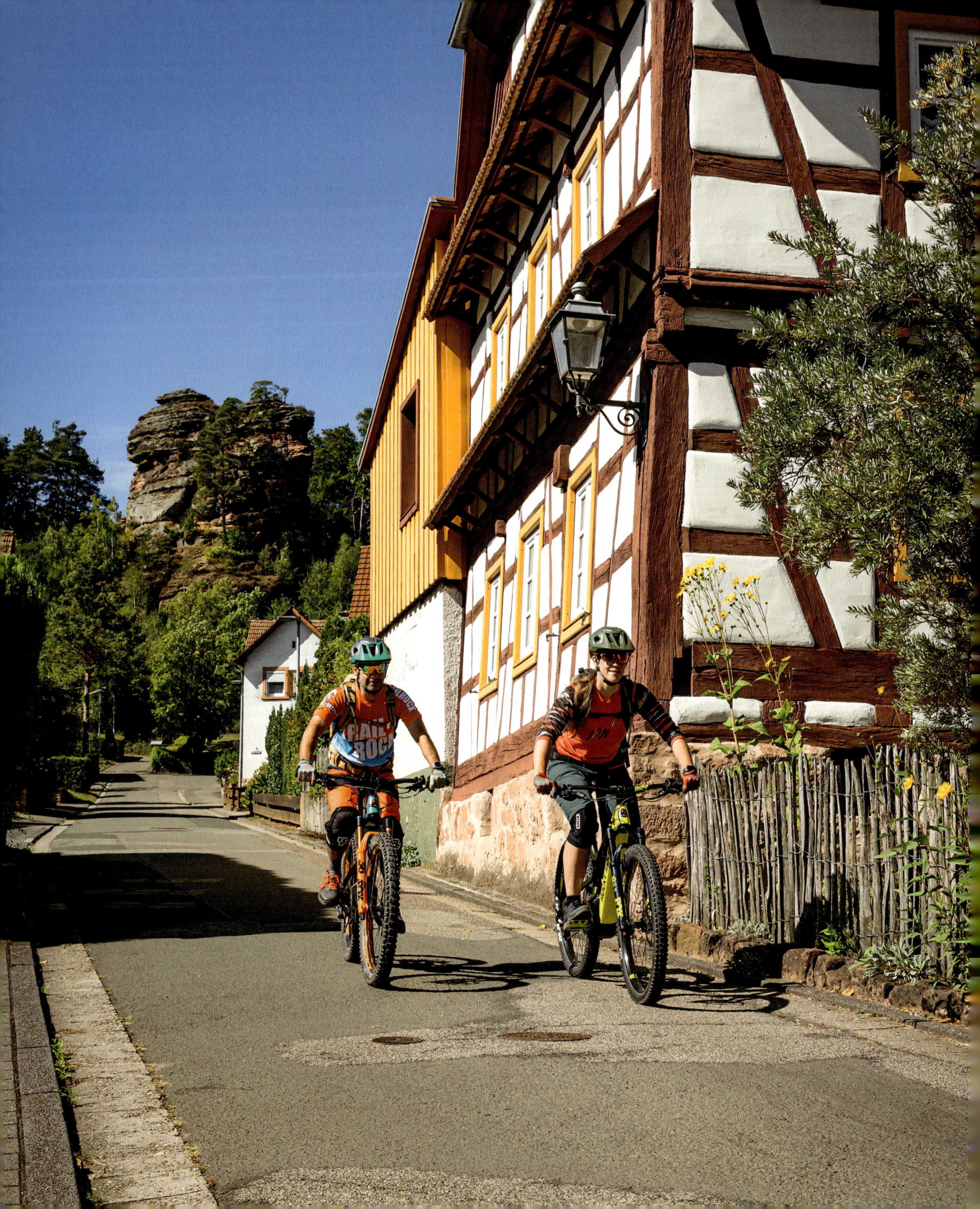

DAUER 5 STUNDEN im Tourenmodus

FAHRTECHNIK ●●●●○○ **KONDITION** ●●●○○○ **ERLEBNIS** ●●●●●○ **LANDSCHAFT** ●●●●●○

12 HAUENSTEIN-ERFWEILER-RUNDE 44 KM / 1.010 HM

MOUNTAINBIKE-TOUR, DIE JEDES BIKERHERZ HÖHERSCHLAGEN LÄSST! DIE ANSTIEGE WECHSELN SICH MIT FLOWIGEN, ABER AUCH ANSPRUCHSVOLLEN TRAILAUF- UND -ABFAHRTEN AB.

Fachwerkidylle vor steil aufragenden Felsformationen.

Nicht nur Hauenstein und andere idyllische Dörfer werden bei dieser Mountainbike-Tour gekreuzt, auch das sehenswerte Erfweiler ist Bestandteil der Runde. Der nördliche Teil des Ortes markiert einen Talschluss, und die Sackgasse endet wie so oft im Wasgau, wie die Region auch genannt wird, direkt im Wald. Erfweiler war Anfang der 1990er-Jahre Bundessieger im Wettbewerb »Unser Dorf soll schöner werden« und hat von seiner Schönheit seitdem nichts eingebüßt. Alte, bestens restaurierte Fachwerkhäuser, Brunnen und historische Plätze kann man hier besuchen. Auch der nahe gelegene Hahnenfels thront über dem Ort und gibt einen ganz besonderen Ausblick frei. Die Einwohner des Ortes zeigen sich stets entspannt, das Hotel Kleine Blume, im Herzen von Erfweiler gelegen, ist ein ausgewiesenes und empfehlenswertes Bikehotel.

Wir beginnen die Tour in Hauenstein, um dann nach kurzer Einfahrtszeit vorbei am Hauensteiner Grillplatz abwechselnd auf zum Teil anspruchsvollem Trail und Forstweg über den Zimmerberg zu den Vier Buchen hochzukurbeln. Nach kurzer Fahrt auf einem Forstweg startet unser erster sehr flowiger und langer Abfahrtstrail. Er gehört zu den Highlights dieser Tour und trägt den Namen Johannes-Schächter-Pfad, der am Traileingang gut sichtbar auf einem Fels angeschlagen ist. Der Singletrail ist zu Beginn etwas steiler, um sich dann am Hang entlangzuwinden. Ein wenig Kurbeleinsatz ist notwendig. Gegen Ende nimmt der Schächter-Pfad wieder Fahrt auf und wird steiler; es gilt, auch an einigen größeren Felsblöcken vorbeizufahren. Anschließend geht es ein kurzes Stück über den Pirminiusradweg, um darauf folgend einen langen, aber angenehm steigenden Uphill-Trail Richtung Hinterweidenthal hochzufahren. Auch diese Mühe lohnt sich, denn danach geht es wieder, teilweise anspruchsvoll auf schmalen Wegen, nach unten. Wir passieren den Natursee Rohrwoog, und idyllisch zieht sich unsere Fahrt am Wasser entlang. Die folgende Überbrückungsstrecke, kupiert auf Forstwegen, endet unterhalb des Gersbergerkopfes. Hier liegt auch die imposante Felsformation Römerfelsen. Den kleinen Umweg sollte man einplanen, lässt sich dieser Fels doch gut besteigen und bietet eine herrliche Sicht auf die umliegenden Berge und die Stadt Dahn.

HÖHENPROFIL

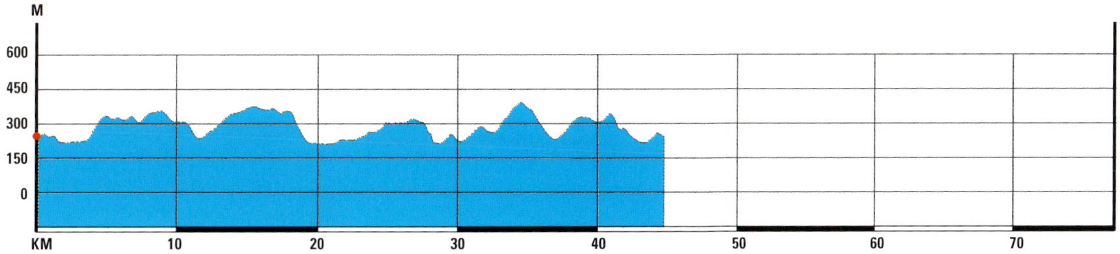

Nach diesem Abstecher geht es zuerst nochmals leicht bergauf auf einem sandigen breiten Weg, der immer wieder einen schönen Blick auf die Burgenkette Altdahn freigibt, bis wir uns zielgerecht wieder auf eine Abfahrt begeben. Der Trail führt uns durch einen mit Moos überzogenen Waldabschnitt, zuerst etwas steiler und technischer, dann eher flach und einfach, bis wir auf eine Forststraße treffen, der wir nun folgen. Vorbei an der Köhlerhütte, an der einmal jährlich das Köhlerfest stattfindet, fahren wir wieder an Erfweiler vorbei, zunächst auf einer Forststraße, dann auf einer asphaltierten Nebenstraße zum Bärenbrunnerhof. Hier ist eine Einkehr empfehlenswert. Die Bioprodukte des Bauernhofes sind weit über die Grenzen hinaus bekannt. Direkt neben dem Hof geht es anschließend steil bergauf, direkt vorbei an der beeindruckenden hohen Felsformation Honigfels. Unser letzter Anstieg führt uns direkt zu einer rasanten Abfahrt hinunter nach Schwanheim und zurück nach Hauenstein zum Bahnhof.

TIPP DES AUTORS

Der Römerfelsen mit seiner herrlichen Aussicht liegt nur wenige Meter von der Route entfernt: die steilen Stufen hinauf, und man hat einen panoramareichen Blick über Dahn und das Dahner Felsenland!

START/ENDE DER TOUR

Bahnhof Hauenstein-Mitte

Falkenburgstraße, 76846 Hauenstein

EINKEHREN

Restaurant/Hotel Kleine Blume

Erfweiler

www.hotel-kleineblume.de

Bärenbrunnerhof

Schindhard

www.baerenbrunnerhof.de

Wasgauhütte

Schwanheim

www.schöne-aussicht.de/die-wasgauhuette-in-schwanheim-am-rimbach-steig

STRECKENVERLAUF

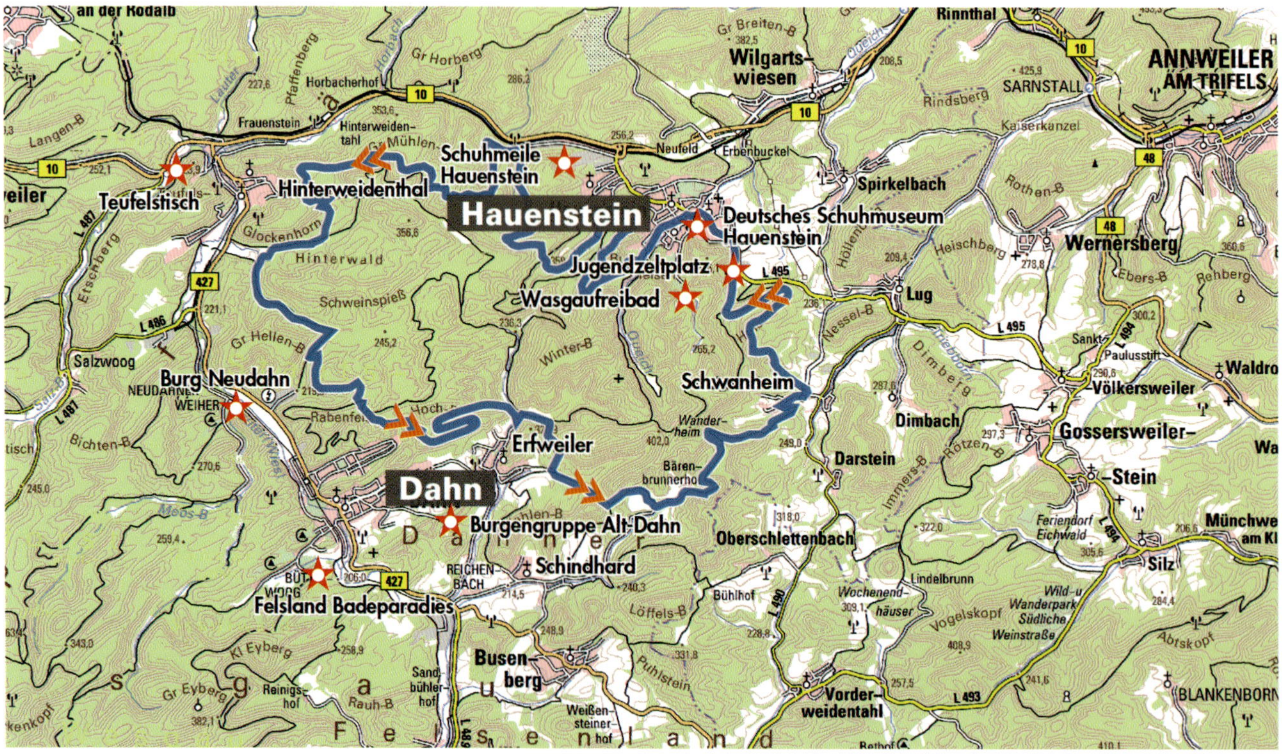

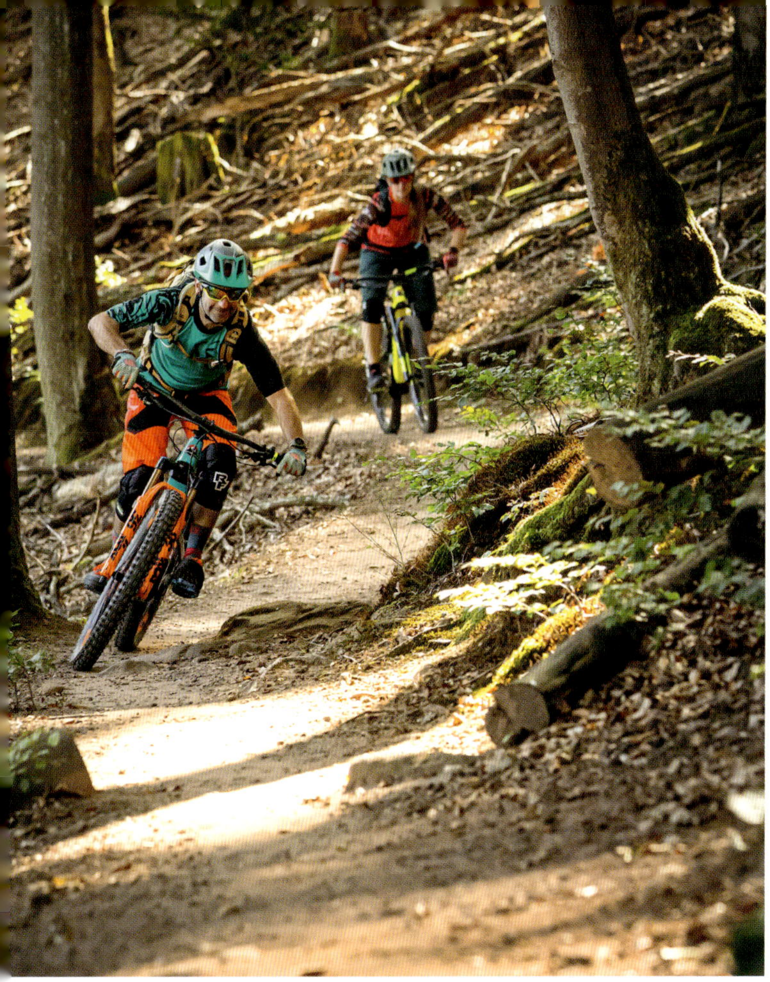

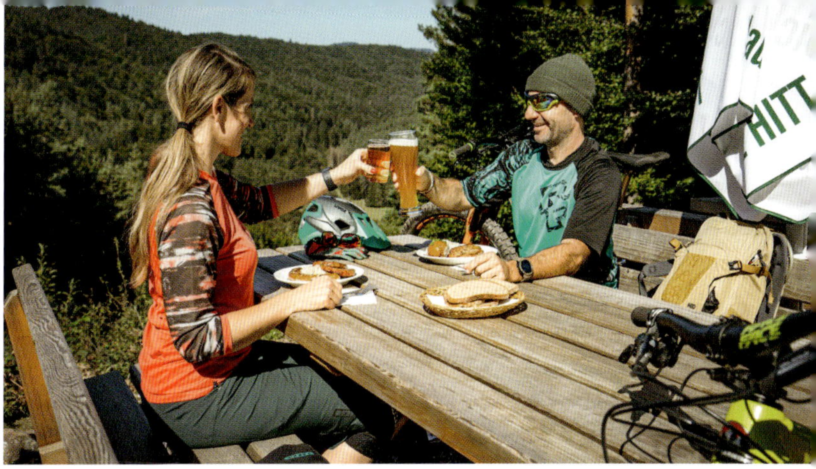

Flowige Trails bieten jede Menge Fahrspaß (links und unten). Eine Rast in der Pfälzerwaldhütte »Dicke Eiche« darf unter keinen Umständen fehlen (rechts).

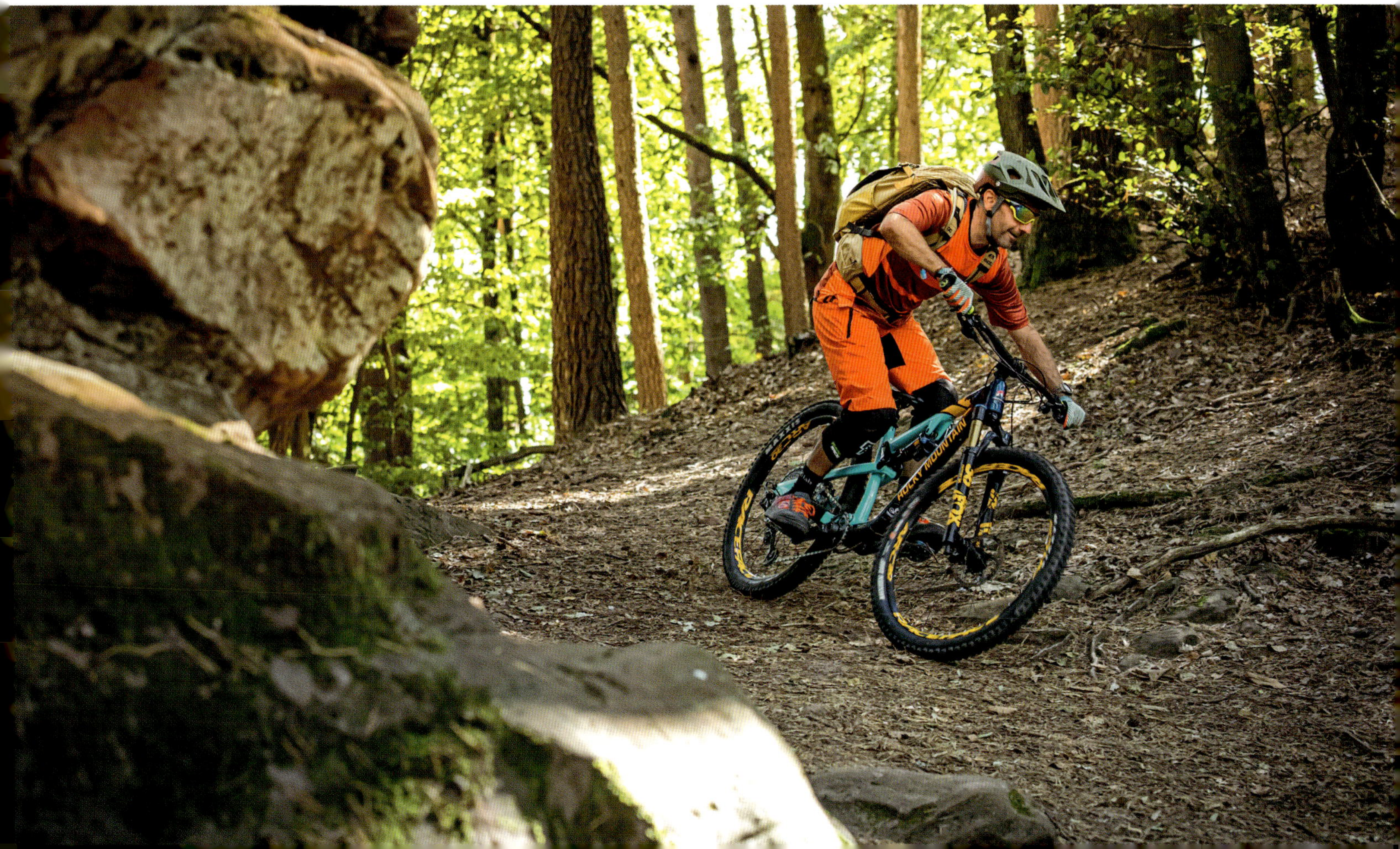

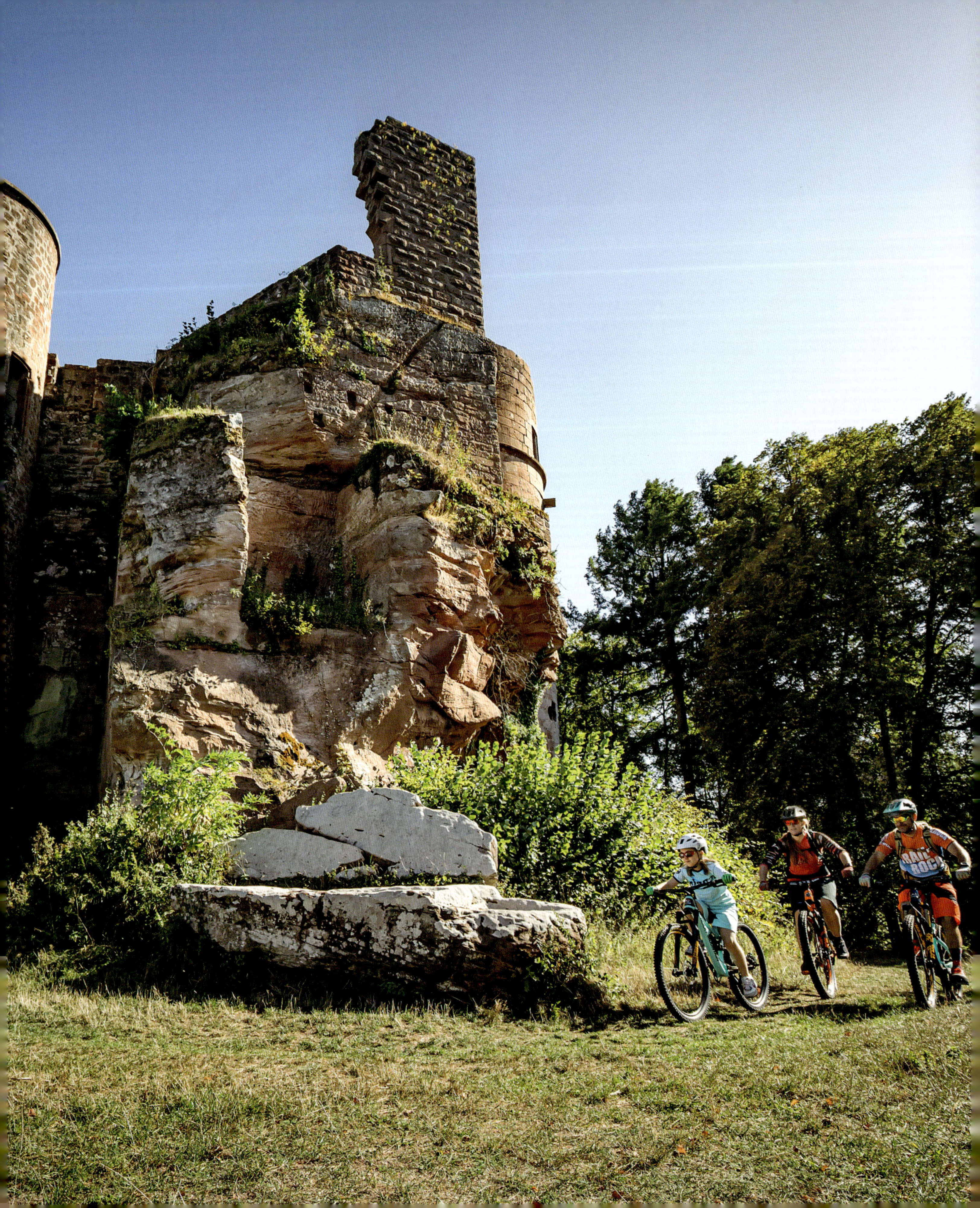

DAUER 7–8 STUNDEN im Tourenmodus

FAHRTECHNIK ●●●●○○ **KONDITION** ●●●●●● **ERLEBNIS** ●●●●●○ **LANDSCHAFT** ●●●●●●

13
DAHNER-FELSENLAND-MARATHON-TOUR
80 KM / 2.020 HM

SCHWERE, ANSPRUCHSVOLLE TOUR! LANGE FELSEN- UND HERAUSFORDERNDE SERPENTINENTRAILS MIT VIELEN SCHÖNEN AUSSICHTSPUNKTEN AUF DEN PFÄLZERWALD.

Verfallen, aber immer noch imposant: die Burgruine Neudahn.

Die Eckdaten dieser Tour lassen gleich erkennen: Hier liegt eine ausgewachsene Marathon-Tour vor uns! Will man das Dahner Felsenland gänzlich erkunden, ist man bei dieser Mountainbike-Tour genau richtig! Dabei gilt es, nicht zu unterschätzen, dass nicht nur die mehr als 80 Kilometer dieser Tour die Würze geben, sondern auch die ständigen, eher kurzen Bergauf- und Bergabfahrten, die eine hervorragende Kondition erfordern. Sicher ist es auch möglich, die Tour in mehreren Etappen zu fahren, dem steht aber der sportliche Anspruch eines jeden Mountainbikers entgegen. So wird man sich, wenn man die Tour in einem Rutsch fährt, müde, aber stolz auf die Schultern klopfen können!

Die große Schleife beginnt und endet am Bahnhof in Dahn. Nach kurzem Einrollen geht es bereits auf einer anspruchsvollen Trailauffahrt unterhalb des Römerfelsens entlang. Ein Abstecher zum Felsen lohnt sich – allein die spektakulär an den Felsen angebrachte Treppe, die steil zum Felsplateau führt, ist schon ein Erlebnis. Oben angekommen, hat man eine weit reichende Aussicht nicht nur auf Dahn und die nahe gelegene Burgengruppe Altdahn, sondern auch weit über die Grenzen des Dahner Felsenlandes hinaus. Weiter geht unsere Fahrt nochmals kurz bergauf, bevor wir unterhalb des Wölmersbergs einen einzigartigen Singletrail vor uns haben. Die Spur des Trails zieht sich in einem mit Moos bewachsenen Waldstück entlang, wie in einem Märchenwald führt uns der Weg in weiten, flüssig zu fahrenden Kurven und mit niedrigen Bodenwellen, die übersprungen werden können, nach unten. Dort angekommen, treffen wir auf eine breite Forststraße, die uns wellig nach Erfweiler bringt. Von dort aus fahren wir auf einer Nebenstraße über Schindhard zum Bärenbrunnerhof, einem Biobauernhof mit Bewirtschaftung, auf dem sich eine Pause lohnt. Im weiteren Tourverlauf fährt man unterhalb des Stumpfberges und des Wolfshorns nach Darstein – immer auf breiteren Waldwegen und kurzen Trails. Im Ort Lindelbrunn angekommen, ist es empfehlenswert, die Burg Lindelbrunn zu besichtigen. Die Ruine bietet einen herrlichen Blick über den Pfälzerwald bis zur Rheinebene. Das direkt an der Strecke liegende Cramerhaus empfiehlt sich für eine weitere Einkehr.

HÖHENPROFIL

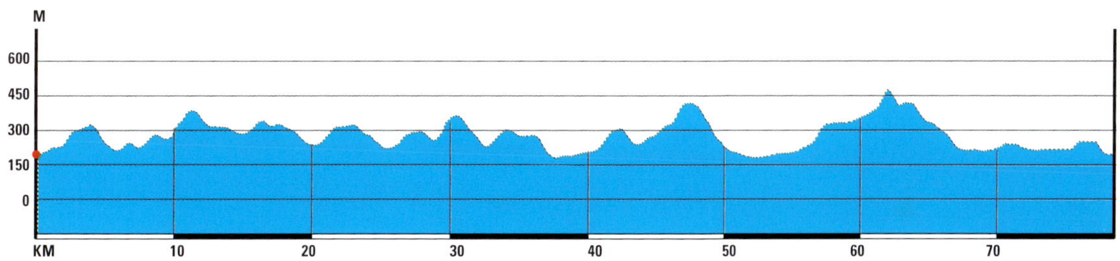

Von dort biken wir mitten durch den Wald nach Oberschlettenbach und zum schön in einer Talsenke gelegenen Ort Busenberg. Hier geht es über den Eichelberg auf kurzen Trailabschnitten weiter Richtung Bundenthal. Dort fahren wir dann unterhalb des Jüngstberges zu einem einfachen Abfahrtstrail und weiter zu der imposanten Felsformation Fladensteine.

Unsere Tour führt uns nun weiter über Rumbach unterhalb des Christkindelsfelsen vorbei. Wenn im Herbst die Nebelschwaden durch das Tal ziehen, so sieht es vom Dorf aus, als ob Rauch aufsteigt. Geheimnisvoll wurde es, wenn früher den Kindern gesagt wurde, dass hier das Christkindl Weihnachtsgebäck backt, auch weil der Felsen über Rumbach öfter im Abendrot aufglüht. Danach fahren wir weiter nach Bruchweiler-Bärenbach, um von dort, vorbei am Napoleonsfels, der durch seine imposante Form an seinen Namensgeber erinnert, zum großen Eyberg aufzufahren. Dort angekommen, surfen wir lange, aber auch anspruchsvolle Spitzkehrentrails ab. Nach dem Eyberg besteht die Möglichkeit, in der Pfälzerwaldhütte Dahn eine letzte Rast einzulegen, bevor wir über die Burg Neudahn zum Ausgangspunkt zurückkehren.

TIPP DES AUTORS

Die Tour kann auch als Zweitagestour mit Übernachtung geplant werden. Dafür bieten sich zum Beispiel das Cramerhaus in Lindelbrunn oder das Hotel Zur Krone bzw. das Hotel Felsengarten in Bruchweiler-Bärenbach an.

START/ENDE DER TOUR

Bahnhof Dahn
Pirmasenser Straße,
66994 Dahn

EINKEHREN

Bärenbrunnerhof
Schindhard
www.baerenbrunnerhof.de

Wasgauhütte
Schwanheim
www.schöne-aussicht.de/die-wasgauhuette-in-schwanheim-am-rimbach-steig

Cramerhaus
Lindelbrunn, *www.cramerhaus.de*

Landgasthof Weißensteinerhof
Busenberg
www.weissensteinerhof.de

Pfälzerwaldhütte im Schneiderfeld
Dahn, *www.pwv-dahn.de*

STRECKENVERLAUF

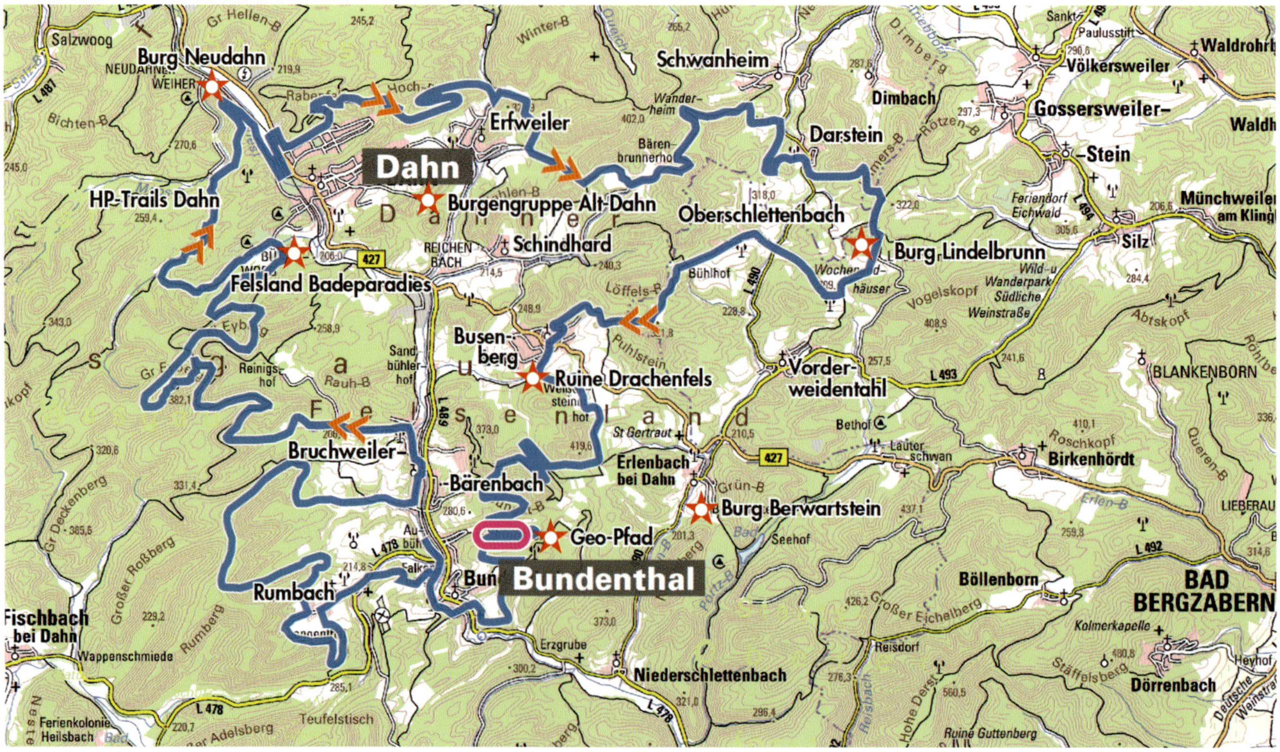

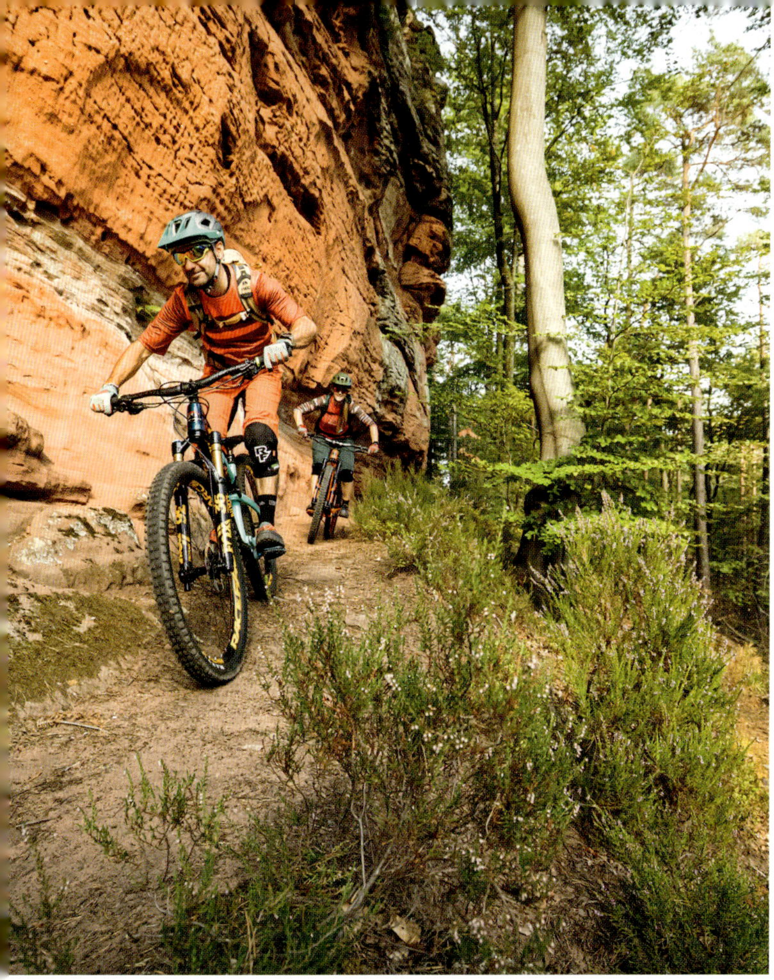

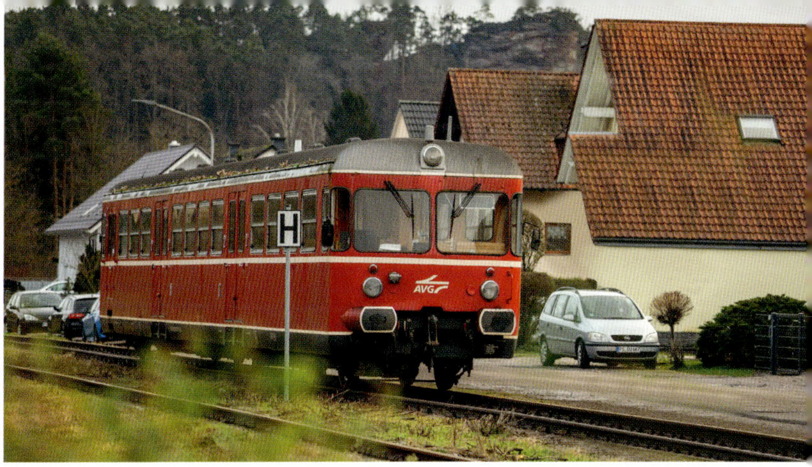

Sehr abwechslungsreich rollt es sich dahin, durch idyllische Dörfer, vorbei an historischen Zügen und genialen Aussichtspunkten, aber auch einsam auf anspruchsvollen Trails.

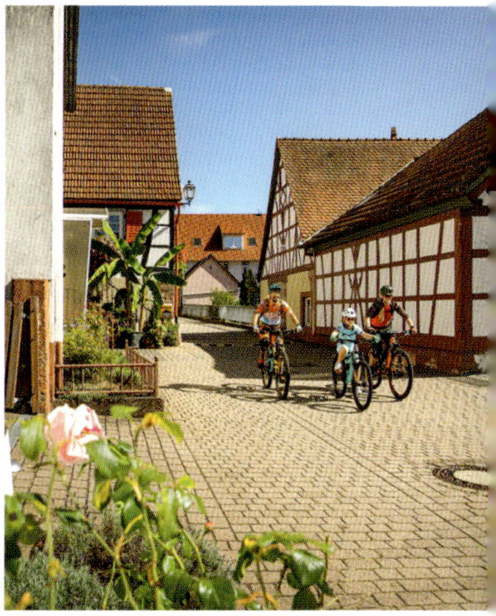

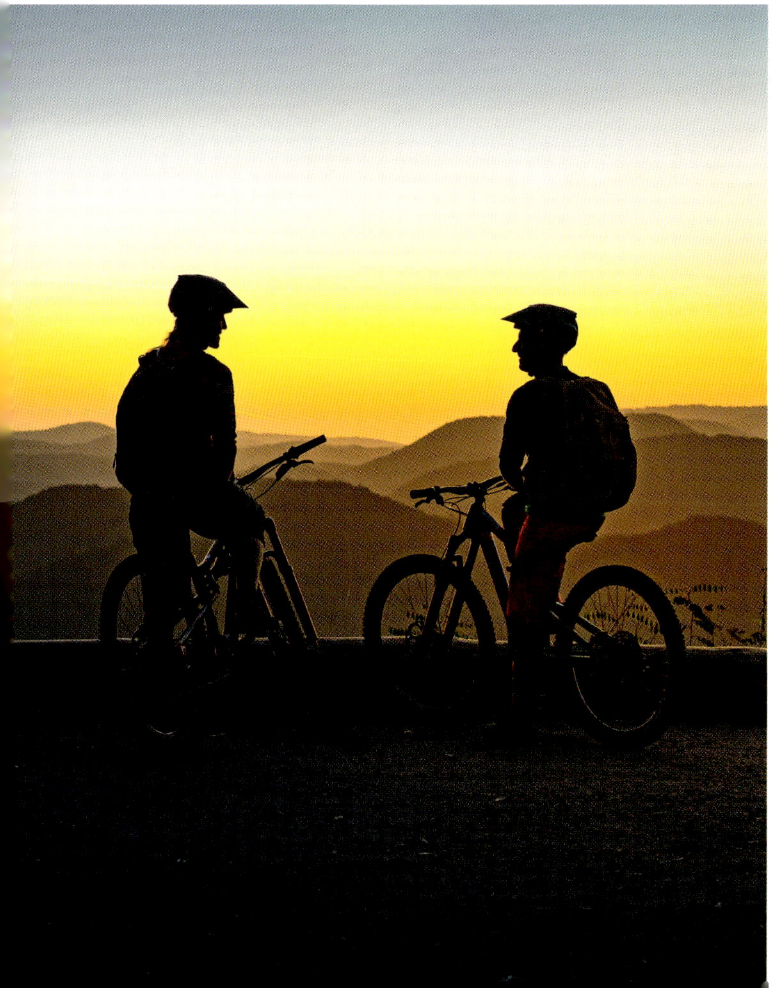

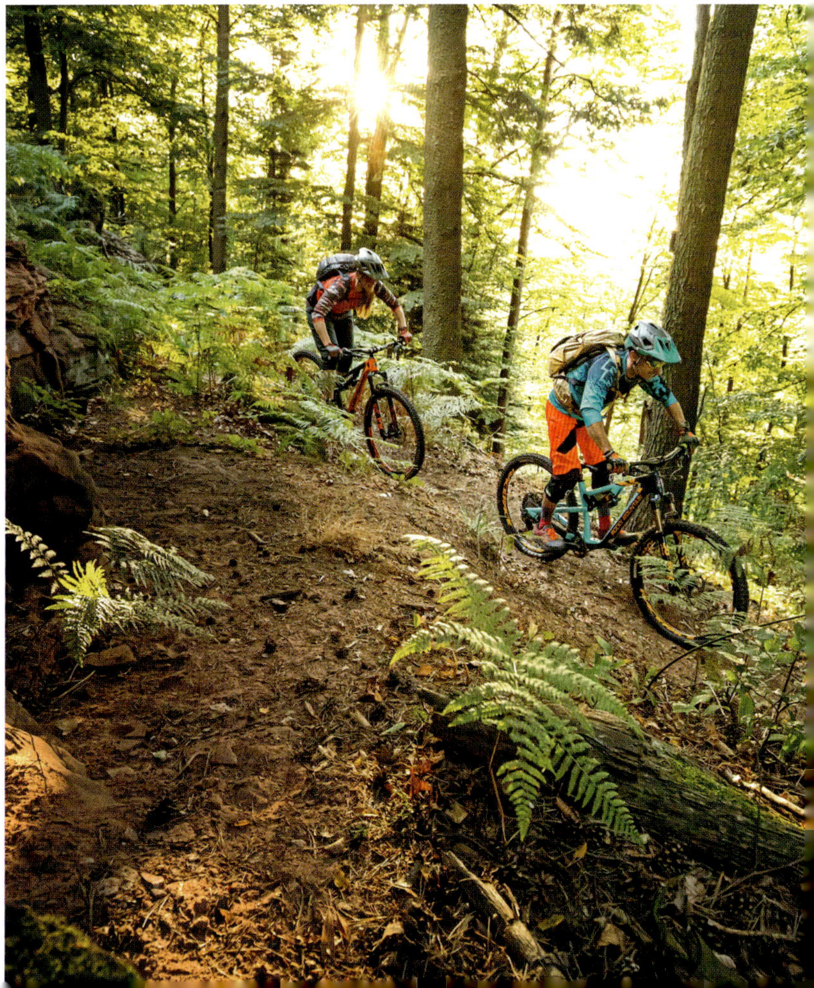

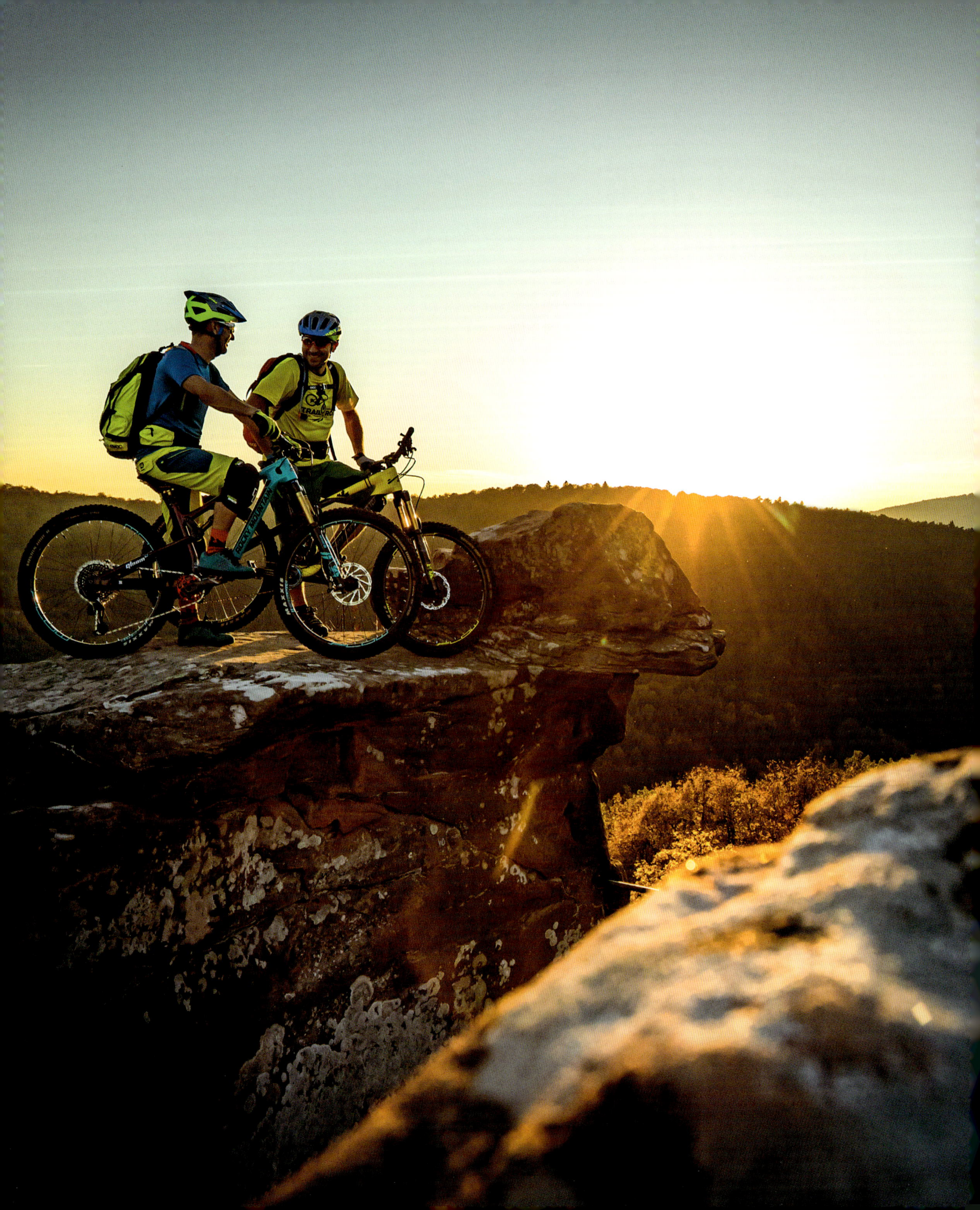

DAUER 2 STUNDEN im Tourenmodus

FAHRTECHNIK ●●○○○○ KONDITION ●●○○○○ ERLEBNIS ●●●●●○ LANDSCHAFT ●●●●●○

14
GRENZ-TOUR
26 KM / 640 HM

KURZE MOUNTAINBIKE-TOUR AN DER GRENZE ZU FRANKREICH MIT DER MÖGLICHKEIT, DIE HÖCHSTGELEGENE BURG DER PFALZ, DIE WEGELNBURG, ZU BESTEIGEN.

Logenplatz direkt auf einem Fels.

Schon in der keltischen Vorzeit hat man im Übertagebau Eisenerz gewonnen. Urkräfte schleuderten bereits vor 45 Millionen Jahren heißes Eisenerz aus der Tiefe empor, die zu unseren farbenprächtigen Bundsandsteinen erstarrten. Bei dieser Tour hat man die Möglichkeit, den St.-Anna-Stollen nahe Nothweiler zu erkunden. Der 420 Meter lange Rundgang unter Tage ist sehr empfehlenswert – man erfährt viel über den Erzbergbau, die Abbauorte und die Lebensbedingungen der damaligen Zeit.

Die eher kurze Tour startet in Bundenthal und führt über den Radweg und eine Neben- und Forststraße zum Naturflugplatz Söller. Mit viel Glück bekommt man dort Flugeinlagen historischer Flugzeuge geboten. Auch das nahe gelegene Restaurant MarCook ist empfehlenswert. Weiter geht es über einem breiteren Waldweg und eine kurze Straßenauffahrt zum Beißenberg. Unterhalb des Berges pedalieren wir nun einen langen, aber auch anstrengenden Singletrail bergauf Richtung Wegelnburg. Die Burg auf einer Höhe von 570 Metern ist die höchstgelegene in der Pfalz und wurde erstmalig im Jahr 1247 erwähnt. Sie bietet eine 360-Grad-Aussicht weit in den Pfälzerwald und auch in die angrenzenden Nordvogesen samt Biosphärenreservat. Es ist absolut empfehlenswert, kurz von der Wegstrecke abzuweichen und die Burg zu besteigen. Das Burgschiff ist ideal, um das ein oder andere Panoramafoto zu schießen. Dieser Fotospot gehört wohl zu den besten und meistgenutzten im ganzen Dahner Felsenland. Darüber hinaus besteht Sichtverbindung zu den in Frankreich gelegenen Burgen Löwenstein und Hohenburg. Bis ins Jahr 2022 wurde die Burg aufwendig restauriert und gereinigt, sodass sie seitdem wieder im neuen oder auch alten Glanz erscheint.

Nach der kurzen Zusatzschleife über die Wegelnburg befahren wir einen langen Abfahrtstrail. Dieser ist anfänglich sandig, zieht sich aber in einem angenehmen Gefälle nach unten. Vorsichtig sollte man nur bei der Überfahrt von einigen Felsen sein, die bei Nässe rutschig sind und bei denen man stets darauf achten muss, nicht mit Kurbel oder Schaltwerk hängen zu bleiben. Da der Trail nah am steilen Abgrund verläuft, ist auch hier Achtsamkeit geboten.

HÖHENPROFIL

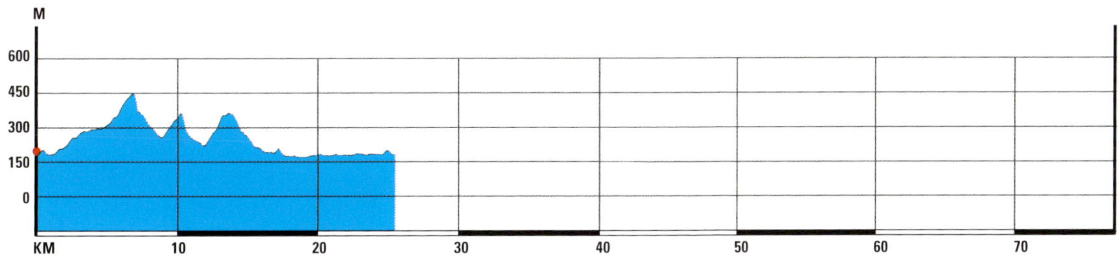

Kurz vor der Forststraßenüberfahrt treffen wir noch auf eine enge Kurve. Nach der Trailabfahrt geht es nach kurzer Fahrt zum idyllisch gelegenen Dorf Nothweiler. Dort besteht die Möglichkeit einer Einkehr in die am Dorfplatz gelegenen Restaurants direkt an unserer Wegstrecke. Nach den letzten Häusern folgen wir der schmalen Seitenstraße. Unsere Tour führt uns direkt vorbei an der oben beschriebenen ehemaligen Eisenerzgrube. Weiter geht's über kurze Trailstücke und Waldwege unterhalb des kleinen Humberges nach Bobenthal. Von dort führt die Tour, direkt an der Wieslauter entlang, über den Radweg zurück zum Ausgangspunkt.

TIPP DES AUTORS

Die Zeit für eine Besichtigung der nur 200 Meter vom Streckenverlauf entfernten Burg Wegelnburg sollte man sich unbedingt nehmen. Die Aussicht von der Plattform der Burg reicht viele Kilometer über den Pfälzerwald und die nahe gelegenen Nordvogesen.

START/ENDE DER TOUR

Bahnhof Bundenthal-Rumbach
Bahnhofstraße, 76891 Bundenthal

EINKEHREN

Restaurant MarCook
Am Söller
www.marcook.de

Landgasthaus Zur Wegelnburg
Nothweiler
www.zur-wegelnburg.de

STRECKENVERLAUF

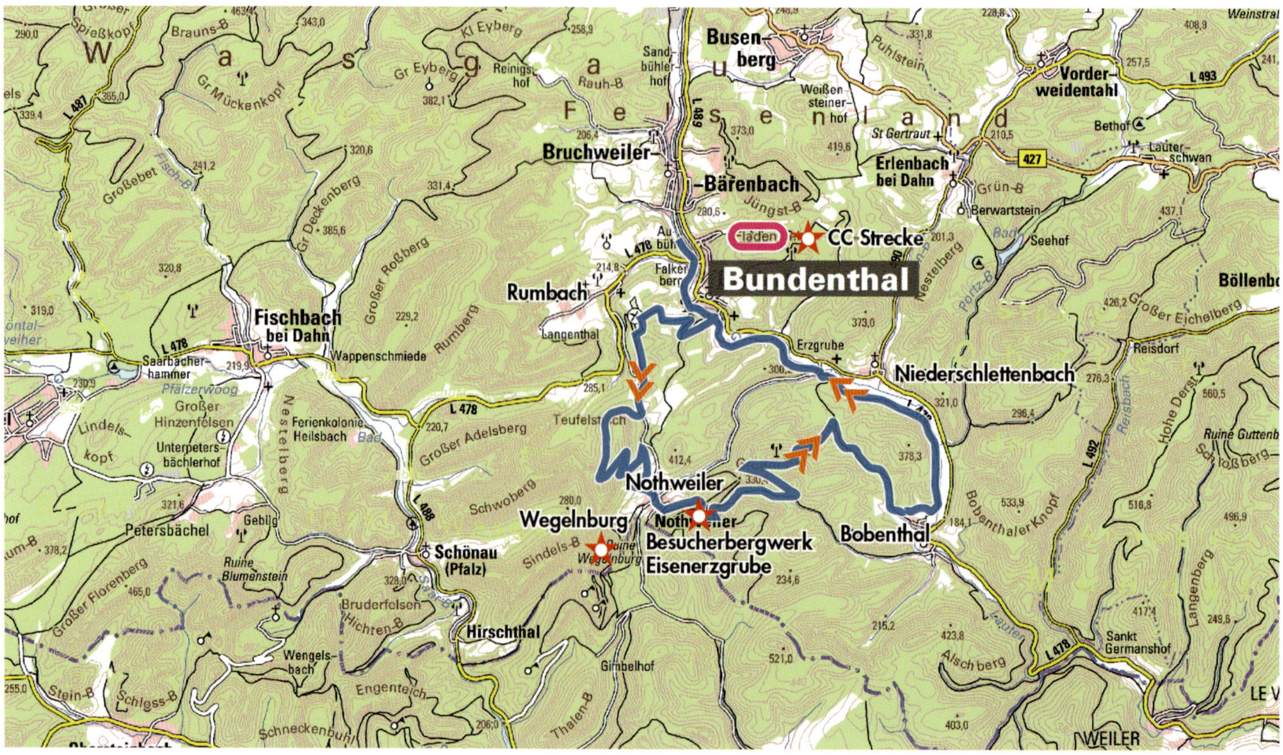

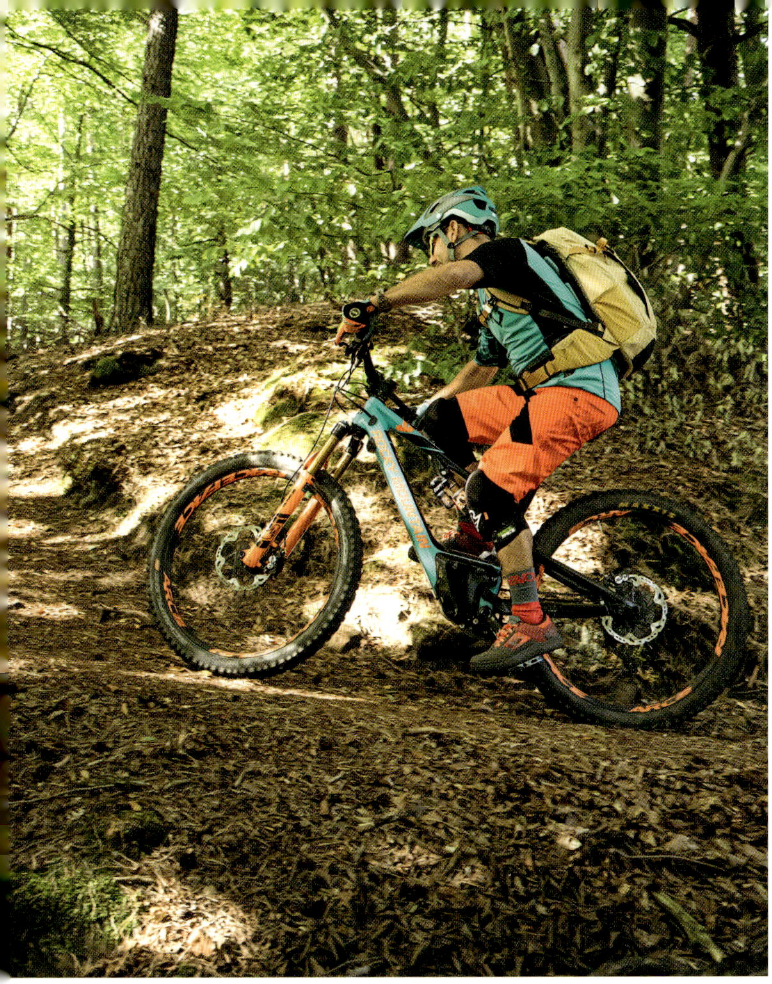

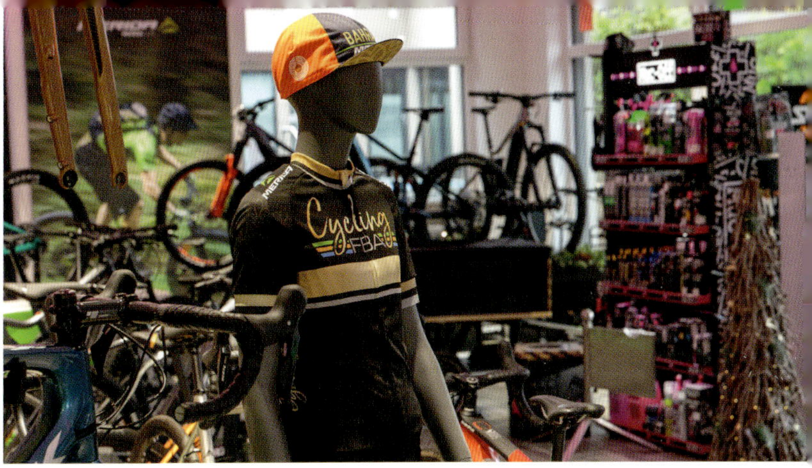

Die Singletrails lassen sich auch bergauf fahren – bergab sind volle Aufmerksamkeit und Vorsicht gefordert. Oft ist das Laub rutschig und der Fels feucht, sodass es glatt wird.

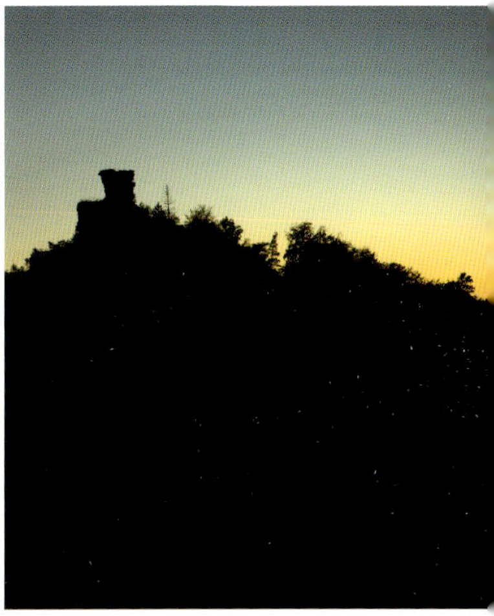

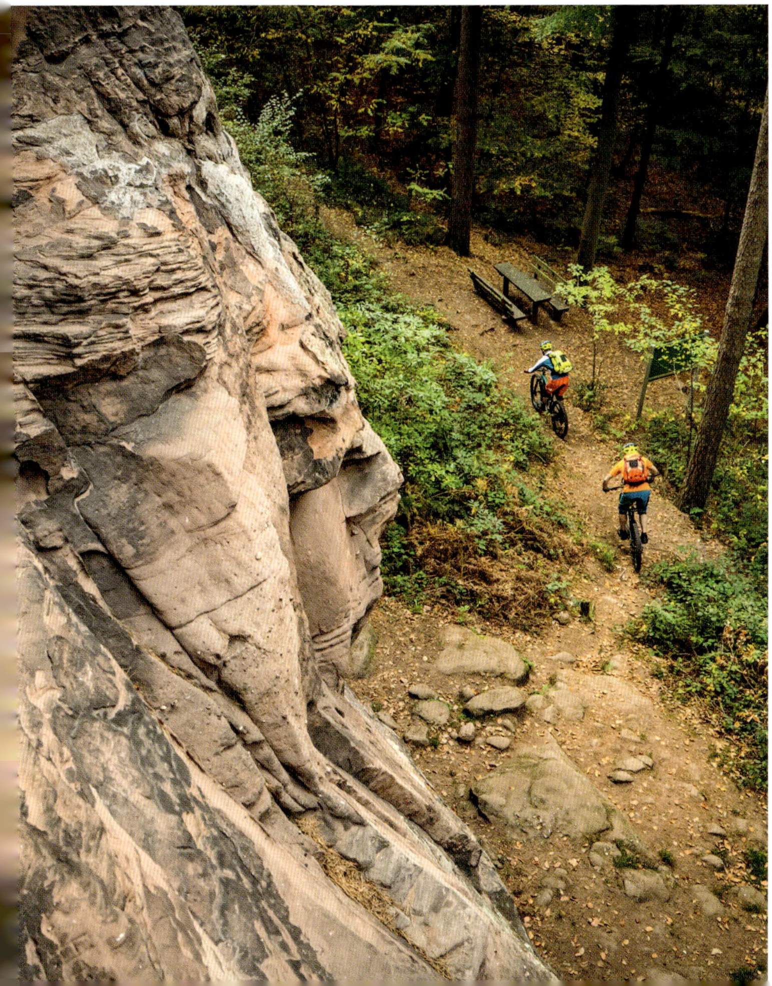

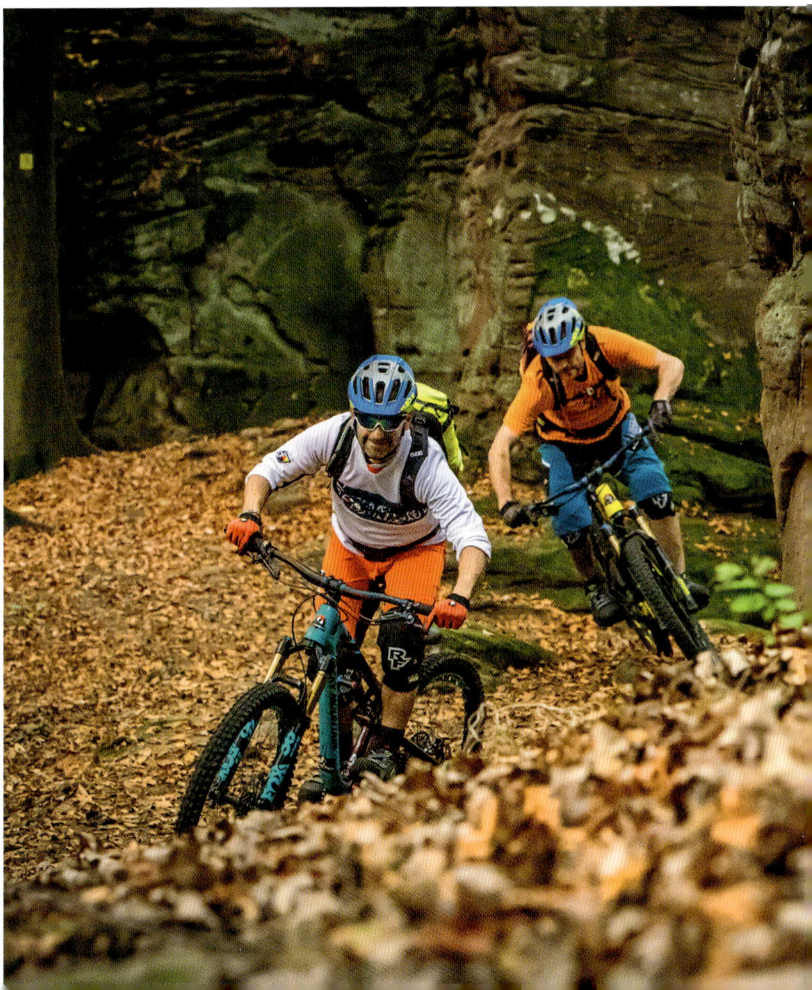

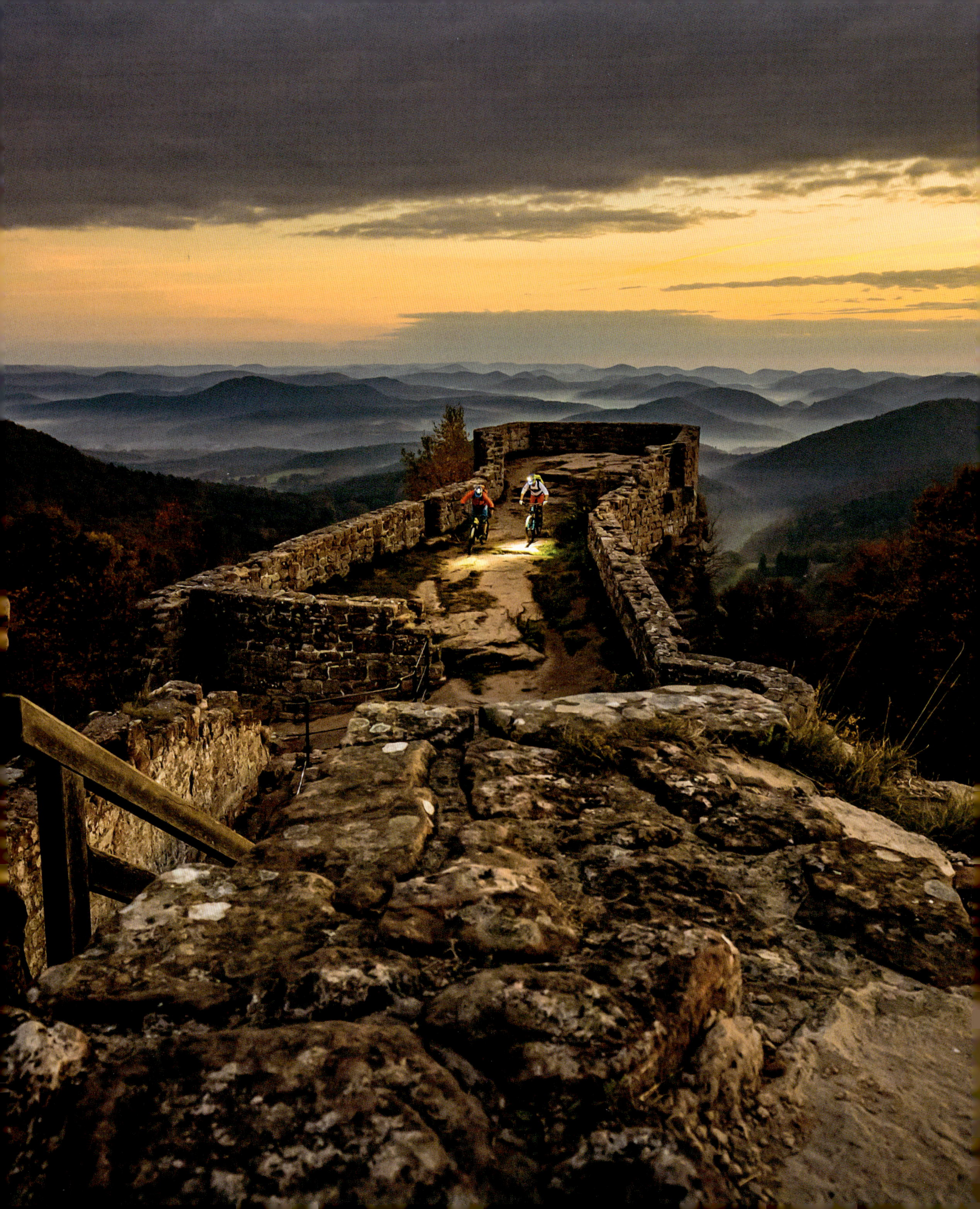

DAUER 3,5 STUNDEN im Tourenmodus
FAHRTECHNIK ●●●○○○ **KONDITION** ●●●○○○ **ERLEBNIS** ●●●●○○ **LANDSCHAFT** ●●●●●○

15
BUNDENTHAL-RUNDE
30 KM / 870 HM

KURZE, MITTELSCHWERE MOUNTAINBIKE-TOUR IM GRENZNAHEN GEBIET ZU FRANKREICH – AUFWÄRTS AUF KOMFORTABLEN WEGEN, ABWÄRTS AUF SINGLETRAILS MIT ENGEN SPITZKEHREN.

Morgendämmerung mit Weitblick.

Unser Startpunkt, der kleine beschauliche Ort Bundenthal, kann auf eine bewegte Geschichte zurückblicken, in der sich einmal mehr der Wagemut der Menschen in der Region zeigt. Galt es doch, die Selbstständigkeit als Ortschaft zurückzugewinnen, nachdem sie zwischenzeitlich durch die rheinland-pfälzische Verwaltungsreform aberkannt worden war. Darüber hinaus ist in Bundenthal der Sitz des Mountainbike-Vereins RSC Felsenland. Der Verein ist nicht nur bei zahlreichen Rennen im In- und Ausland sehr erfolgreich, er bietet auch für Kinder und Jugendliche Trainings und Ausfahrten an. Spielerisch wird der Nachwuchs an den Mountainbike-Sport herangeführt und gefördert. Außerdem finden jährlich einige Veranstaltungen im Dahner Felsenland, ausgerichtet vom RSC, statt. Die Veranstaltungen sind jeweils auf der Homepage des Vereins zu finden.

Auf unserer Tour geht es zunächst auf dem Radweg durch Bundenthal. Im Ort beginnt dann bereits der Anstieg, zuerst auf Asphalt, dann auf einer Forststraße direkt vorbei am Naturflugplatz Söller. Anschließend folgen wir kurz der Landesstraße und zweigen auf eine weitere Forstpiste ab, um dann eine längere Trailauffahrt zu nehmen. Die ist zwar anstrengend, aber dennoch durchgängig fahrbar. Wir sind nun auf dem Beisenberg und haben unseren ersten Downhill direkt vor uns. Der Abfahrtstrail ist zunächst sehr schmal und mit einigen Felsüberfahrten durchsetzt, ein paar Spitzkehren gilt es zu bewältigen. Nach der Trailabfahrt biken wir auf einer Forststraße und dem Radweg nach Nothweiler. Wir folgen nun einem kleinen Asphaltsträßchen bergauf, bevor es wieder in den Wald und weiter bergauf auf einem etwas anspruchsvolleren Trail geht. Oben angekommen, haben wir einen spektakulären Spitzkehrentrail vor uns. In vielen engen Kehren zieht sich der schmale Weg nach unten. Die Kurven sind zum Teil sandig und demnach auch rutschig – man sollte in seiner Fahrtechnik sicher sein, um diese fahrend zu bewältigen.

Nach dem Singletrail fahren wir weiter bergab auf einer Forststraße und dann auf einer Teerstraße nach Schönau. In dem urigen Ort biken wir wie-

HÖHENPROFIL

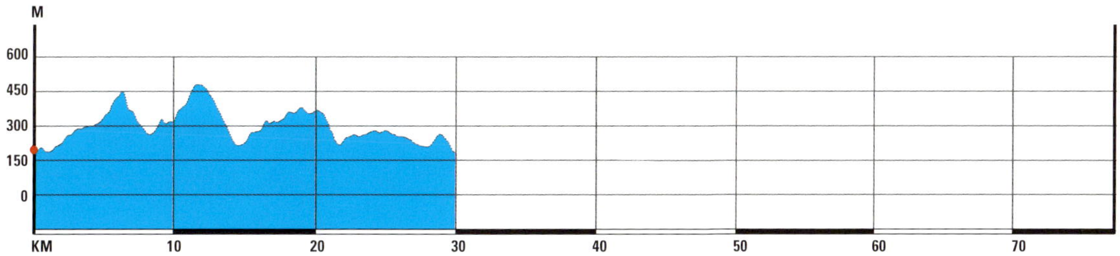

derum bergauf Richtung Brauntal. Mitten durch den dichten Wald führt unser Weg und endet am Traileingang unseres finalen Trails. Zuerst mit einigen Serpentinen und dann gerade windet sich der schmale Pfad nach unten. Wir fahren nach dem Ausgang ein Stück Forststraße, bevor wir dem Radweg nach Rumbach folgen. Dort angekommen, geht es gerade über die Landesstraße, um noch einmal kurz über einen breiten Weg nach oben zu fahren, bevor wir nach einer kurzen Abfahrt zurück zum Ausgangspunkt gelangen.

TIPP DES AUTORS

Falls noch nicht auf der vorhergehenden Tour geschehen, sollte man sich unbedingt die Zeit für eine Besichtigung der nur 200 Meter vom Streckenverlauf entfernten Wegelnburg nehmen. Die Aussicht von der Plattform der Burg reicht viele Kilometer über den Pfälzerwald und die nahe gelegenen Nordvogesen.

START/ENDE DER TOUR

Bahnhof Bundenthal-Rumbach
Bahnhofstraße, 76891 Bundenthal

EINKEHREN

Restaurant MarCook
Am Söller
www.marcook.de

Landgasthaus Zur Wegelnburg
Nothweiler
www.zur-wegelnburg.de

Landhaus Mischler
Schönau
www.landhaus-mischler.de

STRECKENVERLAUF

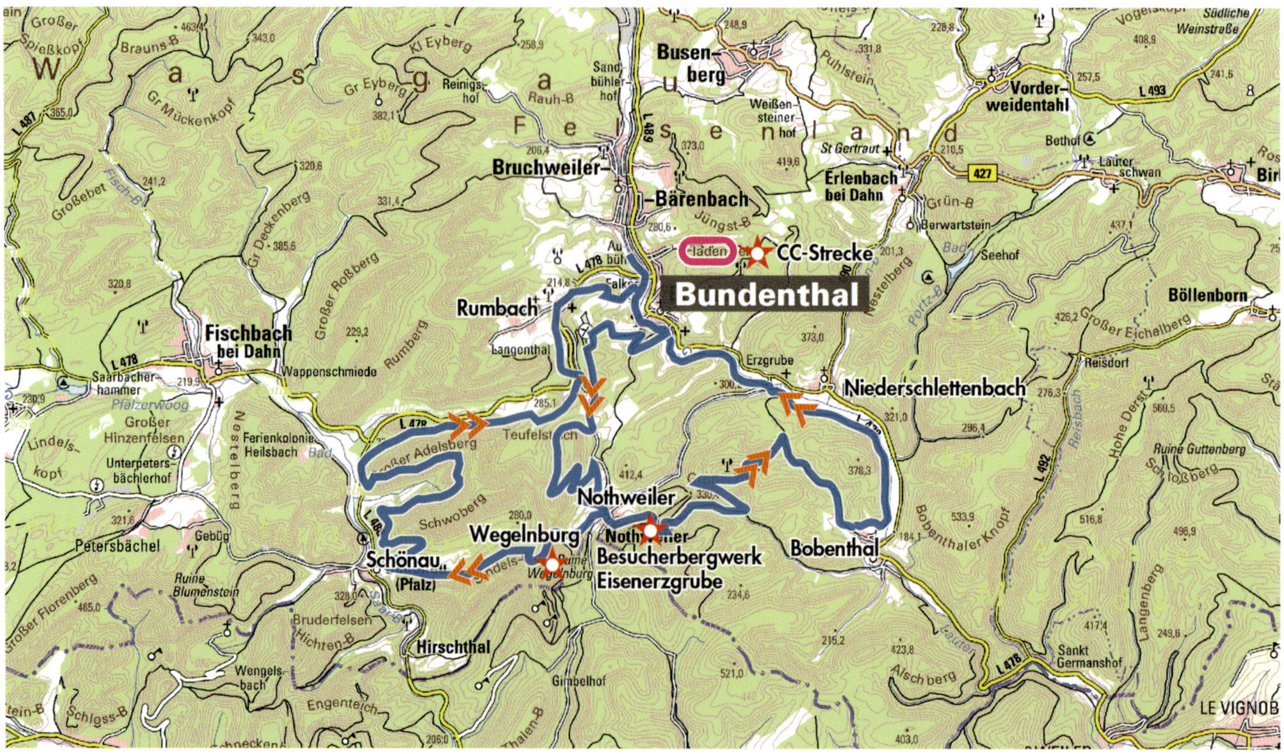

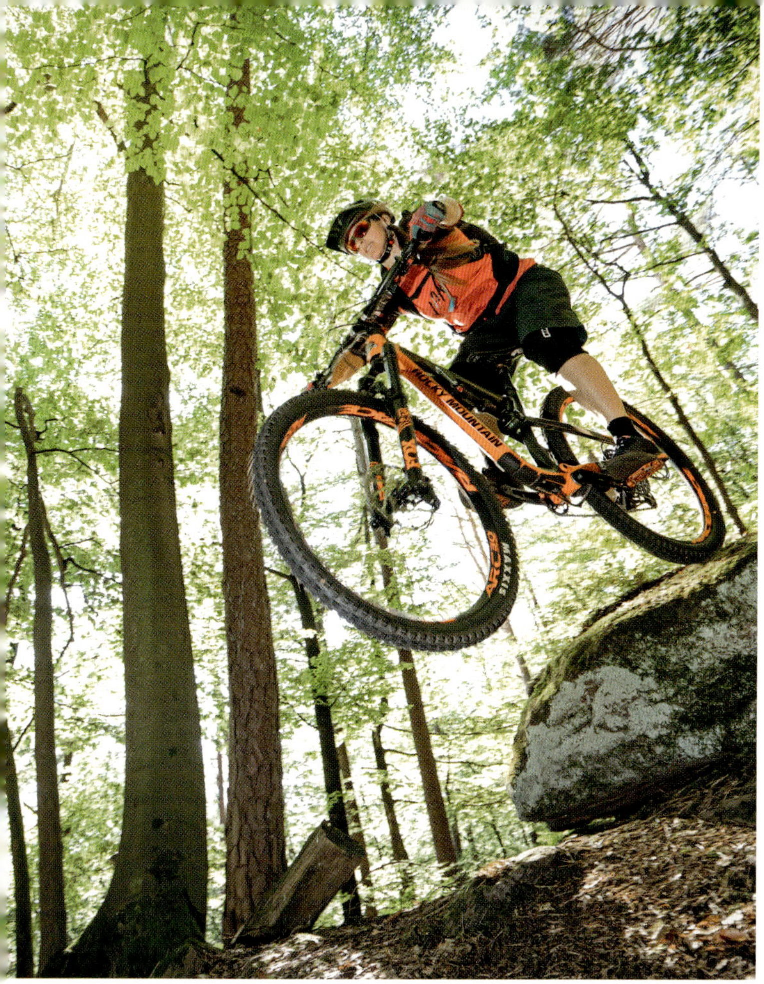

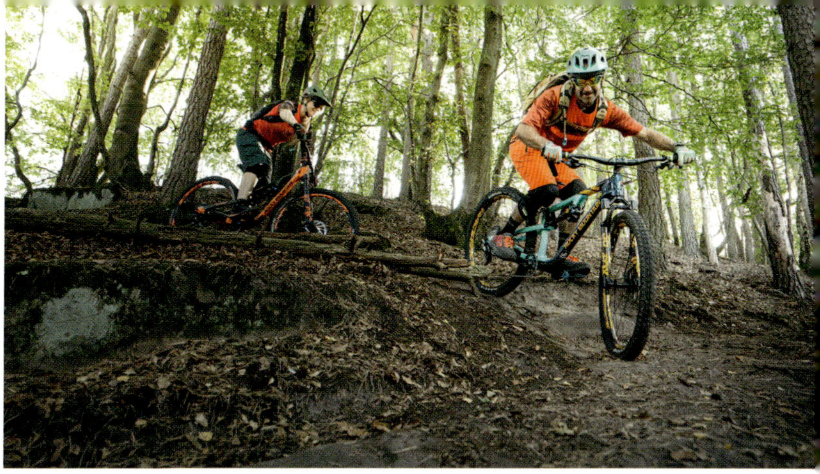

Einige Felsabsätze auf den Singletrails können bei guter Fahrtechnik übersprungen werden (links und oben). Die Wegelnburg ist ein Fotohotspot und immer einen Abstecher wert (unten)!

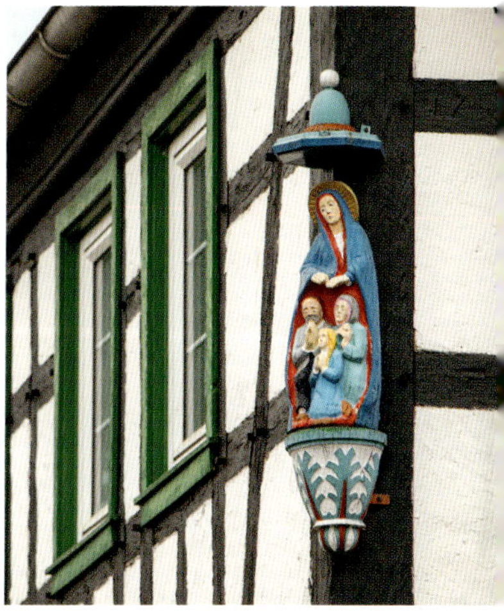

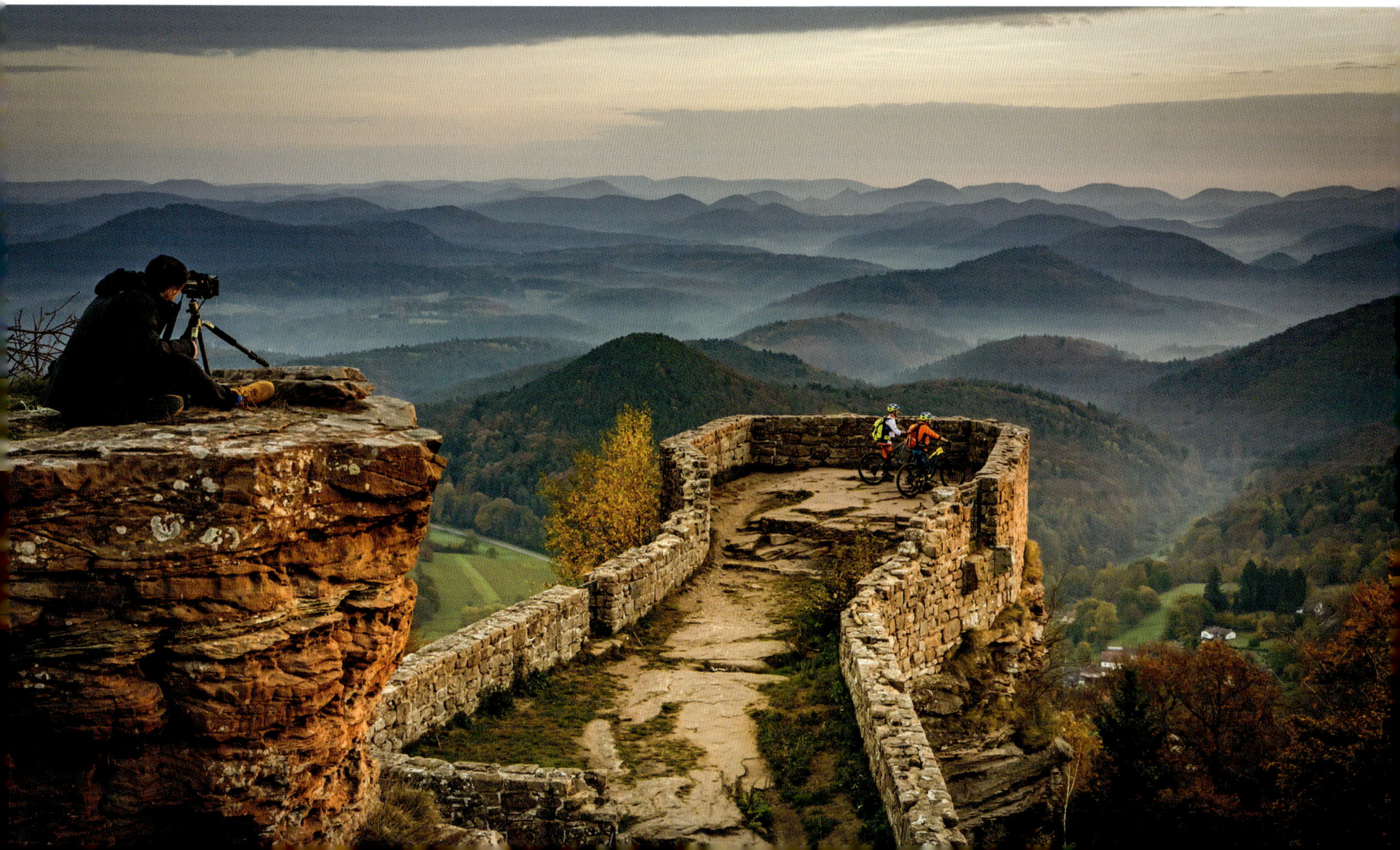

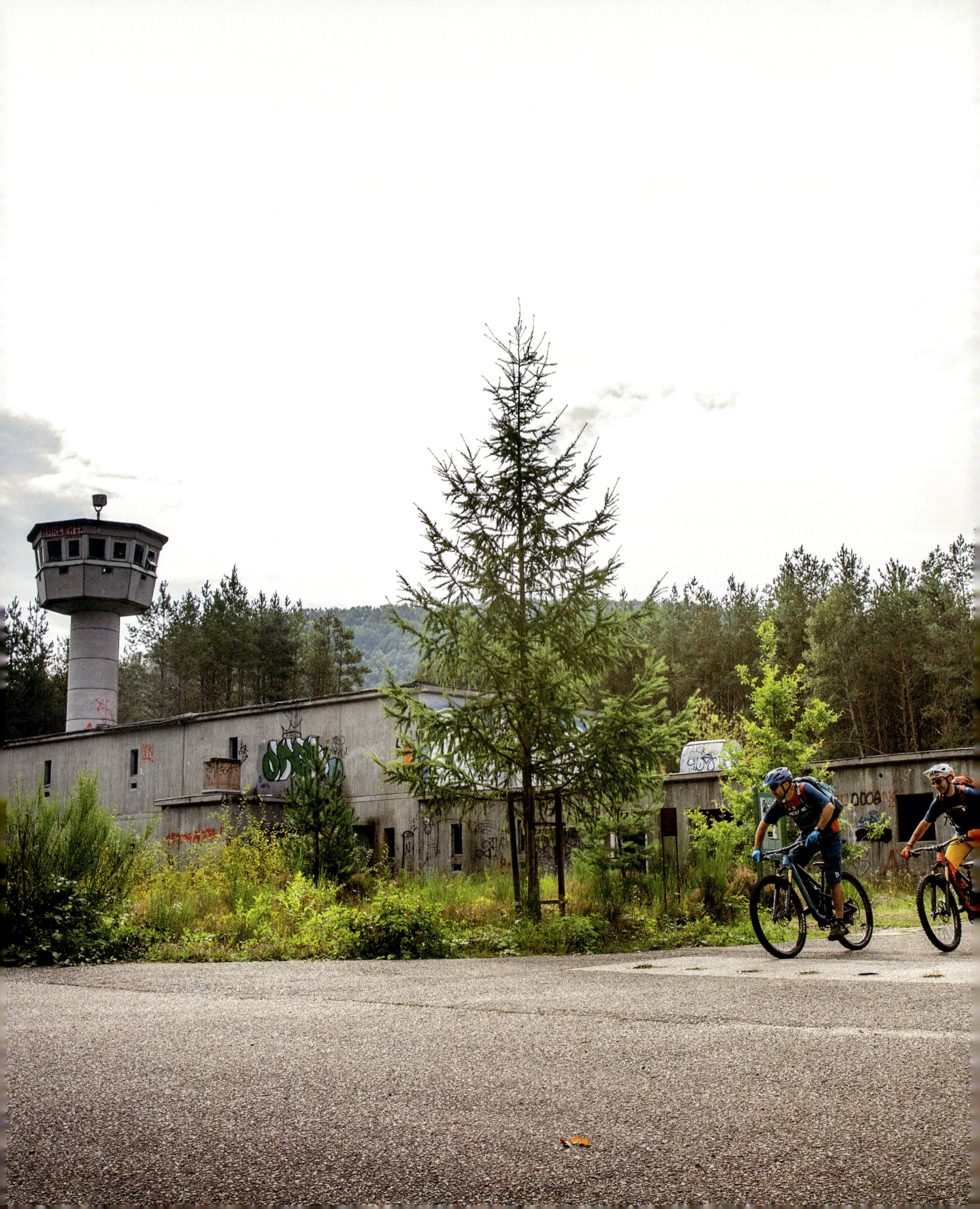

DAUER 4 STUNDEN im Tourenmodus

FAHRTECHNIK ●○○○○○ **KONDITION** ●●○○○○ **ERLEBNIS** ●●●●●○ **LANDSCHAFT** ●●●○○○

16
AREA-1-TOUR
38 KM / 790 HM

EINFACHE MOUNTAINBIKE-TOUR, FÜR DIE GANZE FAMILIE GEEIGNET. SCHÖNE WALDWEGE IM AUF UND AB WECHSELN SICH AB. HIGHLIGHTS DIESER TOUR SIND DIE AREA 1 UND DIE BURGRUINE BLUMENSTEIN.

Mitten im Wald gelegen – die Area 1.

Auch im hiesigen Teil von Deutschland war der Kalte Krieg präsent. Die Besatzungsmacht USA hatte im Dahner Felsenland mehrere Lager, darunter auch ein ganz besonderes in der Nähe des kleinen Ortes Fischbach. Das als Area 1 bezeichnete Gelände war ein Sonderlager, in dem höchstwahrscheinlich auch Atomwaffen gelagert wurden. Dieses Gelände, das mit seinen alten Gemäuern ein ganz eigenes, fast unheimliches Flair besitzt, kann bei unserer Tour besichtigt werden. Es bietet sich an, das Mountainbike kurz abzustellen und durch die vom Verfall bedrohten Gebäude zu laufen. Schaudern lässt es bestimmt den einen oder anderen bei dem Gedanken daran, dass hier wohl einst die gefährlichsten Waffen der Welt gelagert wurden. Das Gelände steht heute teilweise unter Denkmalschutz, wurde aber auch schon in einigen Bereichen von der Natur zurückerobert. Hinweistafeln stellen die Geschichte anschaulich dar.

Für unsere Tour ist das Biosphärenhaus Fischbach der ideale Einstiegspunkt. Die Besichtigung des imposanten, von Weitem bereits sichtbaren Gebäudes lohnt sich. Das Haus widmet sich anschaulich auf vier Etagen der Region und ihren Bewohnern. Außerdem gelangt man hier zum spektakulären Baumwipfelpfad, der auf 270 Meter Länge auf Höhe der Baumkronen verläuft. Weitere Highlights dort sind der 40 Meter hohe Aussichtsturm, die Riesen-Wendelrutsche, drei Wackelbrücken und zehn Spielstationen.

Zu Beginn unserer Tour fahren wir die Straße entlang direkt durch den Ort Fischbach und dann auf dem Fleckensteinradweg zum Mühlweiher Saarbacher Hammer. Der Natursee lädt gerade im Sommer zum Verweilen und Baden ein. Danach geht es ins Gelände. Wir folgen dem kurzen Waldweg bergauf, bevor wir wieder auf die Landesstraße treffen und zum Ort Ludwigswinkel gelangen. Zurück im Wald und nach einem leichten Anstieg treffen wir auf das oben schon erwähnte Highlight dieser Tour: die Area 1. Nicht nur die Eindrücke des unwirklichen Geländes, sondern vielleicht auch ein nicht alltägliches Selfie können wir von diesem Ort mitnehmen.

HÖHENPROFIL

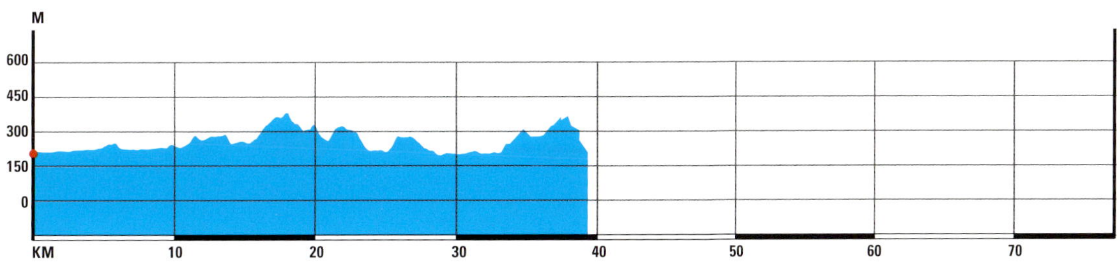

Wir fahren weiter auf einer Forststraße, dann folgt eine anspruchsvolle Trailpassage nach Petersbächel. Nach der kleinen Ortschaft befahren wir den mit drei Kilometern längsten Anstieg der Tour. Leichte Waldwege und kurze Trailabschnitte wechseln sich ab, bevor wir direkt auf die Burgruine Blumenstein treffen. Hoch geht es über einen Treppenanstieg, dann werden wir mit einer schönen Aussicht, auch in die angrenzenden Nordvogesen in Frankreich belohnt. Nun fahren wir wellig bis unterhalb des imposanten Pfaffenfelsens. Auf einem kurzen steilen Anstieg geht es hinauf. Die Besteigung des Felsens ist gesichert und birgt wiederum eine schöne Aussicht auf den Ort Schönau. Weiter geht es auf Trailabschnitten und Forststraßen, bevor wir auf einer Landesstraße am Königsweiher vorbeirollen. Nun geht es nochmals für einen kurzen Abstecher auf Forstwegen ins Gelände, um über den sogenannten Hohen Buckel zurück nach Fischbach zu gelangen.

TIPP DES AUTORS

Die Area 1, das ehemalige Sonderwaffenlager der NATO bzw. der USA, ist auf einem Rundweg zu besichtigen. Zu erkunden sind das ehemalige Wachgebäude, die wahrscheinlich modernste Burg der Pfalz und ein Bunker, in dem einst Atomwaffen lagerten.

START/ENDE DER TOUR

Parkplatz am Biosphärenhaus
Am Königsbruch 1, 66996 Fischbach

EINKEHREN

Wanderheim Walthari-Klause
Gebüger Straße 12,
66996 Fischbach bei Dahn

Die Zwickmühle am Saarbacher Hammer
www.die-zwickmuehle.de

Hotel/Restaurant Saarbacher Hammer
Saarbacher Hammer 3,
66996 Ludwigswinkel

Gasthaus Zum Landgrafen
www.zumlandgrafen.de

Hotel/Restaurant Maimont
www.maimont.com

STRECKENVERLAUF

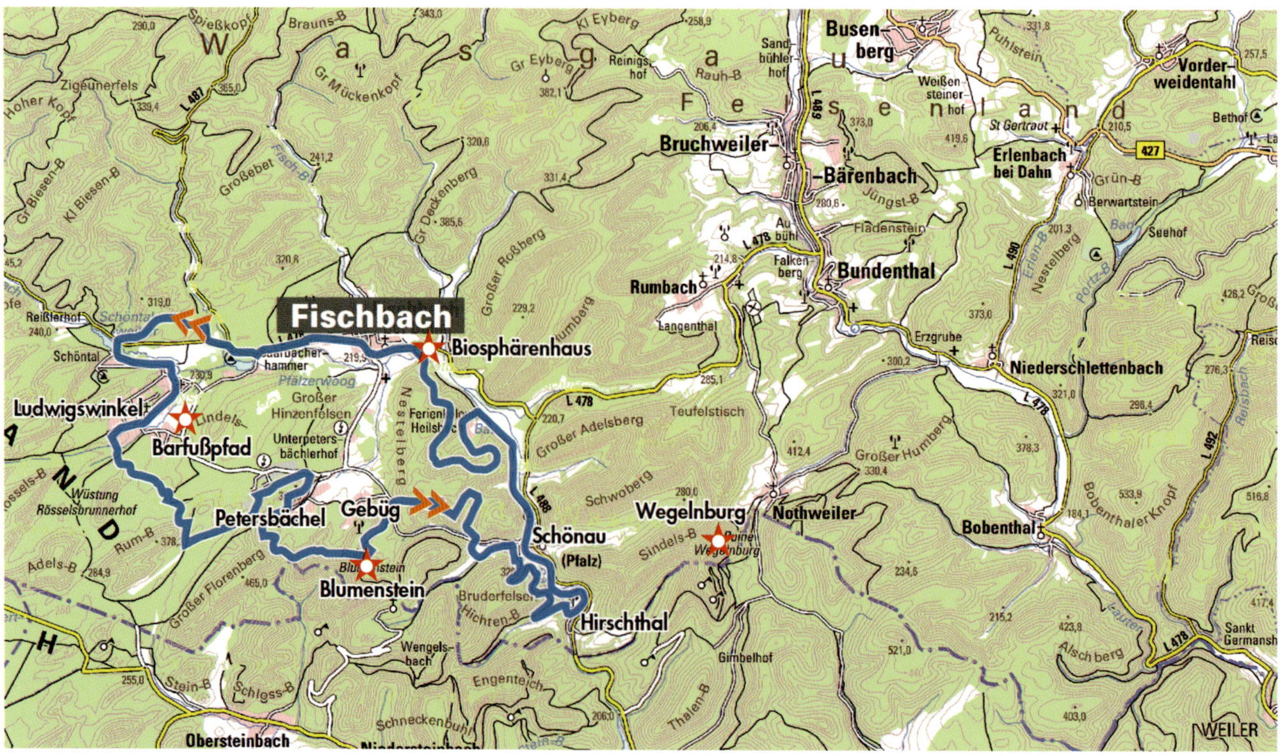

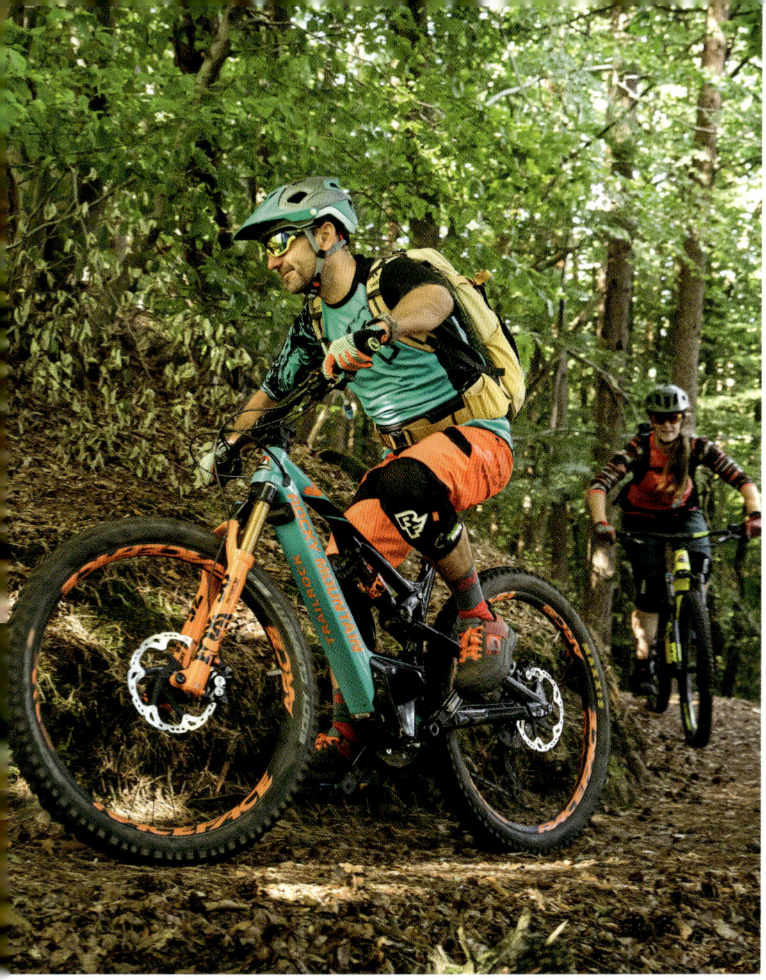

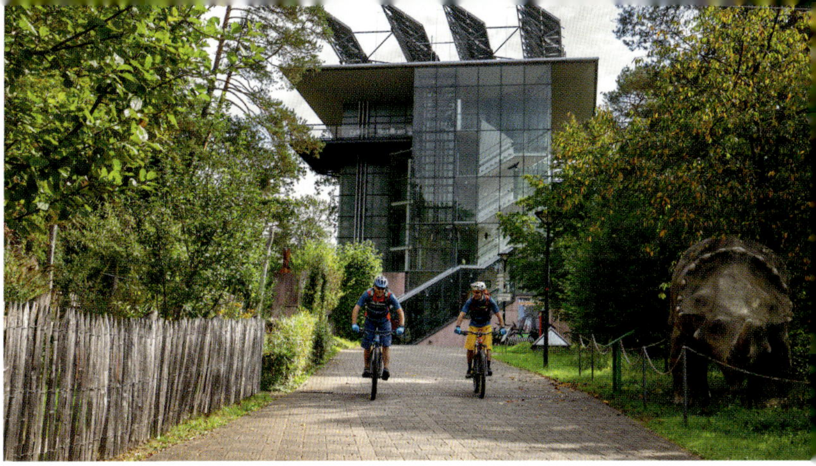

Das Biosphärenhaus steht imposant am Ortseingang von Fischbach – idealer Beginn der Tour. Danach geht's gleich ins Gelände. Dort warten Anstiege und rasante Abfahrten.

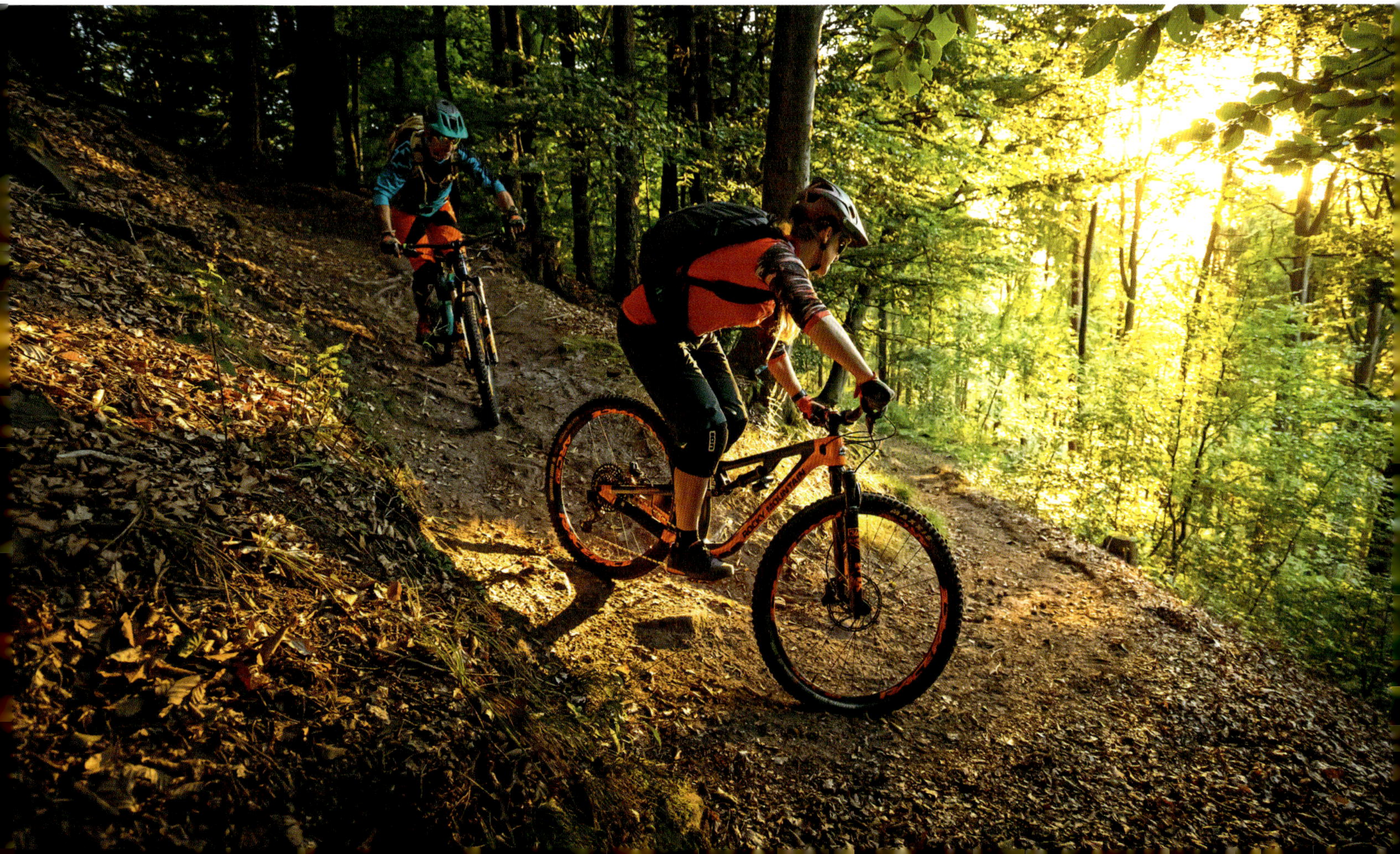

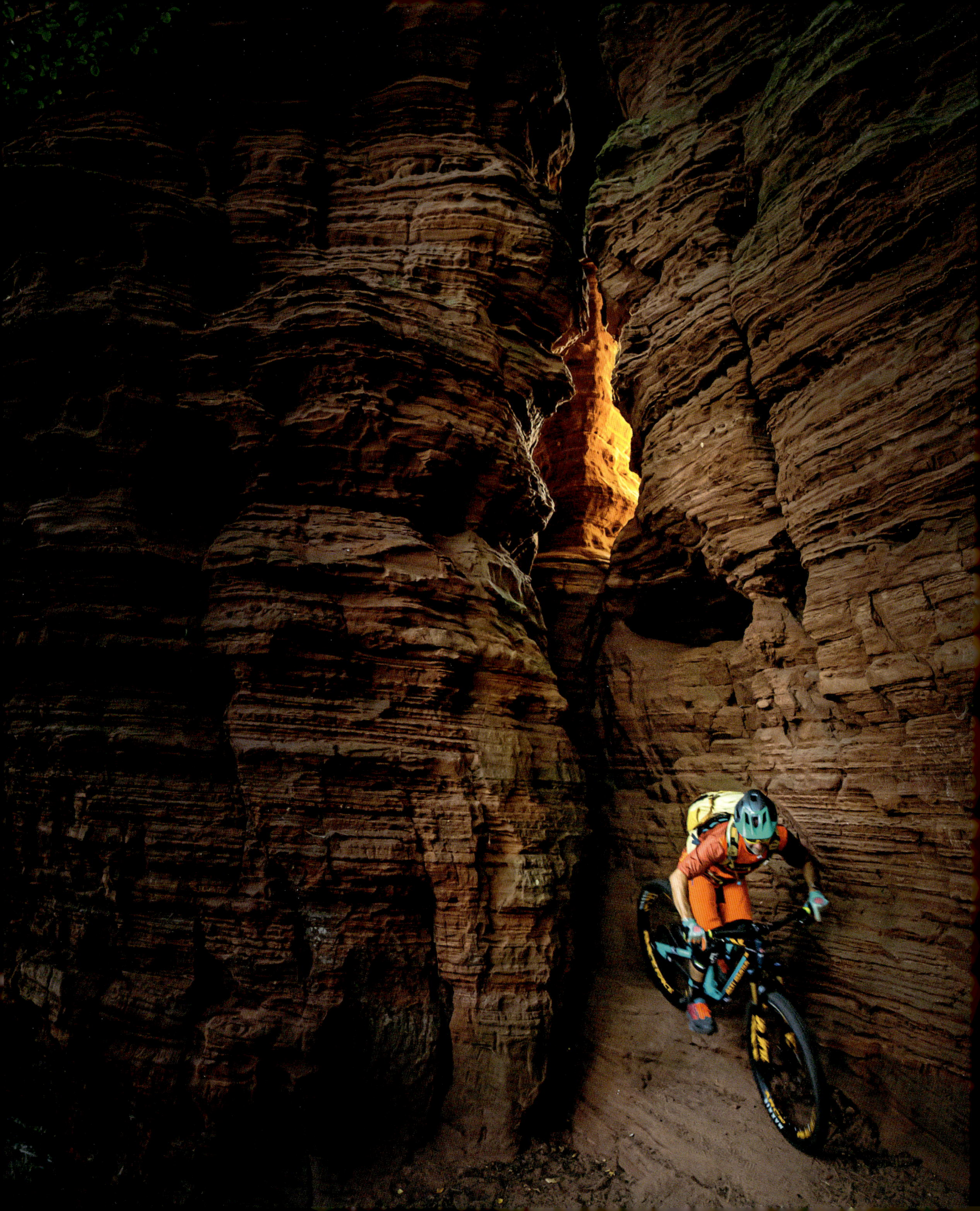

DAUER 6 STUNDEN im Tourenmodus

FAHRTECHNIK ●○○○○○ **KONDITION** ●●●●○○ **ERLEBNIS** ●●●○○○ **LANDSCHAFT** ●●●○○○

17 EPPENBRUNNEN-TOUR 61 KM / 970 HM

AUSSICHTSREICHE HOCHEBENE UND SPEKTAKULÄRE FELSENFORMATIONEN MIT DEN ALTSCHLOSSFELSEN – DIESE TOUR ZEICHNET SICH DURCH STÄNDIGEN WECHSEL VON DICHTEM WALD UND PANORAMAREICHER SICHT AUF DIE UMLIEGENDEN DÖRFER UND BERGE AUS.

Felsenglühen am Altschlossfelsen.

Nur wenige Minuten entfernt vom Verlauf unserer Tour liegt der imposante Altschlossfelsen. Die Buntsandsteingruppe sollte man unbedingt besichtigen. Der insgesamt eineinhalb Kilometer lange Felsen hat Türme, die bis zu 30 Meter hochragen, und liegt direkt an der französischen Grenze am Osthang des Brechenbergs. Gerade zum Sonnenuntergang gibt der Felsen, angestrahlt durch die tiefstehende Sonne, spektakuläre rötliche Farben frei. Das sogenannte Felsenglühen, kommt gerade durch die vielen Risse und Fugen des Felsens noch intensiver zum Vorschein.

Unsere Tour führt uns von der Ortsmitte Eppenbrunns zuerst durch einen kleinen Freizeitpark, um dann auf einer Forststraße leicht ansteigend in den nahe gelegenen Wald zu münden. Mehrmals überqueren wir anfangs die Kreis- und Landesstraßen der Umgebung. Im kupierten Gelände wechseln sich Forstweg und kurze schmale Wegabschnitte ab. Nach dem ersten längeren Anstieg gelangen wir zur Hohen List. In dem gleichnamigen Wanderheim lässt sich sehr gut eine Pause verbringen. Danach geht es nach kurzer Bergabpassage nochmals bergauf. Der Weg führt uns unterhalb des Kettrichhofs zu einer aussichtsreichen Hochebene. Von dort hat man stets eine schöne 360-Grad-Sicht auf das Umland und die auf dieser Anhöhe gelegenen Dörfer. Danach tauchen wir wieder in dichteren Wald ein, um nach einem kurzen Anstieg und nochmaliger Überquerung der Landesstraße in einen langen Singletrail hinunter in ein Seitental abzufahren. Die kleinen Weiher lassen wir rechts liegen und biegen links in einen Anstieg ein. Der führt uns zuerst auf breitem Weg, dann über einen anspruchsvollen Bergaufabschnitt direkt auf einen schönen Trail. Kurz vor dem Felsenbrunnerhof queren wir nochmals die Hochebene. Nach kurzer Abfahrt auf einem Feldweg geht es einen schmalen Weg entlang nach unten, wo wir auf einer kleinen Nebenstraße aus dem Wald herauskommen.

Vor Trulben biken wir eine Schleife – diese endet in einem kupierten Trail oberhalb der Ortschaft. Von hier aus hat man eine gute Sicht auf den Krappenfelsen, der über dem Flecken thront. Nach kurzer

HÖHENPROFIL

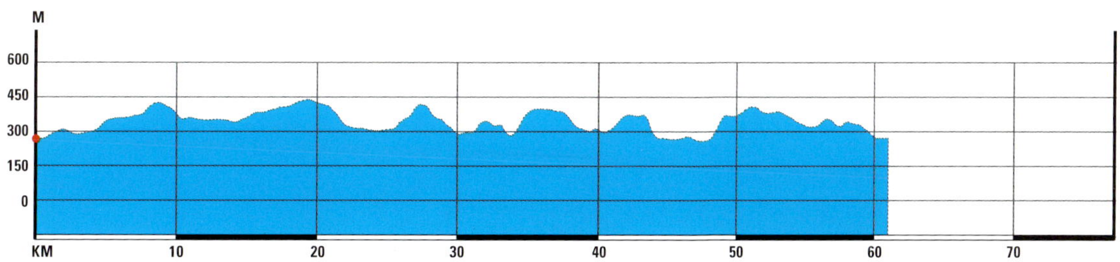

Asphaltstrecke biken wir wieder bergan ins Gelände, in dem am Ende eine weitere Panoramaaussicht auf uns wartet. Anschließend geht es rasant bergab, zuerst auf einem Feldweg, dann auf einer Schotterstraße, die wir am Ortsausgang von Trulben verlassen. Wir folgen dem Radweg, um dann in unsere letzte Auffahrt abzubiegen. Erst queren wir den kleinen Ort Schweix und folgen der Forststraße zu einer Kreuzung, bevor wir links zum oben beschriebenen Altschlossfelsen gelangen. Anschließend folgen wir dem Helmut-Kohl-Weg und biken nochmals einen Trail auf und ab, ehe wir auf einer Forst- und Nebenstraße zurück nach Eppenbrunn gelangen.

TIPP DES AUTORS

Den beschriebenen Abstecher zum nahe gelegenen Altschlossfelsen sollte man sich nicht entgehen lassen: Besonders am frühen Abend ist das sogenannte Felsenglühen ein herausragendes Erlebnis!

START/ENDE DER TOUR

Parkplatz beim Freizeitpark

Neudorfstraße, Eppenbrunn

EINKEHREN

Wanderheim Hohe List

www.hohelist.de

Naturfreundehaus Niedersimten

www.naturfreunde-niedersimten.de

Hotel Kupper

Eppenbrunn

www.hotelkupper.de

STRECKENVERLAUF

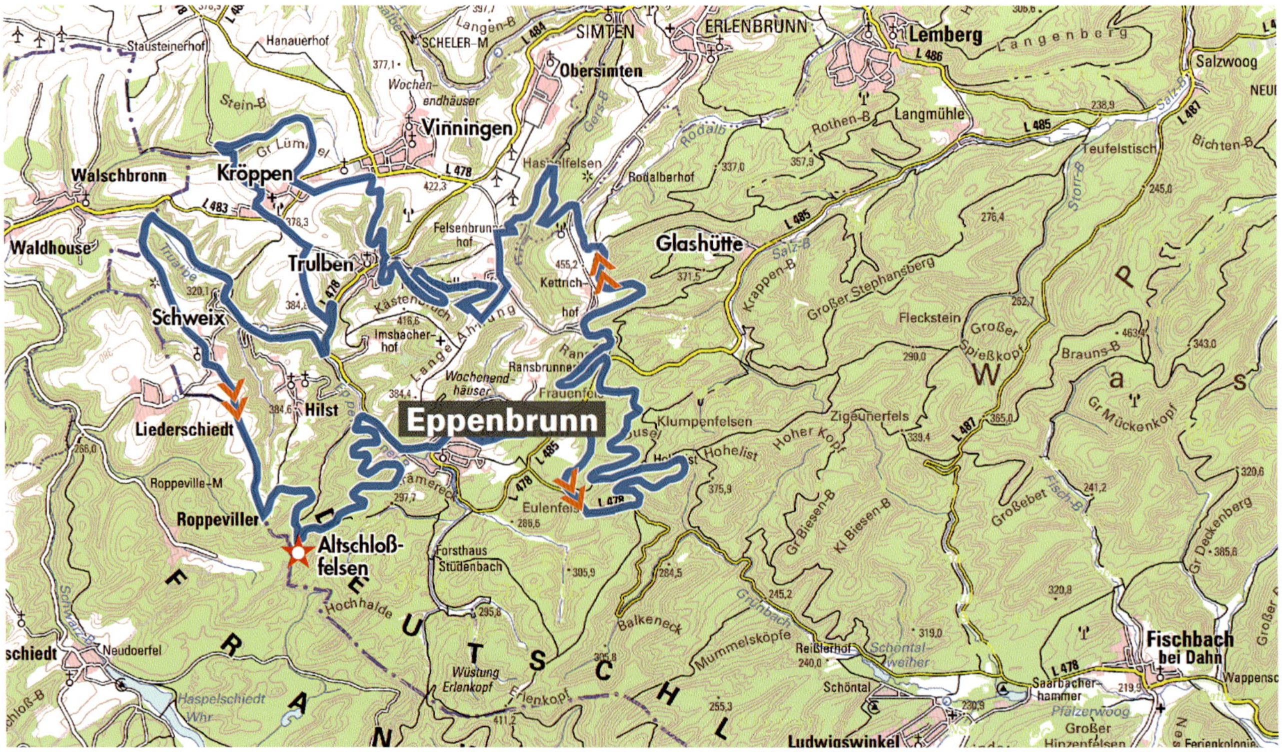

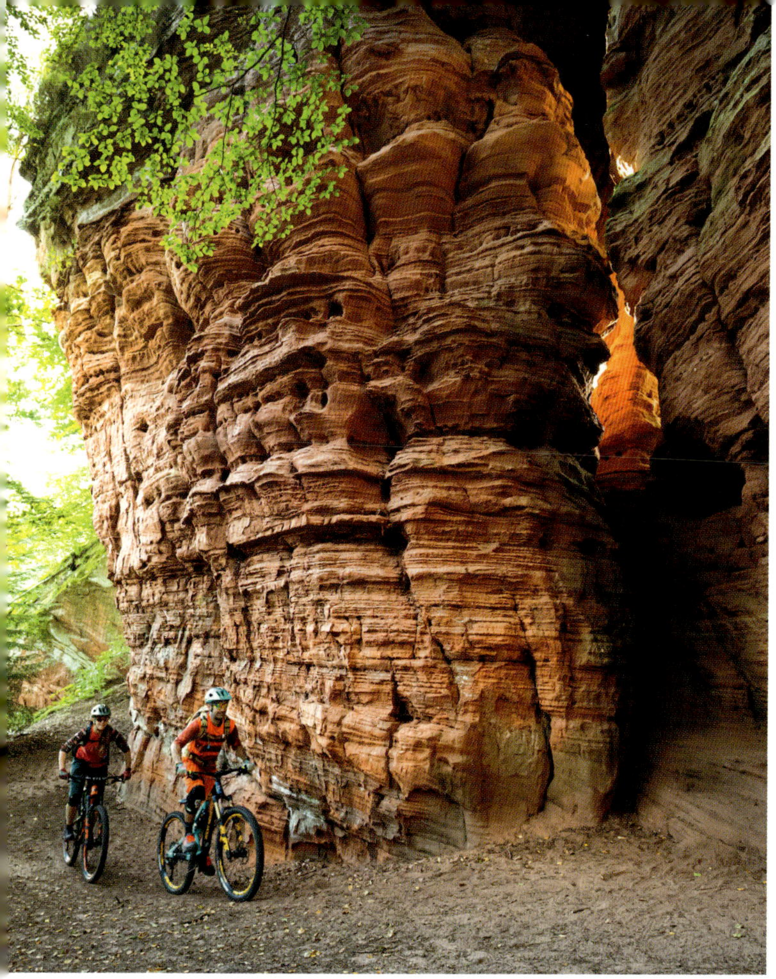

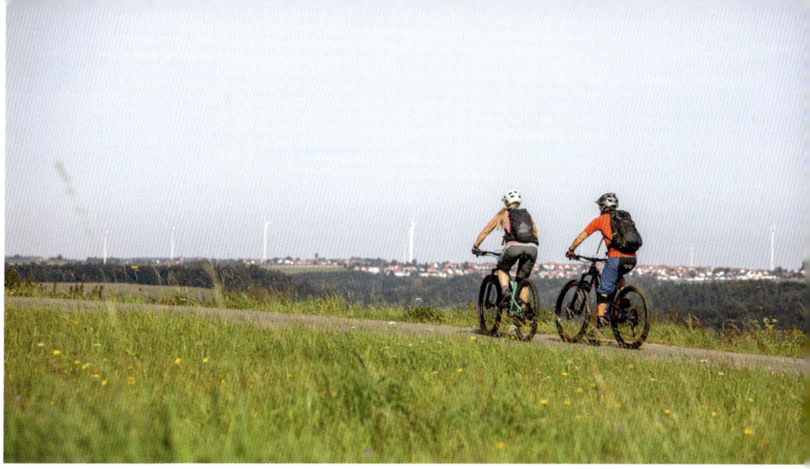

Aussichtsreich geht es auf der Hochebene entlang, der nächste Downhill folgt bestimmt (oben rechts)! Die imposanten Felswände des Altschlossfelsens sollte man sich nicht entgehen lassen.

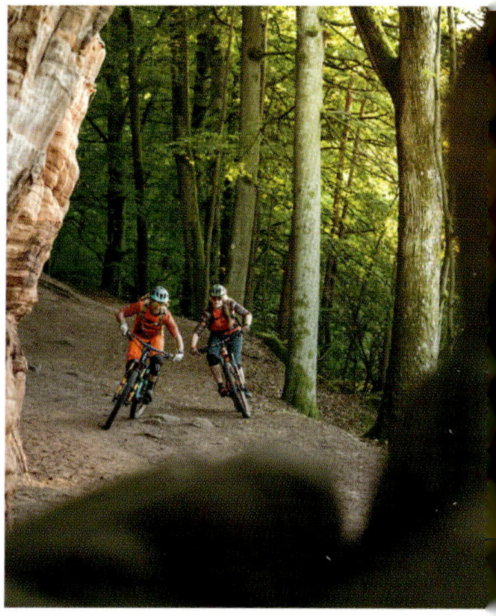

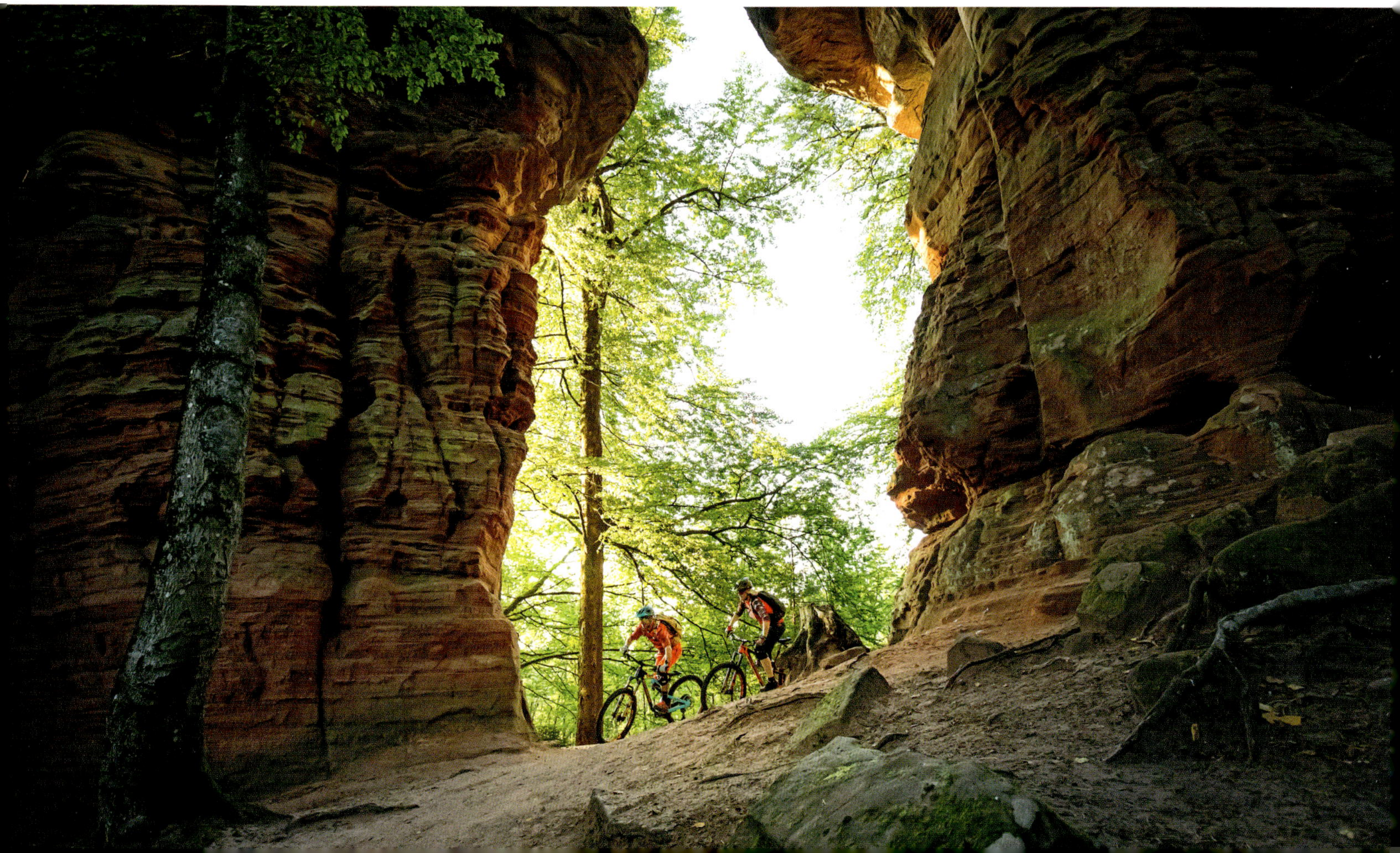

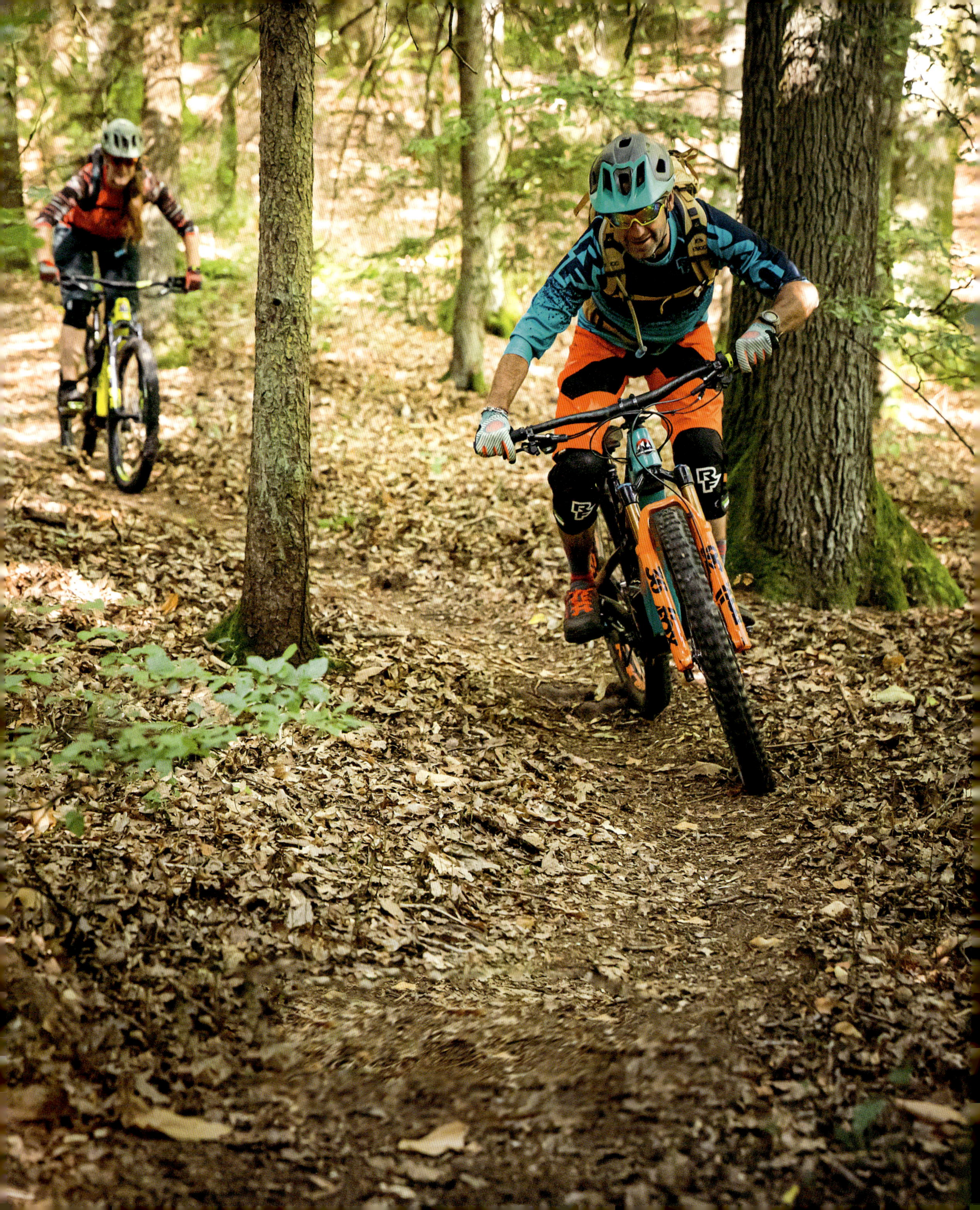

DAUER 4 STUNDEN im Tourenmodus
FAHRTECHNIK ●○○○○○ **KONDITION** ●●○○○○ **ERLEBNIS** ●●●○○○ **LANDSCHAFT** ●●●○○○

18
WASGAU-TOUR
46 KM / 1.010 HM

FLOWIGE TRAILS UND DER AUSSERGEWÖHNLICHE ZIGEUNERFELSEN PRÄGEN DIESE TOUR MITTEN DURCH DEN WASGAU, GESPICKT MIT EINKEHRMÖGLICHKEITEN IN EINIGEN DIREKT AN DER STRECKE GELEGENEN PFÄLZERWALDHÜTTEN.

Unter Kiefern und Laubbäumen unterwegs.

Der hiesige Teil des Pfälzerwaldes wird auch als Wasgau bezeichnet. Hierzu zählen auch die französischen Departements Bas-Rhin und Moselle, er bildet sich also aus dem südlichen Teil des Pfälzerwaldes und dem nördlichen Teil der Vogesen. Der höchste Berg des Wasgaus ist der Große Wintersberg bei Bad Niederbronn im nördlichen Elsass mit 581 Metern über Null.

Los geht es bei dieser Tour oberhalb des kleinen, beschaulichen Ortes Langmühle. Zuerst leicht steigend auf breitem Weg, ideal zum Einfahren, bewegen wir uns nach oben. Dann geht es scharf rechts auf eine steile Rampe, um nach kurzem, heftigem Anstieg nach links auf einem Trail abzufahren. Unten angekommen, vorbei an der Schutzhütte, rollen wir weiter auf breitem Weg und dann auf einer Nebenstraße, um dann wieder in den Wald abzubiegen. Nach dem Sportplatz kommen wir zu einer weiteren Trailabfahrt, um dann auf der Forststraße zum Waldhaus Drei Buchen zu gelangen. Dieses sogenannte Wanderheim ist eines der über 80 Häuser des Pfälzerwald-Vereins. Grundsätzlich werden die Häuser von ehrenamtlichen Helfern betrieben, aber aufgrund von Nachwuchsmangel auch verpachtet. Die Hüttenkultur in der Pfalz ist einzigartig. Sie stehen meist mitten im Wald und bieten Besuchern die Gelegenheit, sich durch die köstliche Pfälzer Küche zu futtern. Nicht umsonst gehören die Pfälzerwaldhütten zum immateriellen UNESCO-Kulturerbe.

Weiter geht es nach kurzer Fahrt auf Forststraßen in einen langen flowigen Trail bis in den kleinen Ort Glashütte. Nach Überquerung der Hauptstraße folgt ein weiterer Trailabschnitt, bevor wir wieder länger bergauf mit schöner Sicht auf die umliegenden Berge und Hügel fahren. Nach dem Anstieg geht es in einen Serpentinentrail. Die Spitzkehren sind recht einfach, der Radius eher weit, und so treffen wir spaßig auf einen breiten Weg, dem wir weiter nach unten folgen. Die nächste Auffahrt bringt uns zu einer weiteren Pfälzerwaldhütte, der Hohe-List-Hütte; auch dort wäre eine Einkehr möglich. Danach biken wir eine schnelle Abfahrt auf einer Forstpiste hinunter. Der nun folgende Uphill-Trail führt uns direkt am Zigeunerfelsen vorbei. Der Fels steht

HÖHENPROFIL

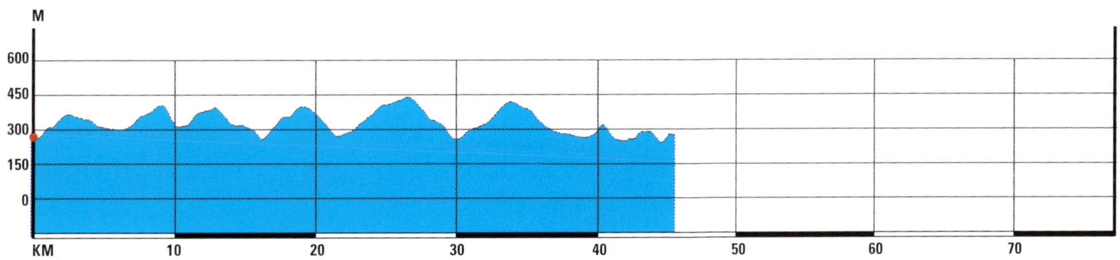

außergewöhnlich auf zwei Säulen, und es scheint, als trüge er den oberen aufliegenden Felsklotz: ein schönes Fotomotiv direkt am Wegesrand. Danach nehmen wir die nächste Abfahrt bis zu einer Nebenstraße, der wir folgen, um dann noch einmal nach links in den Wald abzubiegen. Nach diesem kleinen Schlenker gelangen wir abermals auf die schon bekannte Nebenstraße. Der letzte Abzweig nach rechts führt uns zuerst auf einen Uphill-Trail und anschließend auf eine rasante Abfahrt. Nun biken wir nochmals die Landesstraße entlang, bevor wir zum Ausgangspunkt zurückkehren.

TIPP DES AUTORS

Unbedingt das Waldhaus Drei Buchen und das Wanderheim Hohe List für eine Rast einplanen. In diesen idyllisch gelegenen Hütten mit schönem Freisitz kann man die Pfälzer Köstlichkeiten wie Saumagen, Leberknödel und Bratwurst genießen.

START/ENDE DER TOUR

Rudolf-Keller-Haus
Rothenbergstraße 11
66969 Lemberg-Langmühle

EINKEHREN

Waldhaus Drei Buchen des PWV Pirmasens
www.waldhaus-drei-buchen.de
Wanderheim Hohe List
www.hohelist.de
Vereinshaus SV Erlenbrunn
www.sverlenbrunn.de

STRECKENVERLAUF

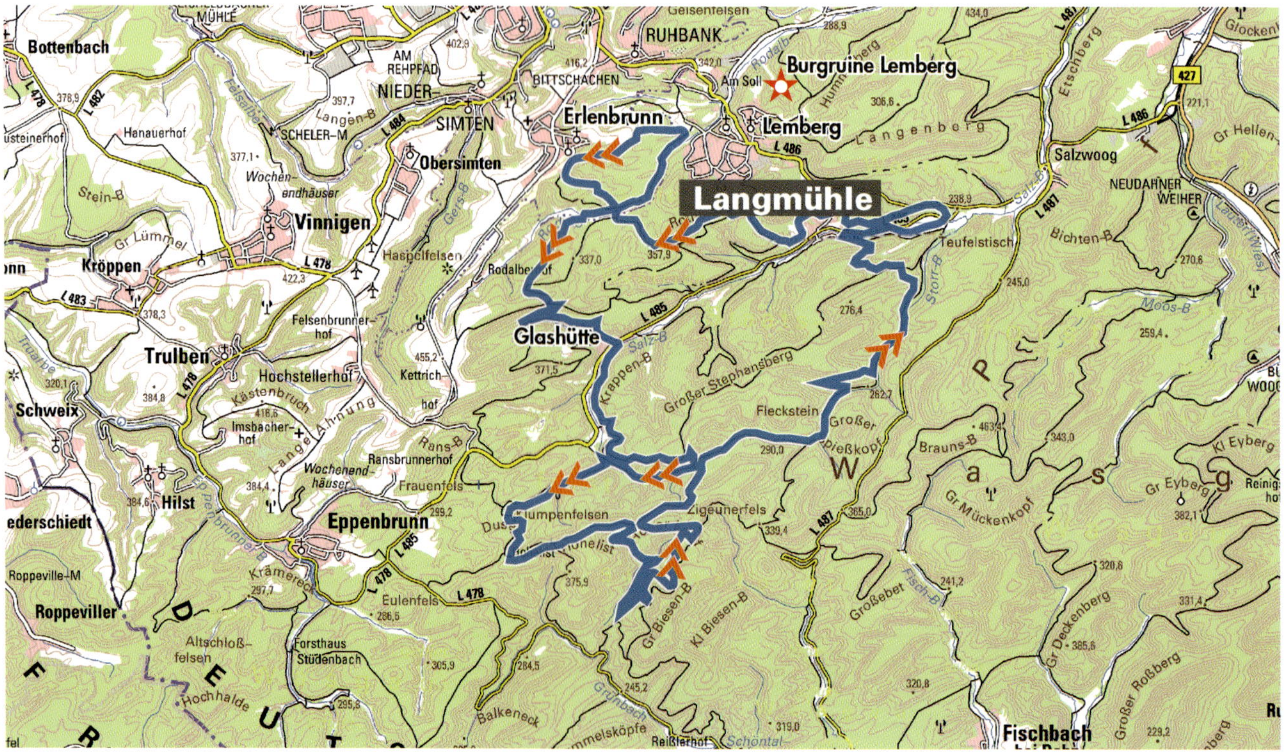

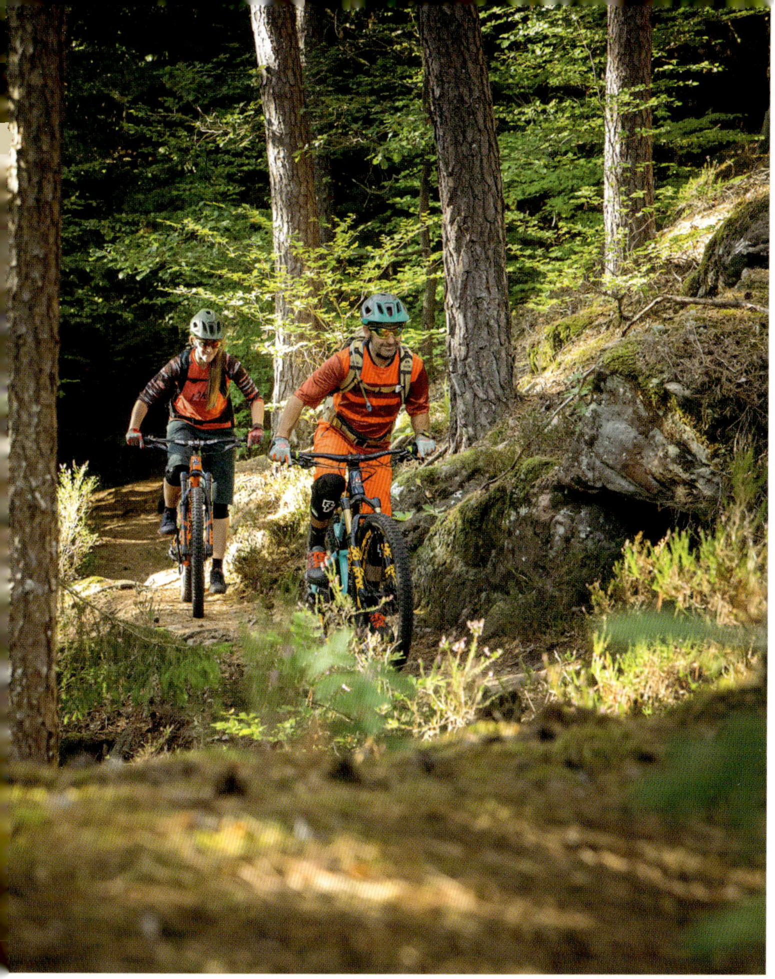

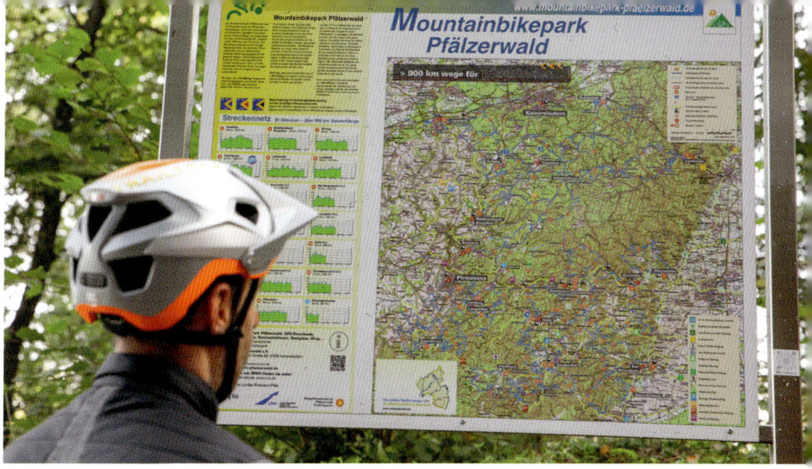

Familienfreundliche Tour auf einfachen Wegen (links und unten). Die Karten des Mountainbikeparks sind oft entlang der Strecke angebracht (oben rechts), zusammen mit Wegweisern an den Bäumen (rechts).

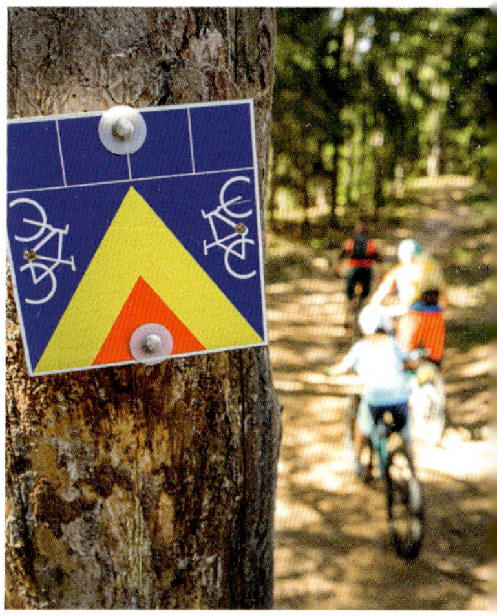

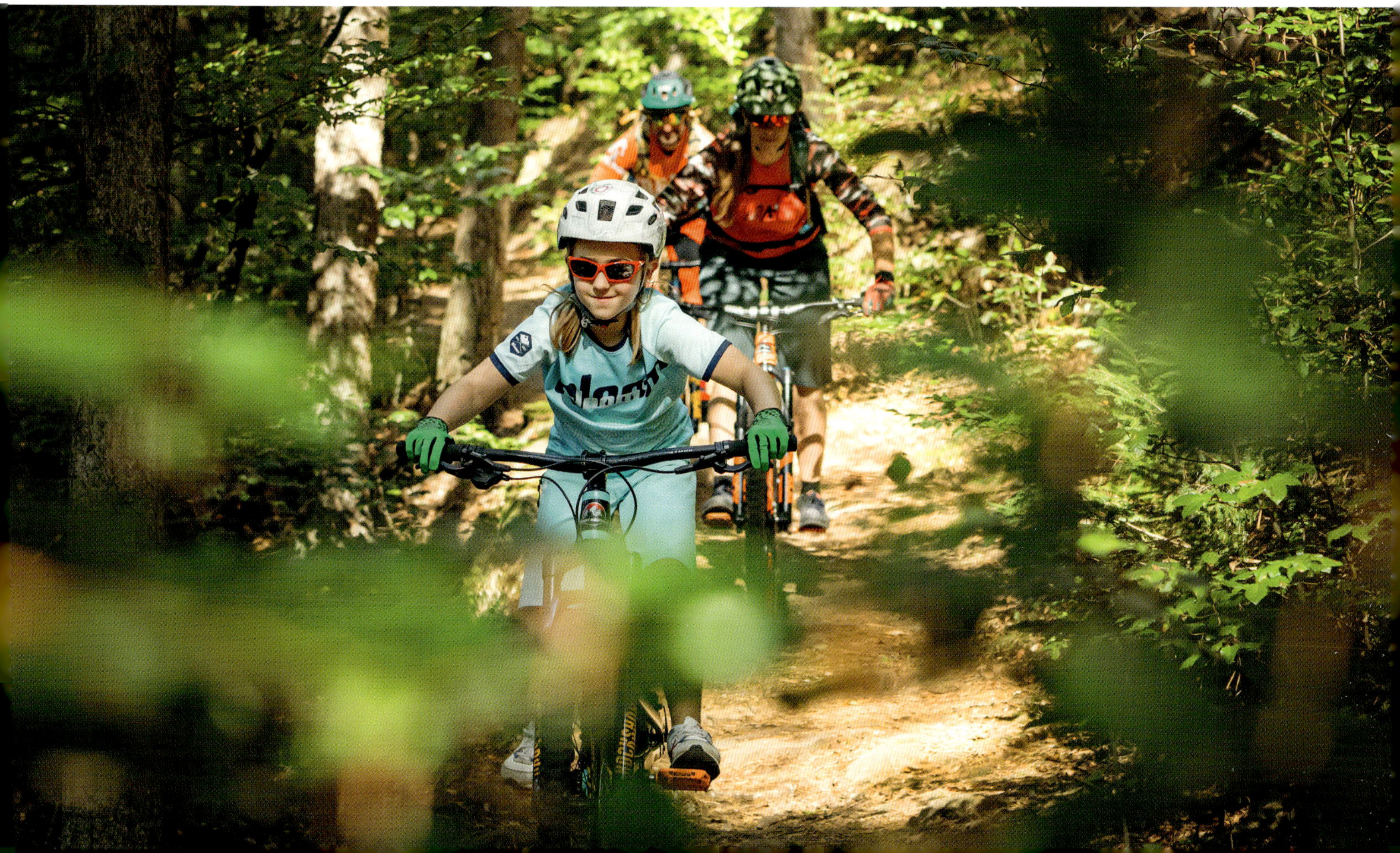

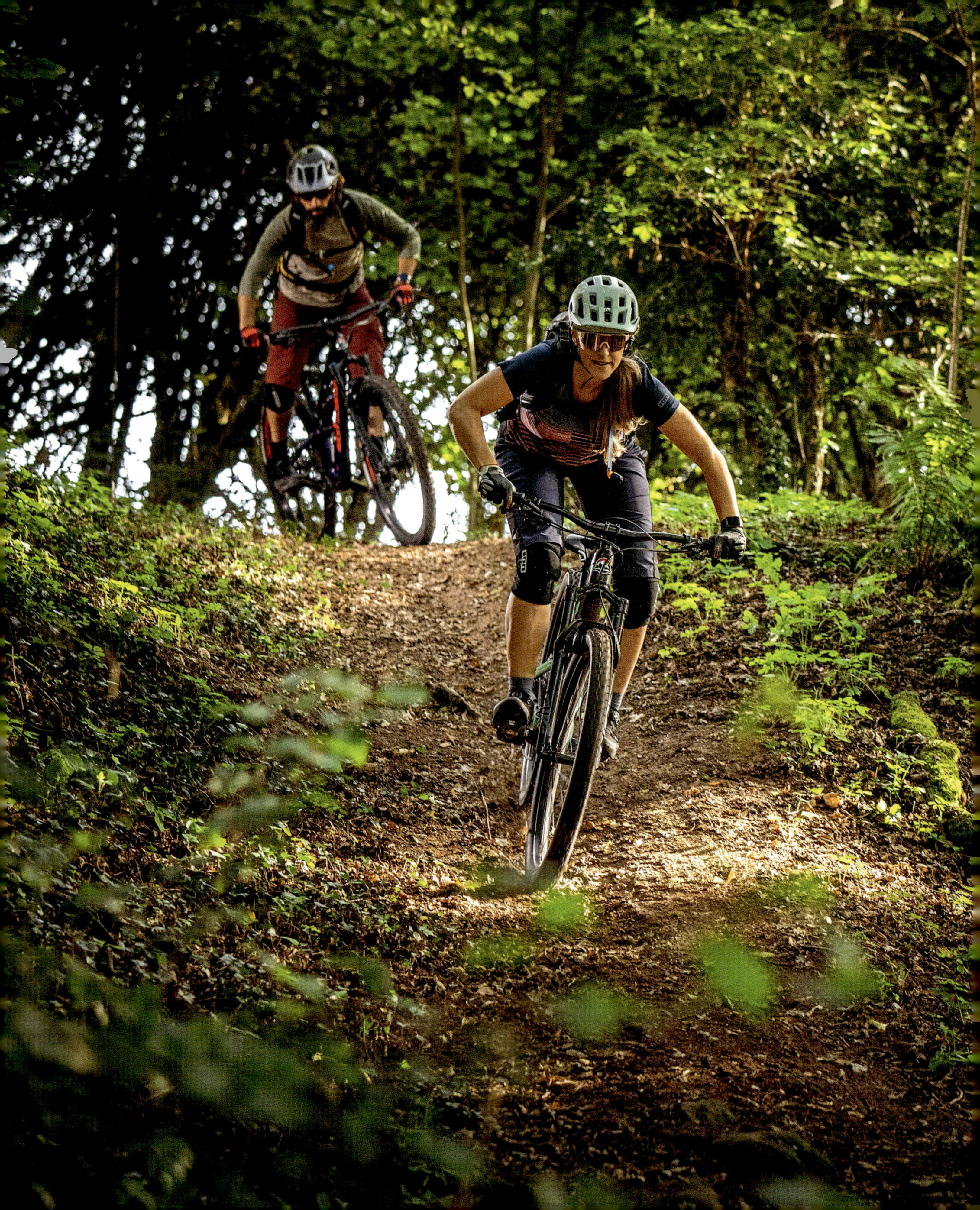

DAUER 3 STUNDEN im Tourenmodus

FAHRTECHNIK ●○○○○○ **KONDITION** ●●○○○○ **ERLEBNIS** ●●●○○○ **LANDSCHAFT** ●●●○○○

19
LEMBERG-TOUR
25 KM / 470 HM

EINFACHE MOUNTAINBIKE-TOUR MIT HOHEM GELÄNDEANTEIL UND EINFACHEN, KURZEN TRAILABSCHNITTEN. DER MAIBLUMENFELS MITTEN IM WALD LOHNT SICH ALS KURZER ABSTECHER.

19

Downhill – saubere Fahrtechnik ist gefragt.

Der kleine Ort Lemberg ist vielen Mountainbikern ein Begriff. Findet dort doch seit mehr als 25 Jahren der Wasgaumarathon statt, liebevoll auch WASI genannt. Diese eigentliche Spaßveranstaltung ohne Rennstress und Zeitnahme hat schon mehr als 35.000 Mountainbiker begeistert. Sie ist für ihre sehr traillastige Streckenführung, aber auch ihren Pfälzer Charme weit über die Grenzen der Region bekannt und wird jährlich im Oktober vom ansässigen Mountainbike-Verein ausgerichtet.

Teilstrecken des WASI finden sich natürlich auch in unserer Tour. Die startet direkt an der Burg Lemberg, die man erklimmen und besichtigen sollte. Der Burgberg wurde schon in keltischer und römischer Zeit besiedelt, und die Wege um die Burg können durchaus als historisch bezeichnet werden. Vom Burghof hat man einen großartigen Blick auf den Ort und das Umland – die Burg ist in den Sommermonaten auch bewirtschaftet. Direkt im Anschluss an den kurzen Anstieg hinauf zur Burg folgt ein Downhill durch den angrenzenden Wald nach Ruppertsweiler. Zu Beginn ist der Singletrail etwas breiter und steiler, nach der Überquerung einer Forststraße geht es schmaler und flowiger weiter. Der Trail endet direkt auf dem Parkplatz eines Supermarktes. Dort angekommen, geht es nach kurzer Straßenpassage rechts abbiegend auf breitem Weg am kleinen Bach Rodalb entlang. Der Nebenfluss des Schwarzbachs ist 26 Kilometer lang und erhielt seinen Namen bereits von den Kelten, die ihn vermutlich vom roten Sand des Flussbettes ableiteten.

Unsere Tour führt uns wieder in Richtung Ungeheuertal. Wir biegen nach rechts ab, und kurz geht es steil bergauf. Unterhalb des Schiffelkopfes biken wir auf Forststraßen und kurzen Trailabschnitten mitten durch den Wald. Nun folgt mit drei Kilometern die längste Abfahrt, deren Trail kurz vor dem Maiblumenfels nach links abgeht. Man sollte sich unbedingt die Zeit nehmen, einen kleinen Umweg zum Fels zu machen. Das Felsgebilde kann man auf einer imposant in den Fels gemeißelten Treppe erklimmen und die Aussicht auf die umliegenden Berge genießen. Danach geht es dann direkt auf dem besagten Singletrail bergab. Der ist mit dem Trail-Sharing-Hinweis

HÖHENPROFIL

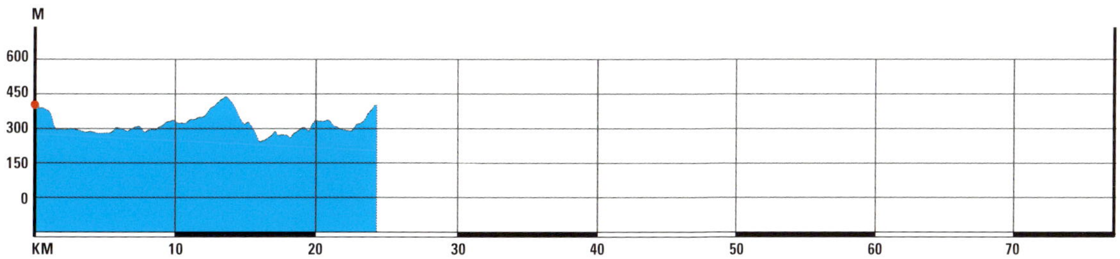

gekennzeichnet, wie viele Wege in der Pfalz, die von Mountainbikern und Wanderern genutzt werden. Hier heißt es wie auf allen Wegen: gegenseitige Rücksichtnahme, der Fußgänger hat Vorrang, und das Tempo ist so auszurichten, dass man jederzeit anhalten kann.

Unser Trail zieht sich einfach am Hang entlang, nur flache Wurzeln und einige kurze Felsplatten, die man überrollen kann, säumen den Weg. Weiter geht es wellig auf Forstwegen, bevor wir in Sichtweite der Landesstraße L485 auf einen weiteren schönen langen Trail einbiegen. Zu Beginn eher steigend und dann flach, schlängelt er sich durch den Pfälzerwald Richtung Langmühle. Kurz vor dem beschaulichen Ort geht es rechts im Gelände weiter, auf einem schmalen Weg bergab, um dann nach Lemberg abzufahren. Dort angekommen, gelangen wir wieder zu unserem Ausgangspunkt, der Burg Lemberg.

TIPP DES AUTORS

Die Burg Lemberg liegt auf dem Schlossberg in 458 Meter Höhe und beherbergt ein Burgen-Informationszentrum. Die Burg gibt einen schönen Ausblick auf den Ort Lemberg und den Pfälzerwald frei.

START/ENDE DER TOUR

Parkplatz an der Burg Lemberg
Landgrafenstraße, 66969 Lemberg

EINKEHREN

Pizzeria Sardegna
Dahner Str. 3, 66969 Lemberg
Bäckerei im Supermarkt Wasgau
Pirmasenser Str. 46, 66969 Lemberg

STRECKENVERLAUF

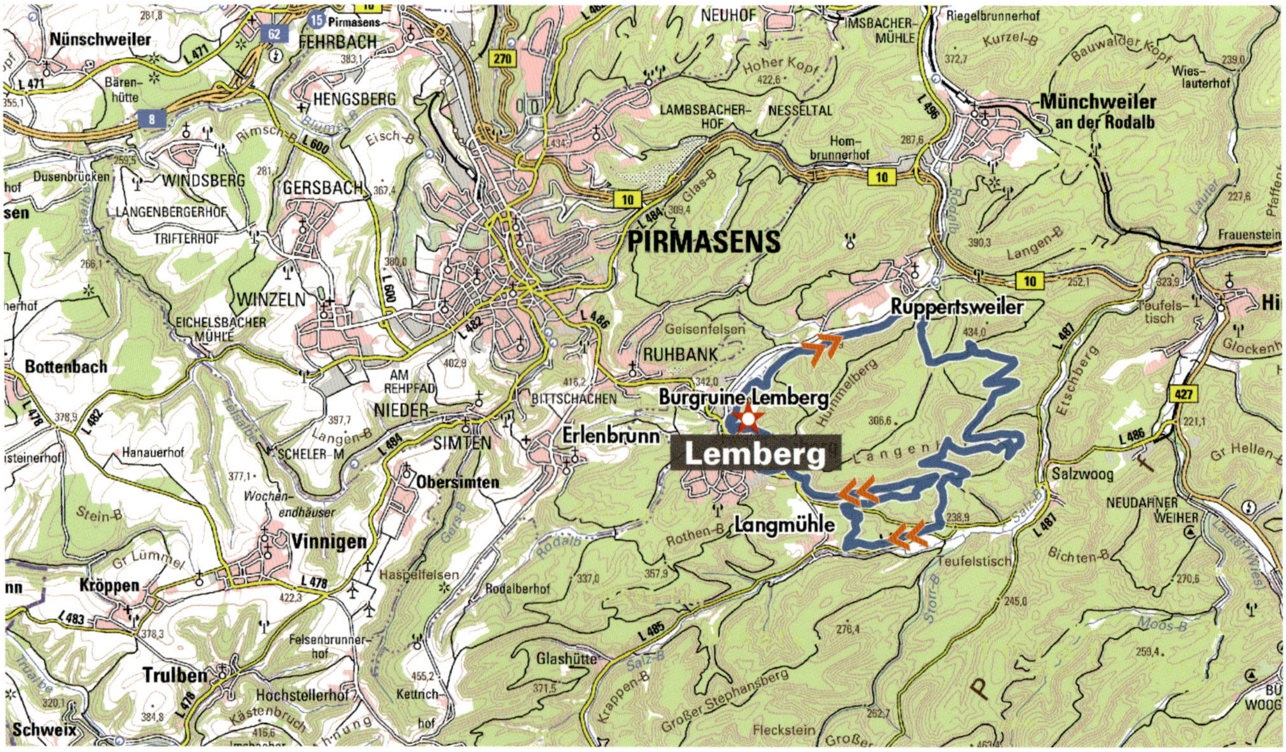

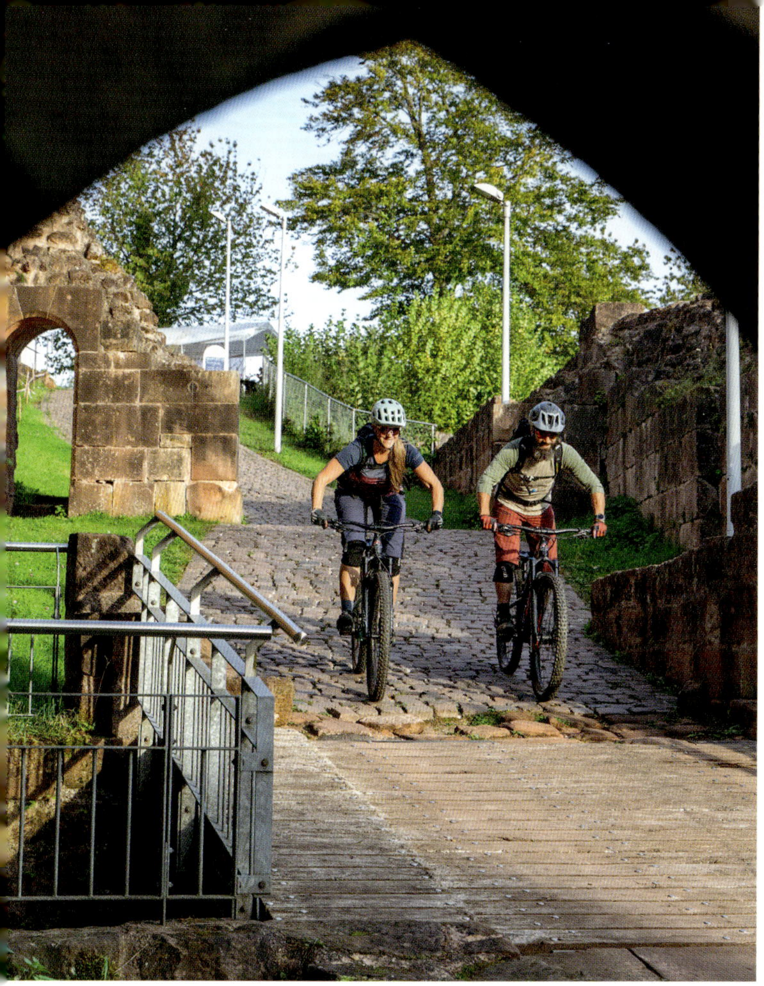

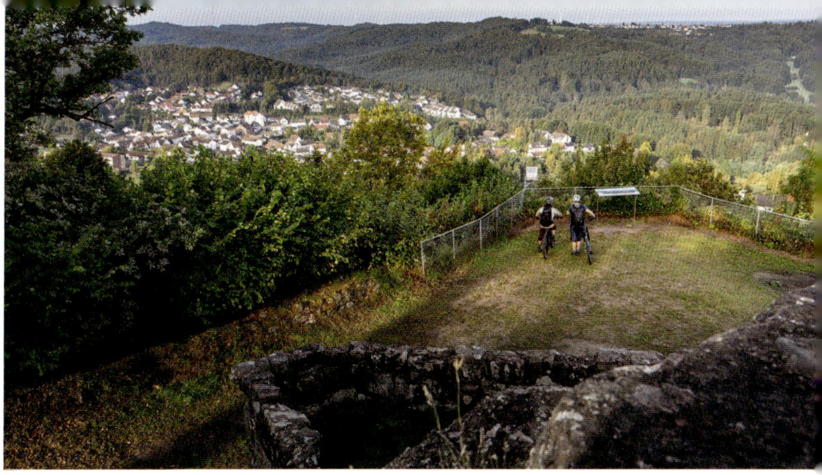

Die Burg Lemberg bietet nicht nur freie Sicht auf den angrenzenden Ort, sondern auch beste Verpflegungsmöglichkeiten. Gaststätten, die Biker willkommen heißen, sind meist an der Strecke ausgeschildert (Mitte, rechts).

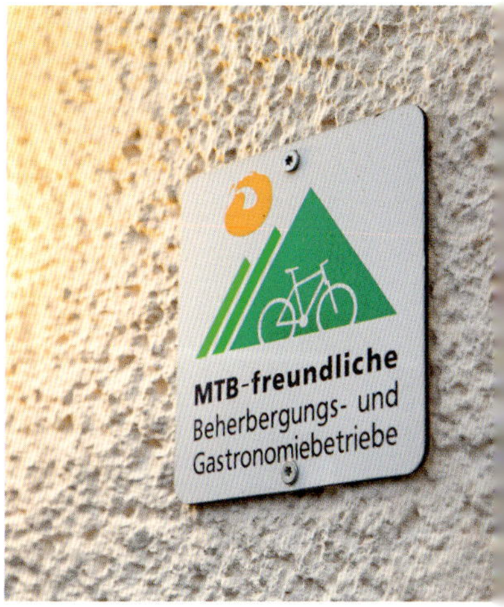

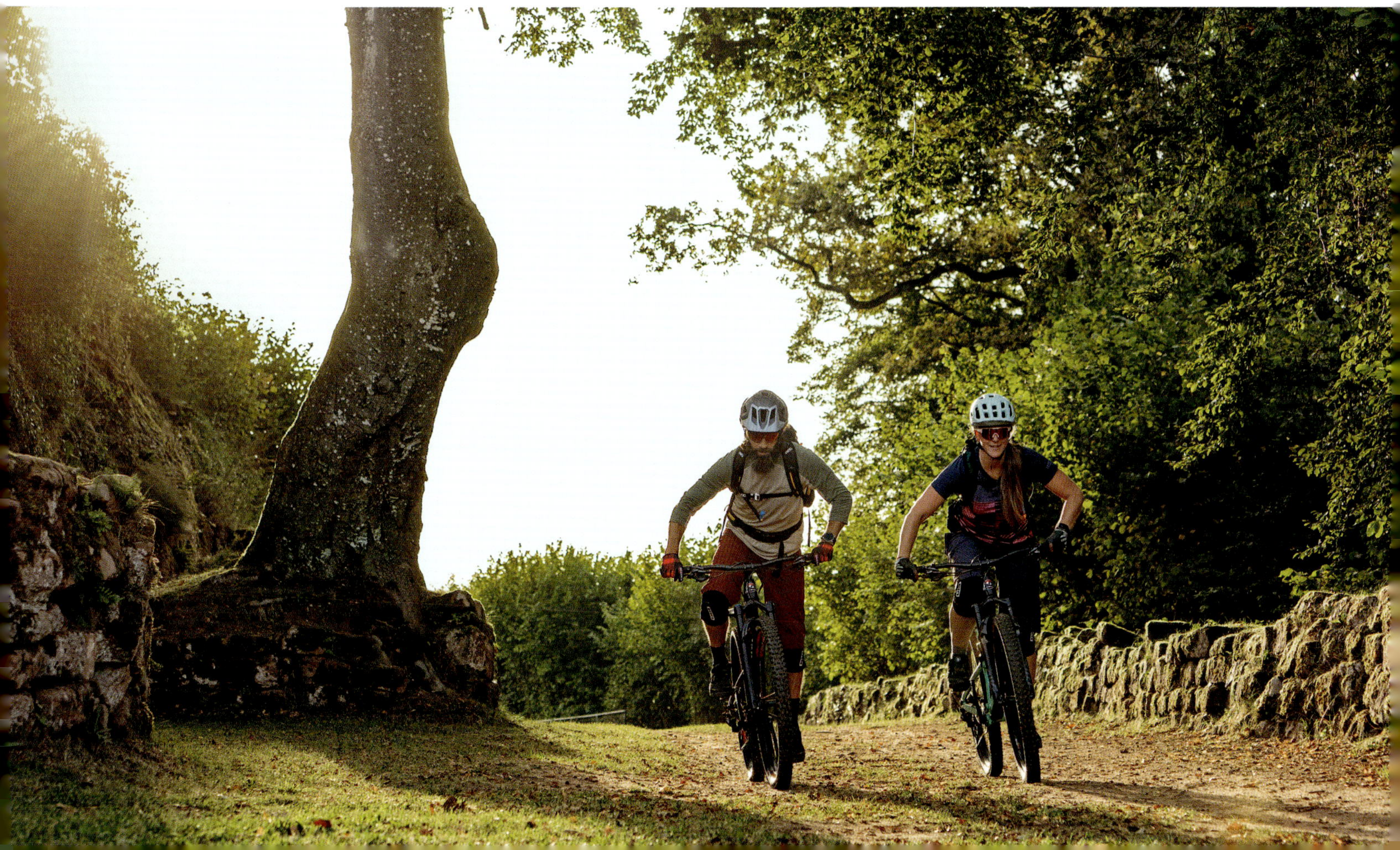

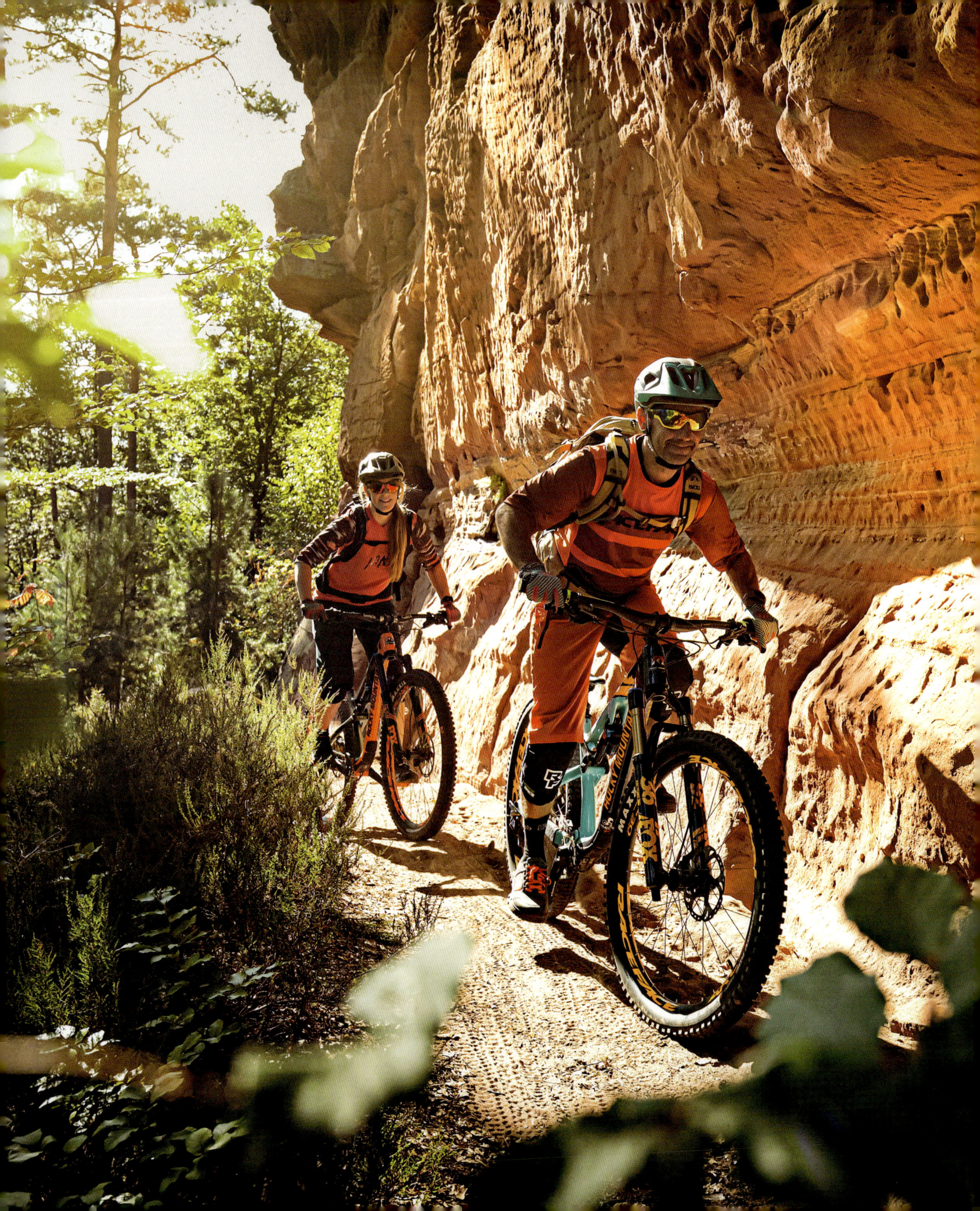

DAUER 5 STUNDEN im Tourenmodus

FAHRTECHNIK ●●○○○○ **KONDITION** ●●○○○○ **ERLEBNIS** ●●●○○○ **LANDSCHAFT** ●●●○○○

20
BÄRMESENSER-RUNDE
58 KM / 1.120 HM

VOM TIEFEN WALD IN DIE STADT: DIE TOUR LIEGT ÖSTLICH VOR DER STADT PIRMASENS UND ZEIGT DIE VIELEN FACETTEN DIESER REGION.

Der Buntsandsteinfels leuchtet bei Sonnenauf- und -untergang.

Die Stadt Pirmasens kann auf eine bewegte Geschichte zurückblicken. Gerade wirtschaftlich hat sie viele Höhen und Tiefen durchlebt. Die ehemals als Schuhstadt bekannte Metropole hat fast gänzlich ihren wirtschaftlichen Glanz verloren, als die Verlagerung der Produktion ins Ausland einsetzte. Heute befindet sich Bärmesens, wie die Stadt im örtlichen Dialekt genannt wird, im Strukturwandel. Viele der einstigen Schuhfabriken werden einem neuen Nutzen zugeführt. Zum Teil sind einige attraktive Museen in den großen Bauten untergebracht. Unter ihnen ist das Dynamikum besonders zu empfehlen. Das Mitmach-Museum bietet Spaß für Jung und Alt.

Ein idyllischer Ort außerhalb des Stadtlebens ist der Eisweiher. Dort startet unsere Tour am nahe gelegenen Wanderparkplatz. Auf flachem Weg mit kurzen Trailabschnitten fahren wir am Dankelsbach entlang, um dann rechts zu unserem ersten Downhilltrail zu gelangen. Die durchaus anspruchsvolle Abfahrt ist zum Teil sehr sandig und mit Wurzeln durchsetzt. Sie bringt uns direkt zum Forsthaus Beckenhof, das nach dem anstrengenden Abschnitt zu einer Rast einlädt. Das Wirtshaus liegt mitten im Wald und trumpft auf mit bester Pfälzer Küche und großem angrenzenden Biergarten. Nach Überqueren des Parkplatzes fahren wir direkt wieder ins Gelände, zuerst auf breitem Weg, um dann auf einem schmalen Pfad weiter nach oben zu biken. Dort angekommen, führt uns der Trail bergab. Wir kreuzen die Landesstraße und bleiben kurz auf dieser, bevor es vor Erlenbrunn wieder in den Wald geht.

Kurze schmale Wege wechseln sich mit Forststraßen ab, ehe wir auf das Waldhaus Drei Buchen treffen. Vielleicht ist hier ein kurzer Stopp zum Verschnaufen und für einen kleinen Imbiss nötig. Weiter geht es nach einem kurzen, steileren Trail zum Ort Glashütte, den wir kreuzen, um auf der gegenüberliegenden Seite wiederum mit einem Trail belohnt zu werden. Auf einem breiten Weg folgt eine längere Steigung Richtung Hüttenkopf, der rechtsseitig eine schöne Talsohlenaussicht bietet. Danach folgt ein kurzer schmaler Weg, der in einer längeren Abfahrt auf einer Forststraße endet. Jetzt geht es wieder bergauf zum Wanderheim Hohe List, bei dem sich eine

HÖHENPROFIL

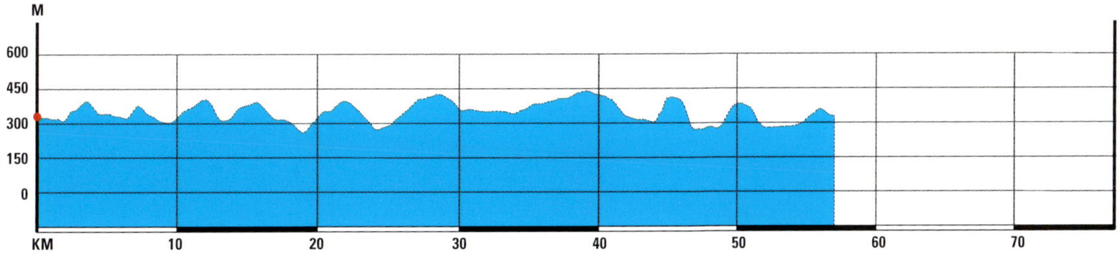

längere Rast anbietet. Gestärkt rollen wir erst bergab und machen uns anschließend im lockeren Auf und Ab in Richtung Naturfreundehaus Niedersimten auf. Wir erreichen den Ort Obersimten, nach dem ein kurzer Trail bergab zur Rehmühle folgt. Weiter geht es abwechselnd auf Naturweg und Straße nach Niedersimten. Die Innenstadt von Pirmasens lassen wir links von uns liegen und pedalieren locker auf einem schmalen Trail durch den Spielpark am Eisweiher vorbei zum Ausgangspunkt zurück.

TIPP DES AUTORS

Diese Tour lässt sich auch sehr gut mit einem kleinen Stadtbummel in der Fußgängerzone von Pirmasens verbinden.

START/ENDE DER TOUR

Wanderparkplatz Eisweiher

Landauer Straße, 66953 Pirmasens

EINKEHREN

Forsthaus Beckenhof

www.beckenhof.de

Waldhaus Drei Buchen

www.waldhaus-drei-buchen.de

Wanderheim Hohe List

www.hohelist.de

Naturfreundehaus Niedersimten

www.naturfreunde-niedersimten.de

STRECKENVERLAUF

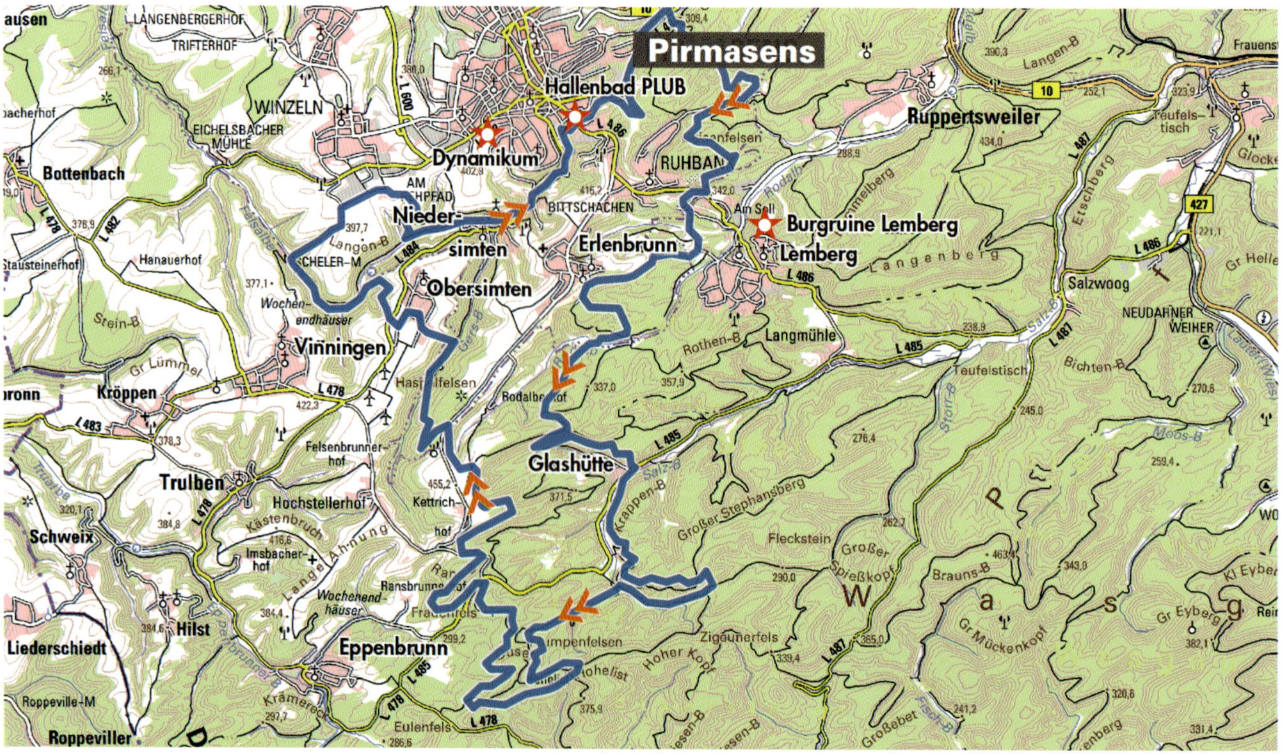

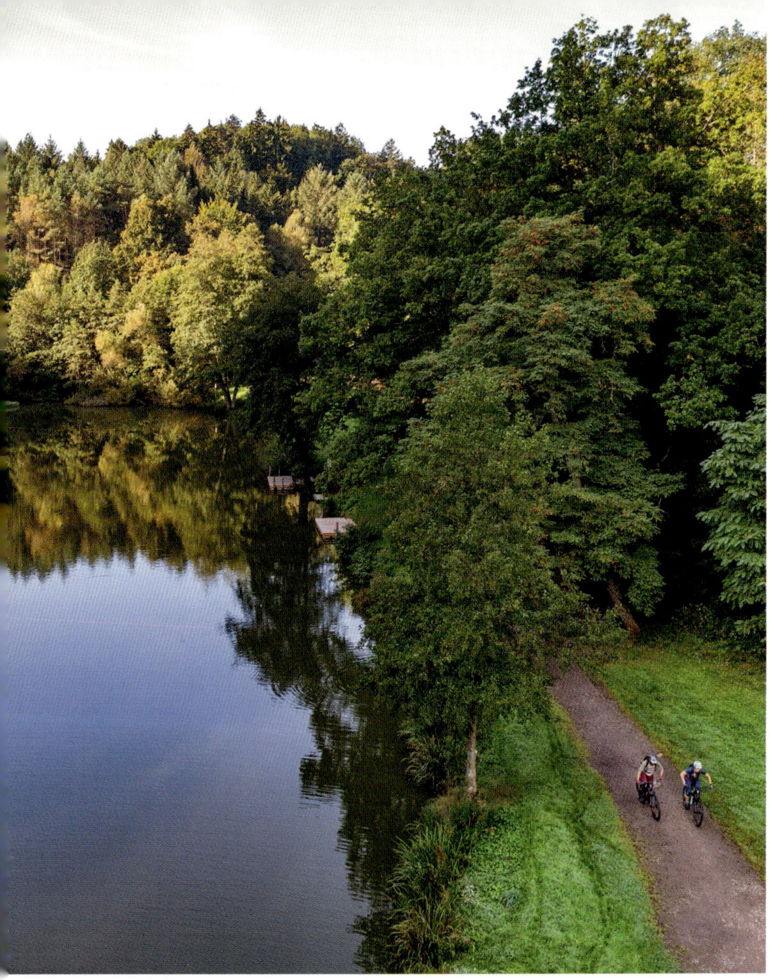

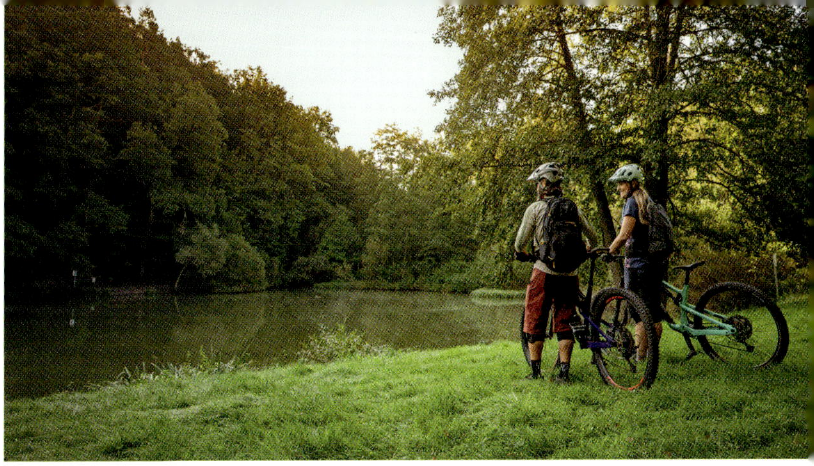

Gleich zu Beginn wartet ein wenig Seeromantik am Eisweiher (links und oben), bevor es ins Gelände und auf meist flowige Singletrails geht (unten).

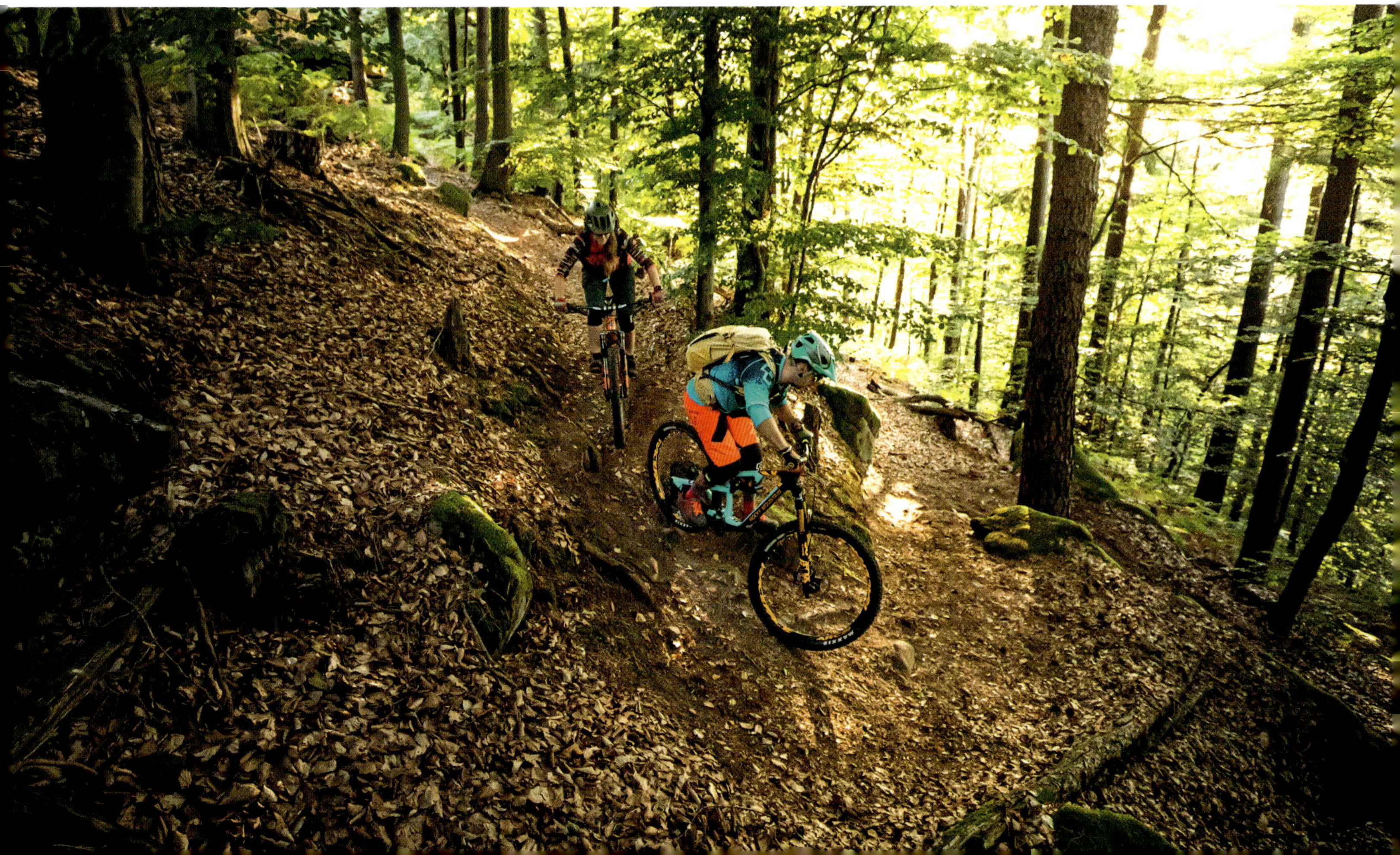

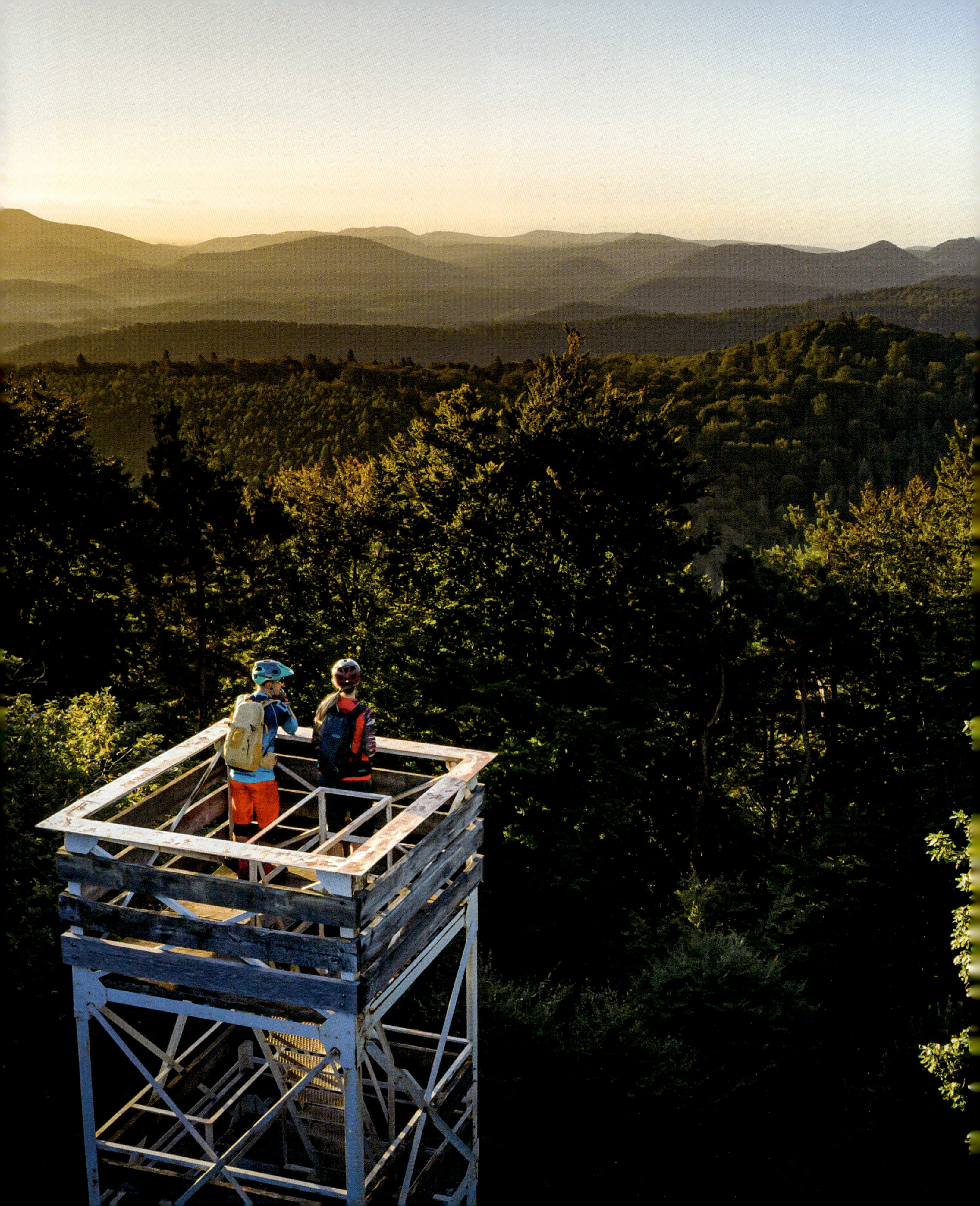

DAUER **4 STUNDEN** im Tourenmodus

FAHRTECHNIK ●●●●●○ **KONDITION** ●●●●○○ **ERLEBNIS** ●●●●●○ **LANDSCHAFT** ●●●●●●

21
DAHNER TRAILRUNDE
35 KM / 930 HM

TRAILTOUR DER EXTRAKLASSE! ANSPRUCHSVOLLE SERPENTINENTRAILS UND SCHMALE WEGE, DIE DIREKT AN AUFRAGENDEN FELSEN ENTLANGFÜHREN, WECHSELN SICH BEI DIESER MOUNTAINBIKE-TOUR AB!

Fernblick auf dem Eybergturm.

Dahn ist die Hauptstadt des Dahner Felsenlandes. Ihren Charme verdankt sie allerdings nicht nur dem umliegenden Wald und den zahlreichen sichtbaren Felsformationen, sondern auch den vielen kleinen Geschäften und Restaurants in der Innenstadt.

Das Wahrzeichen von Dahn ist sicherlich der imposante und steil aufragende Fels mit dem Namen »Jungfernsprung«. Die Stadt umschmeichelt den Fels, der die darunter liegenden Häuser um bis zu 70 Meter überthront. Sein Gipfelkreuz ist von Weitem sichtbar und jedes Jahr zur Weihnachtszeit beleuchtet. Um diesen Felsen ranken sich viele Sagen, deren Kern aber immer gleich ist: Eine Jungfrau sammelte im Wald Pilze oder Beeren; daraufhin wurde sie von einem Raubritter bedrängt, der ihr die Unschuld nehmen wollte. In Panik rannte sie zur Spitze des Felsens und stürzte sich in die Tiefe – dank ihres Rockes, der sich wie ein Fallschirm aufbauschte, landete sie aber unversehrt, und genau an jener Stelle soll sogar eine Quelle entsprungen sein. Es gibt zahlreiche Felsvorsprünge im Dahner Land, um die sich ähnliche Sagen und Erzählungen drehen.

Unsere Tour startet in Erfweiler am Belmontplatz und führt uns durch den sehenswerten Ort direkt in einen Anstieg. Nun sind wir am Waldrand und fahren einen etwas breiteren Trail, der uns unterhalb der Burgruine Altdahn entlangführt: Hierbei handelt es sich um das größte Burgenmassiv der Pfalz, das mit einem kleinen Abstecher in die Tour integriert werden kann. Altdahn heißt sie nur im Volksmund und ist Teil dreier Burgen, nämlich Altdahn, Grafendahn und Tanstein.

Wir fahren nun zuerst auf freiem Feld und dann auf einer Nebenstraße unterhalb des Hochsteinmassivs zum Kurpark in Dahn, den wir am Rand touchieren; über die Landesstraße und ein kurzes Stück Radweg geht es zurück in den Wald. Am kleinen Eyberg befahren wir einen Trail, der sich direkt am Hang entlangzieht und an dessen Ende schon die ersten engen Spitzkehren auf uns warten. Danach rollen wir auf einer Forststraße und anspruchsvollem Trail zum großen Eyberg. Direkt am Gipfel befindet sich ein großer Turm; auch hier lohnt sich die Besteigung, der Blick reicht sehr weit bis in die Nordvogesen.

HÖHENPROFIL

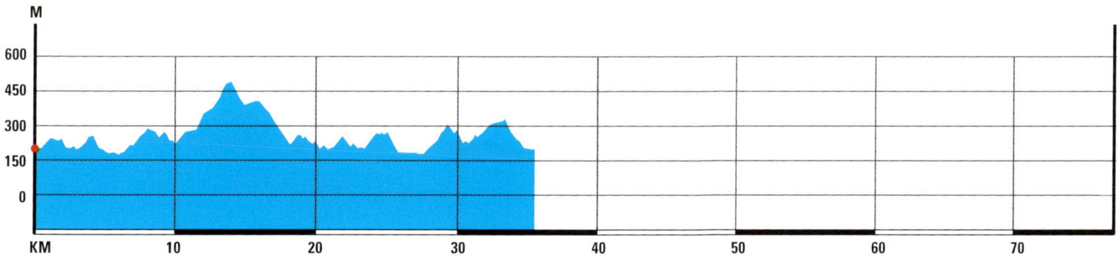

Danach geht es über Serpentinentrails nach unten. Sie sind zum Teil sehr schwierig und erfordern gute Fahrtechnik, gerade weil einige Kurven kurz hintereinander folgen. Nach diesem Spitzkehrenmassaker fahren wir zuerst einen Trail leicht bergauf, bevor es auf einer Forststraße zum nächsten Downhill geht. Auch hier warten viele enge Serpentinen auf uns. Nun geht es zum Ortsteil Büttelwoog und abwechslungsreich zur Pfälzerwaldhütte, wo wir auf jeden Fall eine Rast mit Pfälzer Spezialitäten einplanen sollten. Danach fahren wir über den Kauerttrail wieder nach oben. Unser nächstes Ziel ist die Burg Neudahn, die nur noch aus spärlichen Ruinen und einem doch gut erhaltenen Aussichtsturm besteht, der sich besteigen lässt. Direkt an der Burg folgt ein spektakulärer Downhill, zuerst eng und teils auf Wurzeln und Absätzen. Schließlich treffen wir auf den Radweg und überqueren die Landstraße. Von hier aus hat man eine schöne Sicht auf den besagten Jungfernsprung. Nun biken wir mit moderater Steigung zum nächsten Downhilltrail. Anspruchsvoll mit vielen Wurzel- und Felsabsätzen fahren wir dann wiederum auf schmalem Weg nach oben. Ein schöner Tannenwald birgt unsere letzte Abfahrt, einen flüssig zu fahrenden Trail. Unten angekommen, rollen wir auf einem breiten Weg nach Erfweiler zurück.

TIPP DES AUTORS

Der Jungfernsprung kann von östlicher Seite aus sehr gut erklommen werden. Allerdings ist er sehr steil, gepaart mit einigen Stufen und Treppen sowie Engstellen, deshalb ist es nicht ratsam, ein Mountainbike mitzunehmen. Der Blick über Dahn und die umliegenden Wälder und Felsen ist jedoch überwältigend.

START/ENDE DER TOUR

Belmontplatz
Schulstraße, 66996 Erfweiler

EINKEHREN

Pfälzerwaldhütte
Im Schneiderfeld, 66994 Dahn
www.pwv-dahn.de

Haus des Gastes
Am Kurpark, 66994 Dahn
www.hdg-dahn.de

Zum Jägerhof
Winterbergstraße 34, 66996 Erfweiler
www.jaegerhof-erfweiler.de

STRECKENVERLAUF

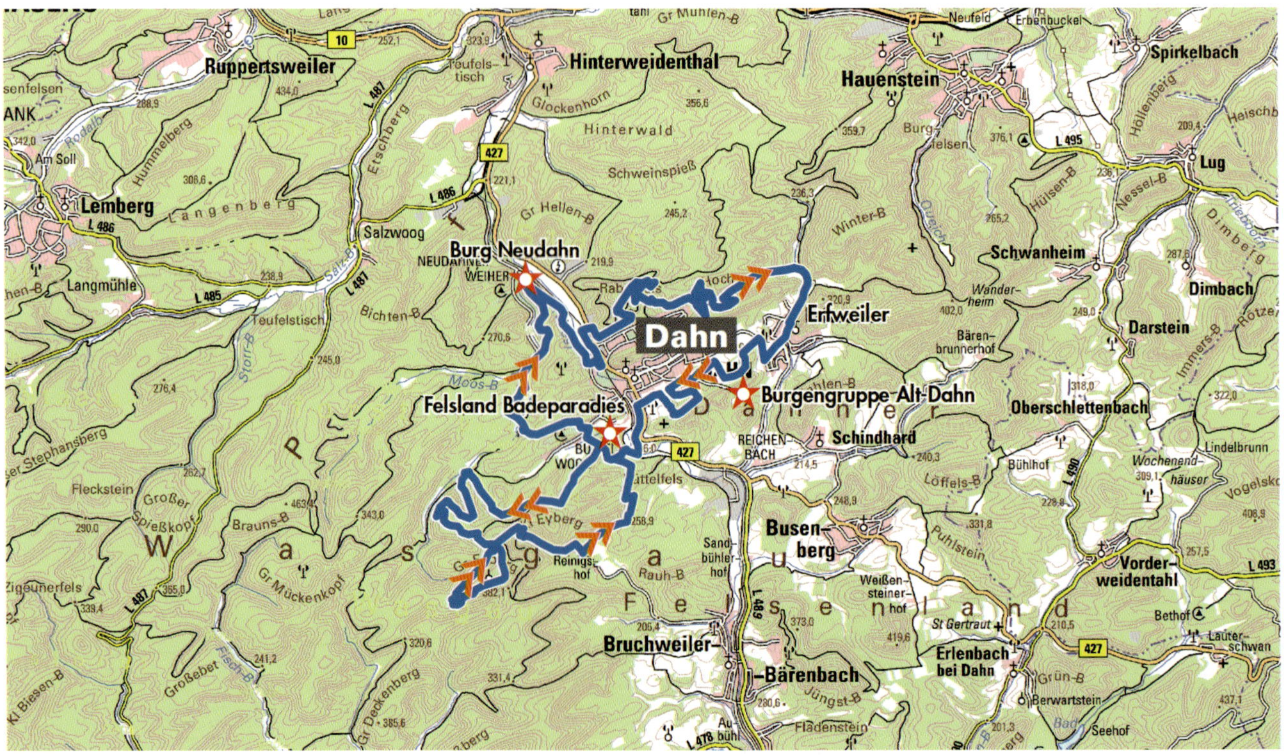

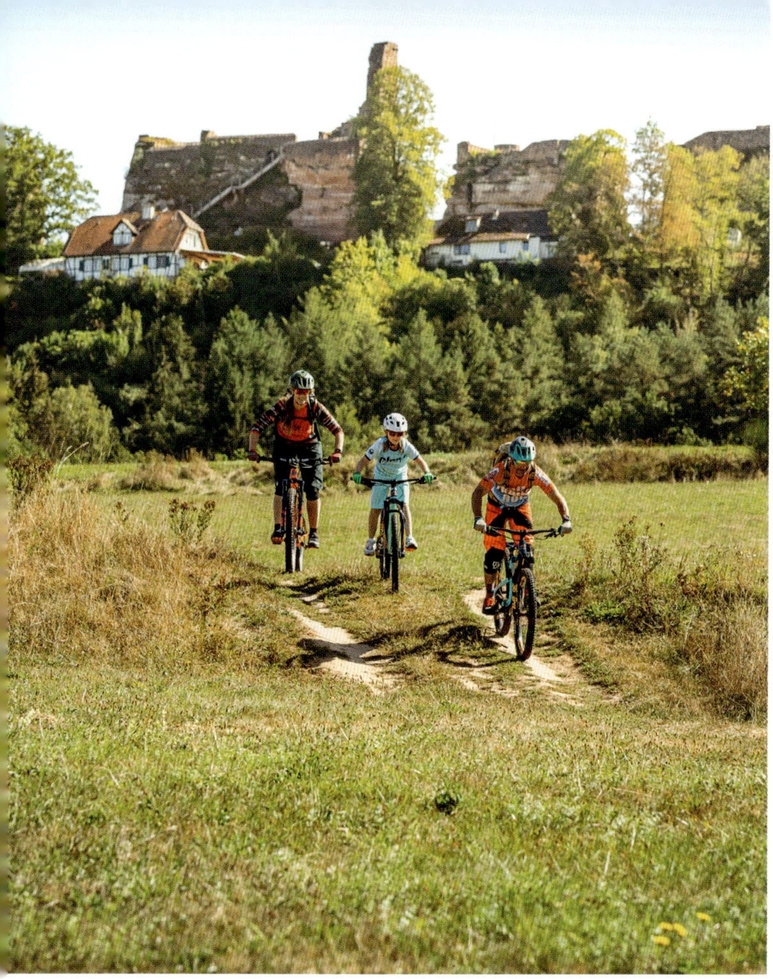

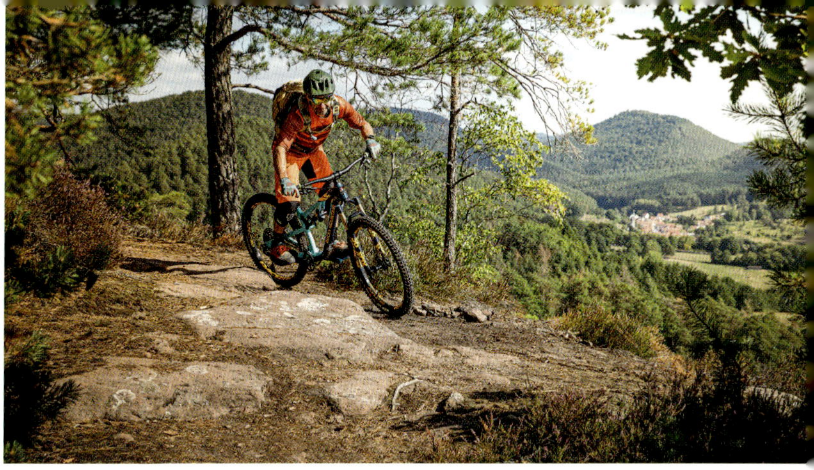

Auf freiem Feld unter der Burg Altdahn entlang, auf und ab durch die faszinierende Landschaft (links und oben). An der »Schönen Aussicht« am Eyberg kann man eine Pause einlegen (unten). Skurrile Vereinigung von Baum und Fels (Mitte, rechts).

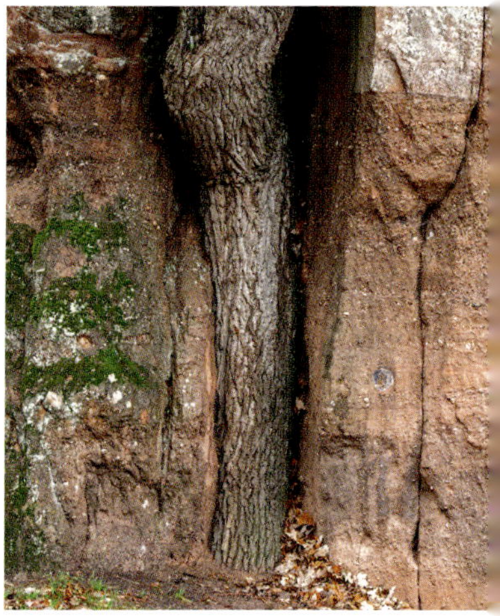

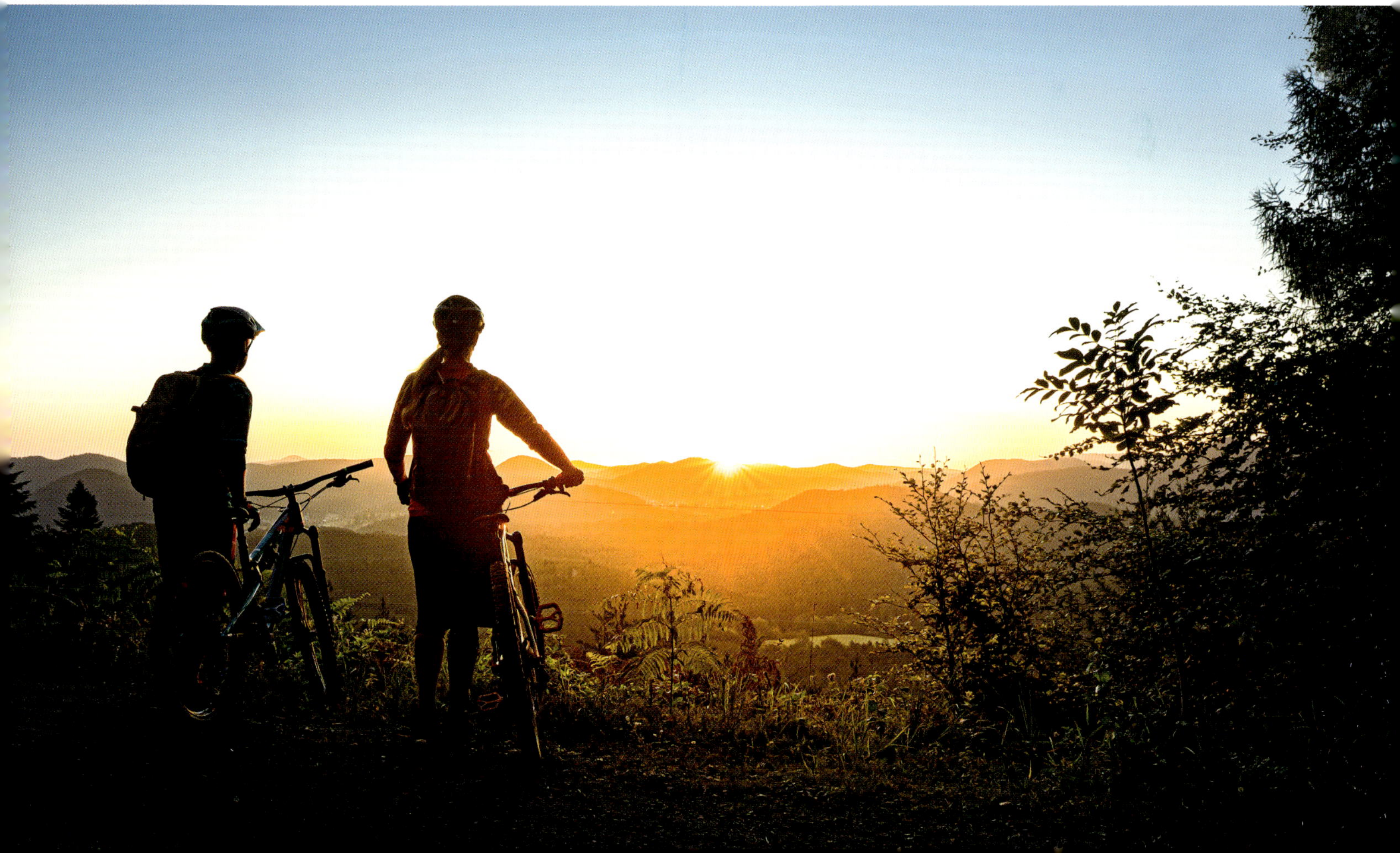

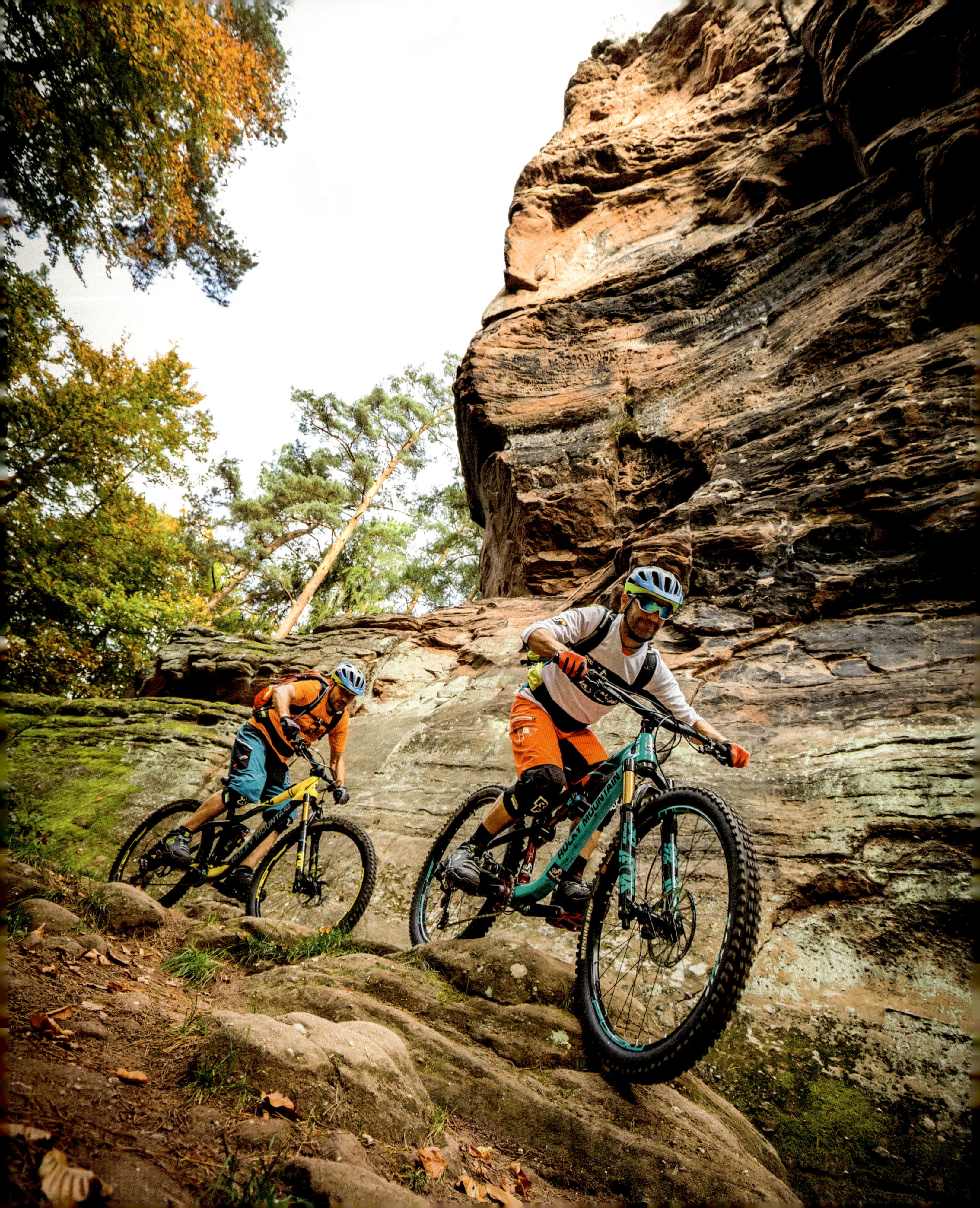
ROCKY MOUNTAIN

DAUER **5 STUNDEN** im Tourenmodus

FAHRTECHNIK ●●●●●○ **KONDITION** ●●●●●○ **ERLEBNIS** ●●●●●● **LANDSCHAFT** ●●●●●●

22
TRAIL-TOUR FLADENSTEINE
40 KM / 950 HM

ENDURO – ANSPRUCHSVOLL SOWOHL BERGAUF ALS AUCH BERGAB –, DAS SIND DIE SCHLAGWORTE FÜR DIESE TRAILLASTIGE UND SEHR ABWECHSLUNGSREICHE MOUNTAINBIKE-TOUR.

Bikespaß an den Fladensteinen.

Jahrmillionen Jahre haben die Felsen in diesem Teil des Pfälzerwaldes schon Bestand. Der sogenannte Buntsandstein ist ein sehr weicher Fels, der nicht sehr witterungsbeständig ist, weshalb er langsam vor sich hin bröckelt. Die skurrilen Felsformationen ergeben sich aus dieser Anfälligkeit heraus, und viele im Dahner Felsenland warten mit kuriosen und sagenumwobenen Namen auf. So verhält es sich auch bei den Fladensteinen oberhalb von Bundenthal, sie tragen den Beinamen »Sieben Brüder«. Der Name ist Programm, reihen sich doch mitten im Wald sieben imposante Felsmassive nebeneinander auf. Diese Felsgruppe ist auch sehr beliebt und bekannt bei vielen Kletterern, deren Kletterkünste man dort bei schönem Wetter begutachten kann. Überhaupt zählen das Dahner Felsenland und die Pfalz zu den bedeutendsten Klettergebieten in Deutschland. Allein rund um Dahn gibt es 50 ausgewiesene Kletterfelsen mit etwa 850 Anstiegen. Der Ursprung reicht bereits mehr als 100 Jahre zurück, und hier sind selbst die weltbesten Kletterer, wie zum Beispiel Stefan Glowacz, an den Felstürmen anzutreffen.

Bei unserer Tour biken wir auf einem Trail direkt an den steil aufragenden Felsenwänden entlang; unglaublich spektakulär zieht er sich dahin, sicherlich ein großes Erlebnis. Wir starten am Ferienbahnhof im Stadtteil Dahn-Reichenbach. Nach Überqueren der Landesstraße geht es zunächst den Radweg entlang, dann fahren wir über den Ort Schindhard an Busenberg vorbei, auf einer Anhöhe mit herrlichem Blick auf die Burg Drachenfels. Weiter rollen wir vorbei am jüdischen Friedhof, bevor es über die Landstraße wieder in den Wald geht. Zuerst auf breitem Weg, nehmen wir einen kurzen Downhill auf einem Singletrail nach unten. Es folgt eine Auffahrt vorbei an einer kleinen Schutzhütte unterhalb des Jüngstberges. Der nun folgende Trail ist ein echtes Highlight. Der erste Teil ist trotz einiger kleiner Wurzelabsätze sehr flowig zu fahren, vorsichtig sollte man aufgrund einer schräg verlaufenden Felsplatte nur am Ende sein. Der zweite Teil führt durch herrlichen Kiefernwald, der den Trail mit einem Teppich aus Nadeln bedeckt. Nun folgt wiederum eine längere Auffahrt zum nächsten Downhill. Auch dieser führt uns herrlich flüssig mit vielen lang gezogenen Kurven nach

HÖHENPROFIL

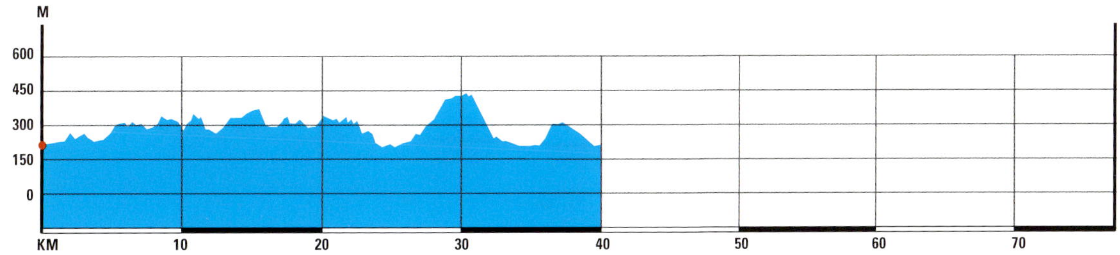

unten Richtung Bärenbach. Dort fahren wir einer Forststraße folgend zum Sportplatz nach Bundenthal.

Anschließend steht ein anspruchsvoll kurviger Trail nach oben zu den beschriebenen Fladensteinen an. Der Trail zieht sich zuerst unterhalb der Felskette entlang, bevor er uns dann über mehrere kurze Rampen direkt zum Felsmassiv führt – ein Auf und Ab, auch auf anspruchsvolleren Wurzelpassagen entlang. Nach der Überquerung einer Forststraße folgen wir dem Trail, wurzelig, spaßig, weil auch mit einigen gebauten Anliegern und Sprüngen versehen, die aber allesamt auch umfahren werden können. Nun folgen wir nochmals der Forststraße und kommen wieder zu einem Trailstück, auf dem es zuerst bergauf und dann rasant und anspruchsvoll nach unten geht. Auch gibt es direkt nach den Fladensteinen eine direkte Enduroline nach unten. Dieser künstliche Trail ist gespickt mit teils sehr hohen, aus Holz errichteten Sprüngen. Viele sind mit sogenannten Gaps versehen und sollten nur von versierten Bikern mit entsprechendem Bike befahren werden.

TIPP DES AUTORS

Das Restaurant Altes Bahnhöf'l im Dahner Stadtteil Reichenbach gehört zum Ferienbahnhof von Matthäus Burkhart. Das mehrfach ausgezeichnete Lokal bietet bodenständige Pfälzer Küche. Übernachten kann man in umgebauten historischen Eisenbahn-Waggons.

START/ENDE DER TOUR

Parkplatz Bahnhöf'l
An der Reichenbach 6
66994 Dahn-Reichenbach

EINKEHREN

Altes Bahnhöf'l
An der Reichenbach 6, 66994
Dahn-Reichenbach
www.altes-bahnhoefl.de

Restaurant Am alten Mühlrad
Hauptstr. 22 in Bruchweiler-Bärenbach,
Tel. 06394/9939409

Nach diesem Trailwahnsinn wechseln wir durch Bundenthal fahrend die Seite und nehmen nach kurzem Radwegstück unsere letzte Auffahrt der Tour. Am Dörntalberg angekommen, bringt uns ein flowiger, langer Trail nach unten. Wir folgen der Forststraße bis nach Bruchweiler und fahren danach unterhalb vom Rauhberg zurück zum Ausgangspunkt.

STRECKENVERLAUF

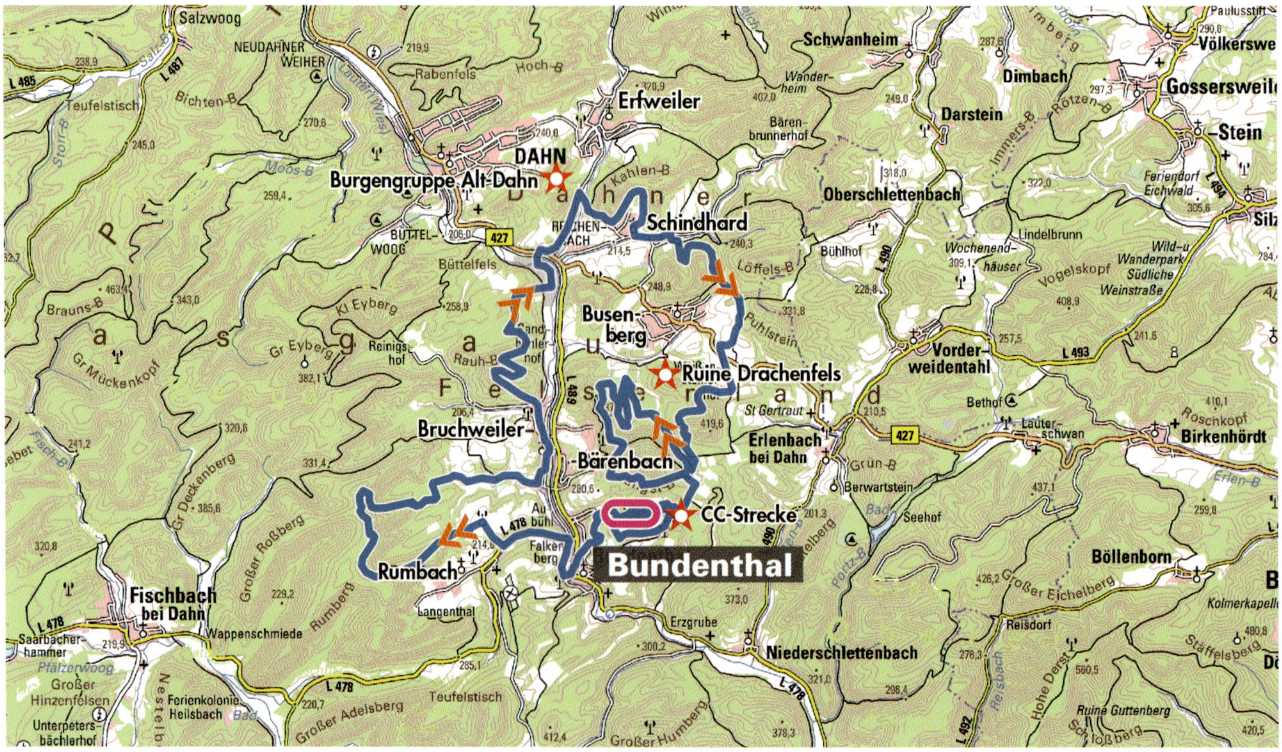

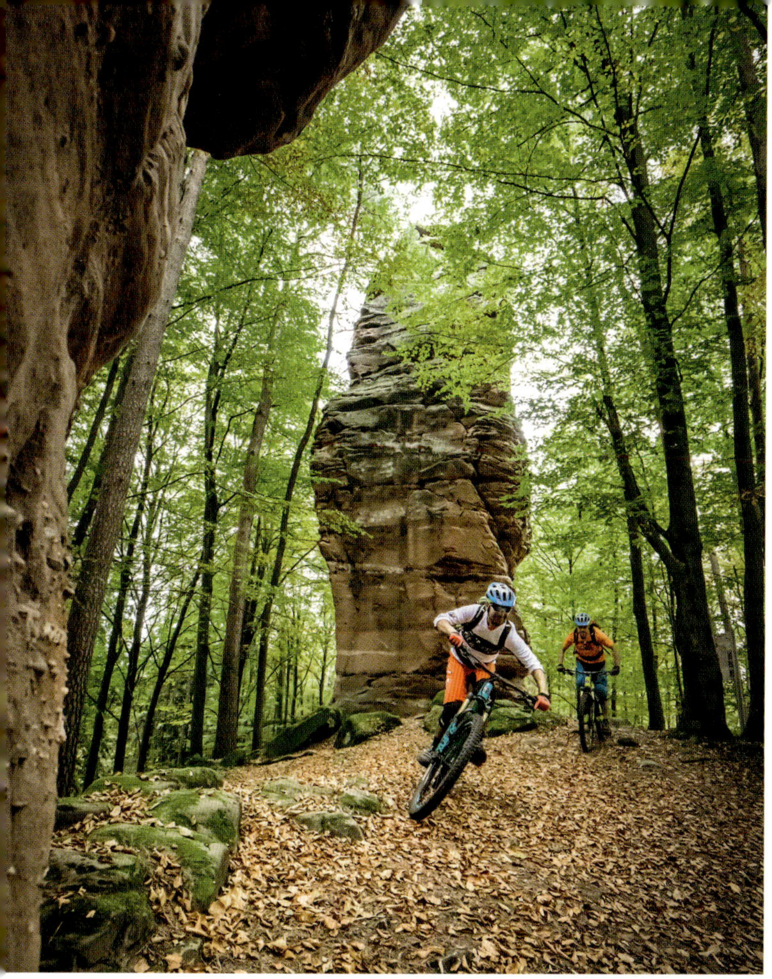

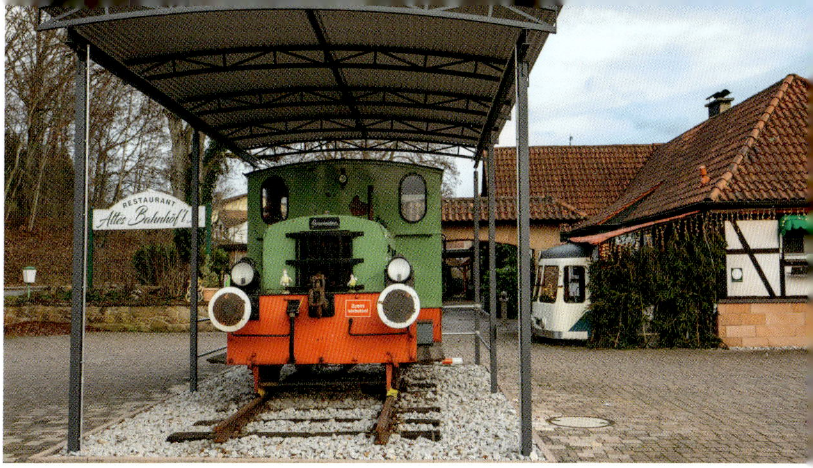

Eine historische Lokomotive wartet zu Beginn, bevor es auf dieser wahrhaftigen Singletrailtour an den Fladensteinen (sehr anspruchsvoll) wellig mit einigen Schlüsselstellen vorbeigeht.

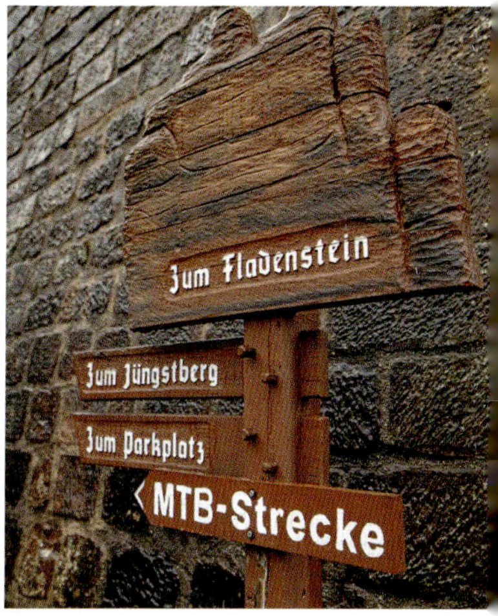

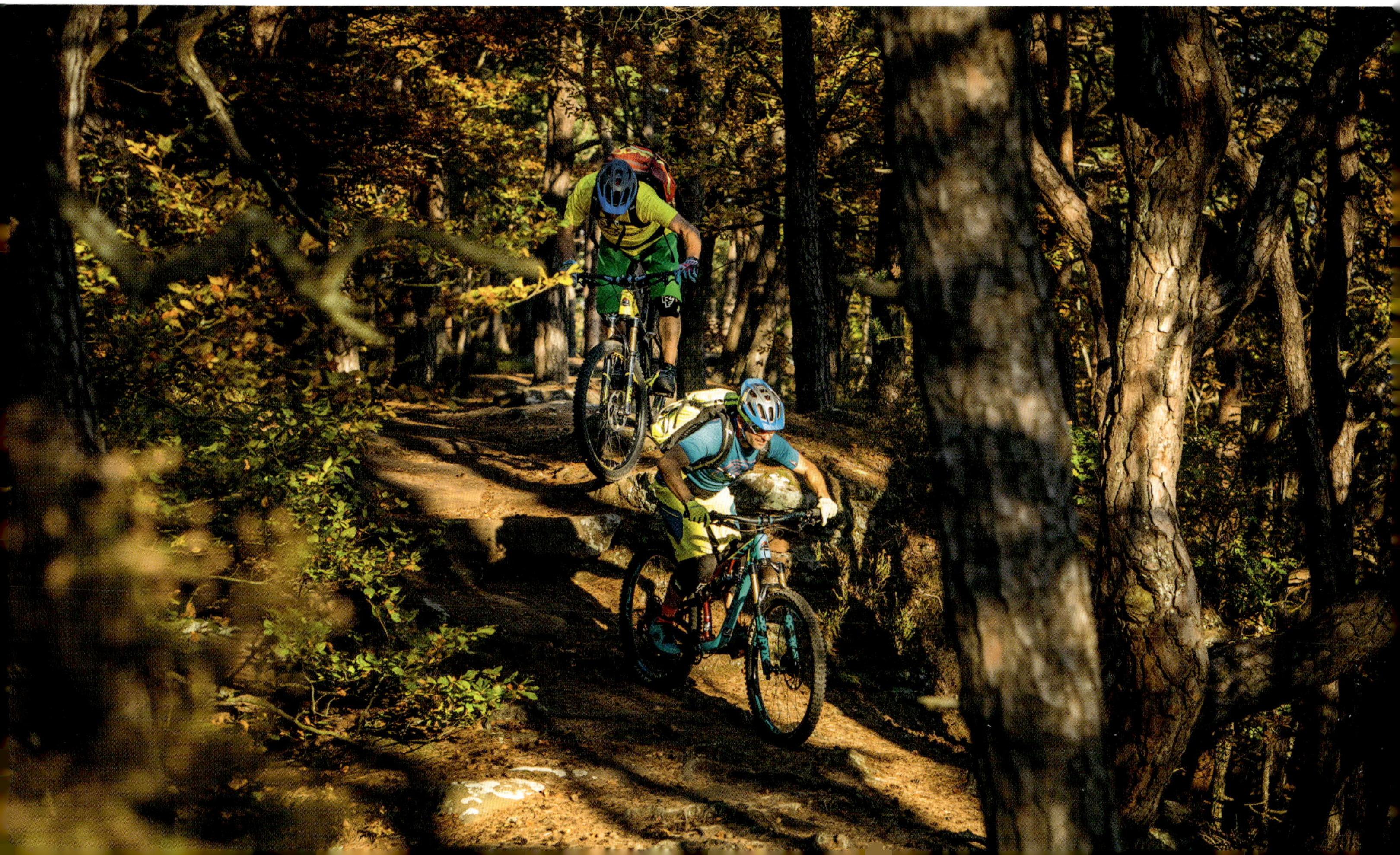

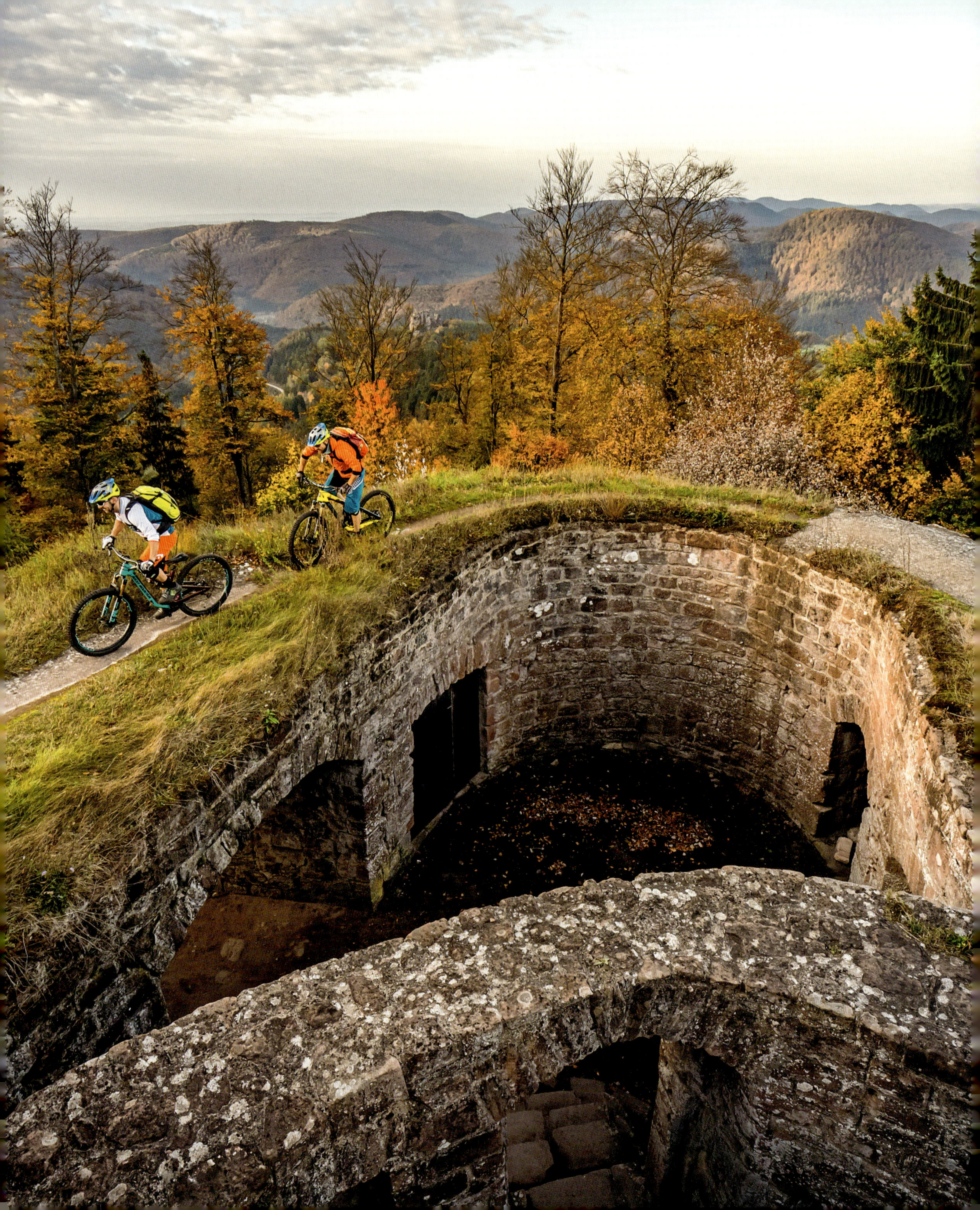

DAUER 7 STUNDEN im Tourenmodus

FAHRTECHNIK ●●●●●○ KONDITION ●●●●●○ ERLEBNIS ●●●●●○ LANDSCHAFT ●●●●●●

23
VOGESEN-TOUR
50 KM / 1.220 HM

AB NACH FRANKREICH – BEI DIESER TOUR GEHT ES VOM PFÄLZERWALD IN DIE ANGRENZENDEN NORDVOGESEN UND WIEDER ZURÜCK: MEDITERRANE TRAILS MIT VIEL FLOWCHARAKTER INKLUSIVE.

Elsässischer Trail mit Aussicht.

Die Nordvogesen im Osten Frankreichs folgen nahtlos auf den Pfälzerwald. Die Vogesen sind ein Mittelgebirge, die höchste Erhebung mit 1.424 Metern ist der Grand Ballon. Zusammen mit dem Pfälzerwald ergibt sich so eine Gesamtfläche von etwa 8.000 Quadratkilometern. Die beiden Mittelgebirge bilden grenzüberschreitend das Biosphärenreservat Pfälzerwald-Vosges du Nord. Die Nordvogesen sind eher als rau und ursprünglich zu beschreiben, die Infrastruktur ist nicht so ausgeprägt, auch sind viel weniger Menschen unterwegs. Bei dieser Tour wollen wir vom Pfälzerwald in die angrenzenden Nordvogesen und wieder zurück fahren.

Wir starten am Parkplatz zur Pfälzerwaldhütte in Dahn. Zum Einrollen bleibt nicht viel Zeit. Wir biken direkt einen gut fahrbaren, weil nicht zu steilen Trail nach oben, dann geht es kurz eine Forststraße entlang, bevor wir eine rasante Abfahrt zum Campingplatz in Dahn nehmen. Nun folgen wir der Straße Richtung Eyberg, danach geht es kurz auf einer Schotterstraße entlang, um dann auf einen schmaleren Weg einzubiegen, der abwechslungsreich wellig durchs Gelände mäandert. Unterhalb des Reichelsteins fahren wir vorbei an alten, zerstörten Bunkern aus dem Zweiten Weltkrieg, die sporadisch mit einem Geländer gesichert und deshalb auch gut zu erkennen sind. Weiter geht es zum Dörntalberg, auf den eine anspruchsvolle Trailabfahrt folgt. Gerade nach der Forststraße ist der Trail sehr schmal und ausgesetzt, hier sollte man stets äußerst achtsam sein. Wir rollen nun auf einer Forststraße entlang, dann folgt wiederum ein kurzer Trailabschnitt; auch hier gibt es gerade am Einstieg ein paar höhere Felsabsätze zu überwinden. Danach biken wir durch den sehenswerten Ort Rumbach. Das Ortsbild ist geprägt von alten Fachwerkhäusern und einem kleinen Bach, der am Rand der Straße durch den alten Ortskern fließt. Nach den letzten Häusern geht es mit mehr als fünf Kilometern zum längsten Anstieg dieser Tour. Unser Ziel sind die bereits in Frankreich gelegene Hohenburg sowie die Burg Löwenstein. Da wir unmittelbar an beiden Burgen vorbeifahren, ist ein Abstecher jeweils ratsam. Die Trails direkt an der Burgkette sind mit vielen Wurzeln und groben Felsabsätzen durchsetzt. Danach

HÖHENPROFIL

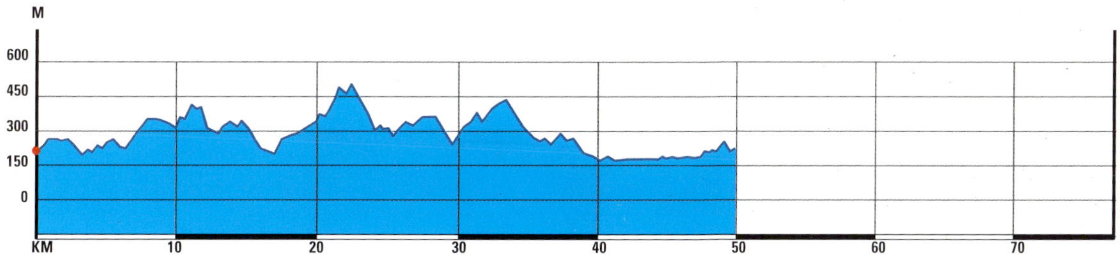

geht es etwas entspannter zur Burg Fleckenstein. Eine Besichtigung des imposanten und gut erhaltenen Bauwerks lohnt sich auch hier. In der unmittelbaren Umgebung der Burg befindet sich das Restaurant Gimpelhof. Hier kann bei einer Pause die französische Kulinarik, wie zum Beispiel der original Elsässer Flammkuchen, probiert werden. Danach fahren wir am Waldrand auf breitem Weg und auf einem kurzen Trailabschnitt nach Nothweiler. Nach dem wunderbar im Talkessel gelegenen Ort ackern wir eine Weile auf abwechselndem Untergrund hoch zum Berg Kappelstein auf knapp 500 Meter über Normalnull. Direkt über den Gipfel des Berges verläuft die Staatsgrenze zwischen Deutschland und Frankreich, auch befindet sich dort ein Grenzstein aus dem Jahr 1826, der die ehemalige Grenze zwischen dem damaligen Königreich Bayern und dem französischen Elsass markiert. Der nun folgende Downhill zieht sich sensationell am Berg entlang nach unten, nur zweimal unterbrochen durch kurze Forststraßen, die gequert werden müssen. Danach rollen wir nochmals durch Nothweiler und von dort aus dem Radweg folgend nach Bundenthal und Bruchweiler-Bärenbach. Jetzt geht's auf schmalem Weg direkt an der Bahnschiene entlang, bevor wir eine Brücke überqueren und dem Radweg bis nach Dahn folgen. Dort angekommen, fahren wir nochmals ins Gelände und an der Pfälzerwaldhütte vorbei, wo eine Abschlussrast möglich wäre; der Parkplatz und das Ende der Tour liegen nur wenige Meter von der Hütte entfernt.

TIPP DES AUTORS

Die drei Burgen bei dieser Tour können allesamt besichtigt werden, gerade die Burg Löwenstein bietet eine geniale Aussicht auf die Nordvogesen.

START/ENDE DER TOUR

Parkplatz an der Pfälzerwaldhütte
Im Schneiderfeld, 66994 Dahn

EINKEHREN

Hotel-Restaurant Gimbelhof
67510 Lembach/Frankreich
www.gimbelhof.com

Pfälzerwaldhütte
Im Schneiderfeld, 66994 Dahn

Restaurant Wasgauperle
Goethestraße 4, 66994 Dahn
www.wasgauperle.de

Altes Bahnhöf'l
An der Reichenbach 6,
66994 Dahn-Reichenbach
www.altes-bahnhoefl.de

STRECKENVERLAUF

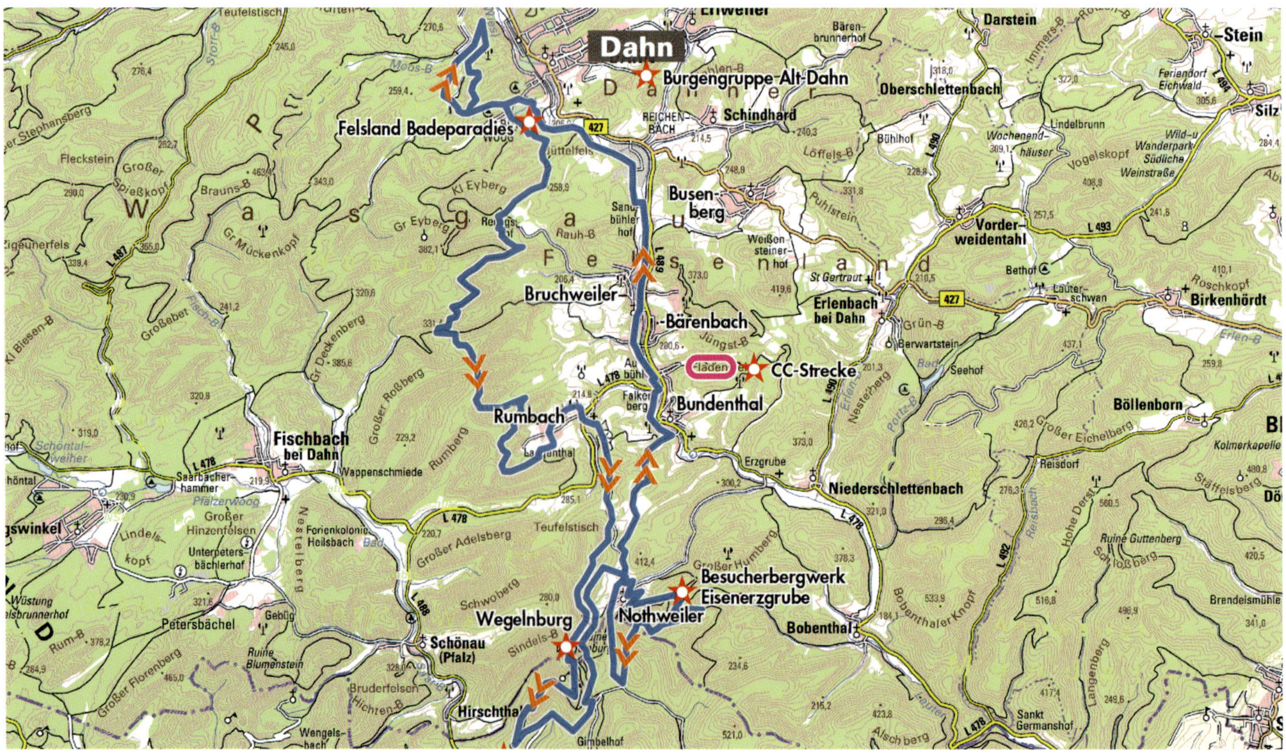

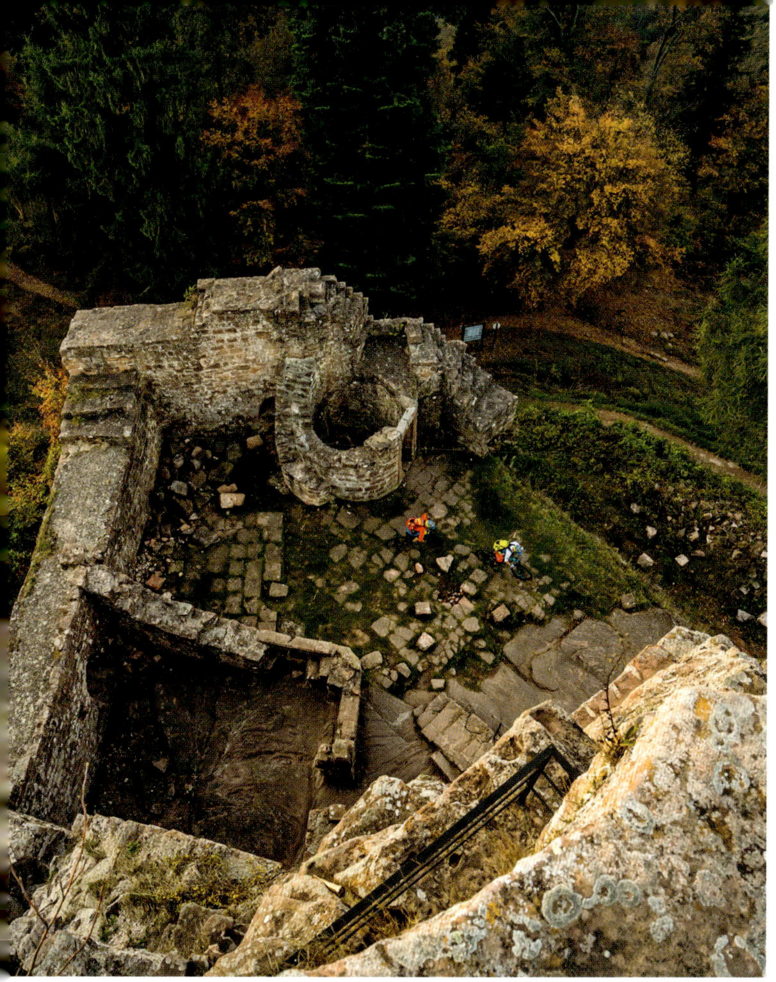

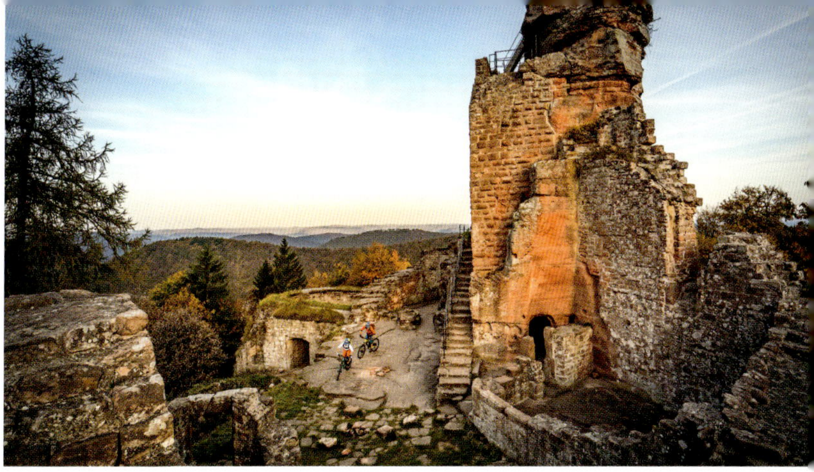

Dreierlei französische Burgen gibt es auf dieser Tour – zum Teil sehr gut erhalten, aber oft sind nur Ruinen übrig geblieben. Die Trails führen uns geradewegs dorthin.

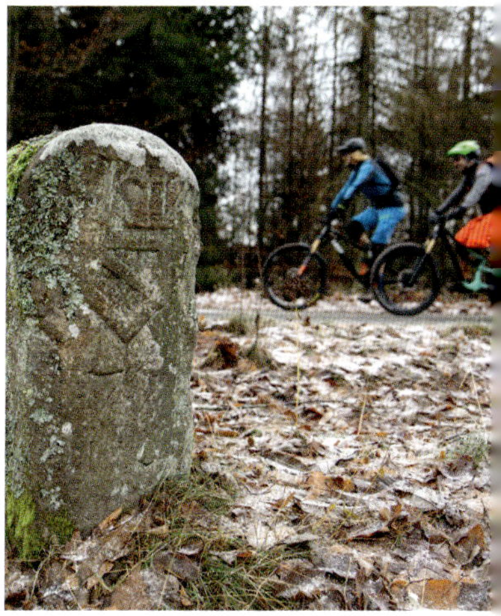

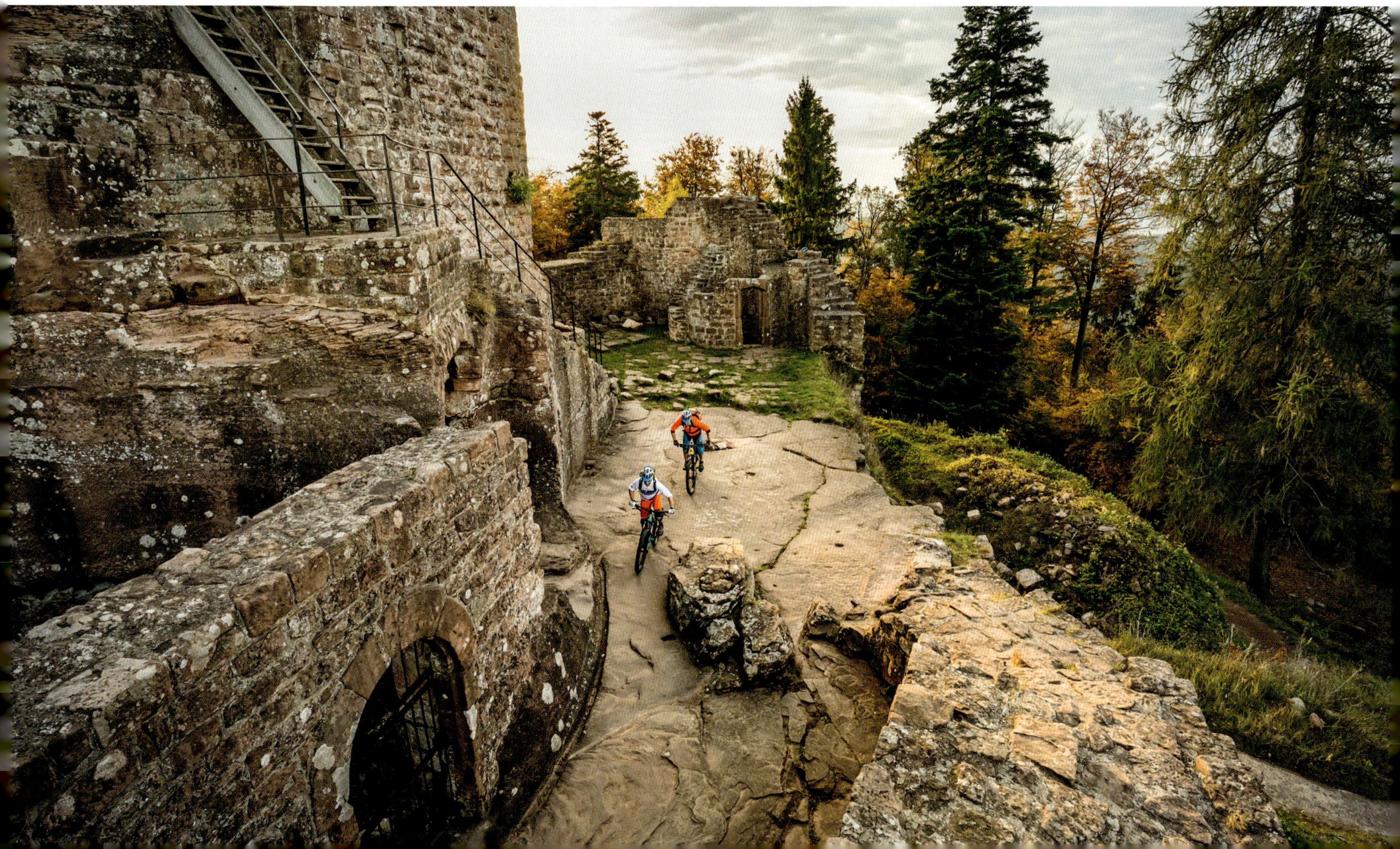

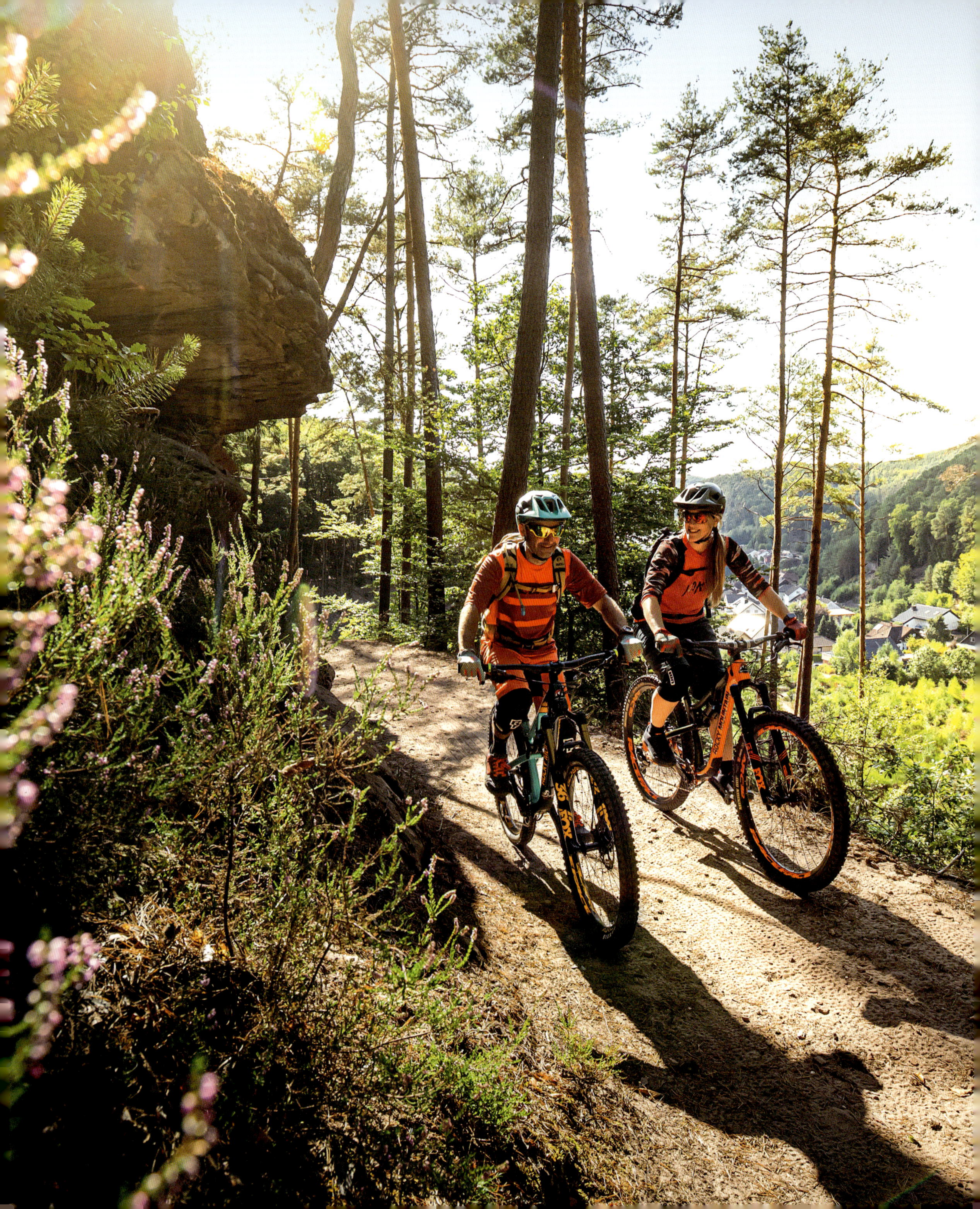

DAUER 6 STUNDEN im Tourenmodus (täglich)

FAHRTECHNIK ●●●○○○ **KONDITION** ●●●●●● **ERLEBNIS** ●●●●○○ **LANDSCHAFT** ●●●●●○

24 ZWEITÄGIGE RUNDTOUR SÜDPFALZ TAG 1 36 KM / 900 HM TAG 2 33 KM / 1.000 HM

MEHRTAGESTOUR MIT FLOWIGEN TRAILS MITTEN DURCH DEN PFÄLZERWALD. DIE ÜBERNACHTUNGEN SIND AUCH AUF OFFIZIELLEN TREKKINGPLÄTZEN MÖGLICH.

Entspanntes Rollen auf angenehmen Wegen.

Im Pfälzerwald gibt es mittlerweile mehr als 15 Trekkingplätze. Zwei dieser Plätze – sie liegen abseits von Ortschaften mitten im Wald – können auf dieser Mehrtagestour miteinander verknüpft und so als Übernachtungsplatz genutzt werden, allerdings darf man maximal eine Nacht dort verbringen. Sie verfügen über eine Feuerstelle mit Holzsitzmöglichkeiten und ein Toilettenhäuschen, meist etwas rustikal, aber durchaus zweckmäßig. Verpflegung muss mitgebracht werden, vor Ort gibt es keinen Kiosk oder Ähnliches, und das ist auch genau das Flair, das diese Plätze ausmacht: nach einer tollen Mountainbike-Tour in völliger Einsamkeit den Abend und die Nacht mitten im Wald genießen. Der Platz muss vorher online gebucht werden (www.trekking-pfalz.de), und es sind nur wenige Zeltplätze verfügbar, man sollte also nicht zu kurzfristig reservieren. Außerdem ist es selbstverständlich, dass man sämtlichen Müll wieder mitnimmt und den Platz so hinterlässt, wie man ihn vorgefunden hat. Der Clou der Trekkingplätze ist, dass sie zum Schutz vor Vandalismus nicht ausgeschildert sind. Man lokalisiert also den jeweiligen Trekkingplatz per GPS oder aber anhand einer Wanderkarte. Den Ortungspunkt bekommt man bei der Buchung.

Diese Mountainbike-Tour wirkt rein von den Zahlen erst einmal machbar. Sie sollte aber nicht unterschätzt werden, denn viele kurze, anstrengende Steigungen, aber auch lange Abfahrten fordern Kondition und Konzentration.

Los geht es in Vorderweidenthal am Wanderparkplatz, der gleich neben dem Friedhof liegt. Wir biken auf Forststraßen und Nebenstraßen zur Burg Lindelbrunn. Einen kleinen Umweg von circa drei Kilometern sollte man für eine geniale Aussicht über die umliegende Berglandschaft einplanen. Es folgt der Vogelskopf, dort können wir eine wunderbar spaßige Trailabfahrt genießen: Das Gefälle ist angenehm, allerdings warten zwei enge Spitzkehren und eine Felsdurchfahrt, die sehr anspruchsvoll ist. Danach geht es zunächst auf breitem Weg und nach einer Landstraßenüberquerung auf einem schönen Uphilltrail zur Schutzhütte Silzer Linde, um dann über einsame Waldwege nach Blankenborn und

HÖHENPROFIL

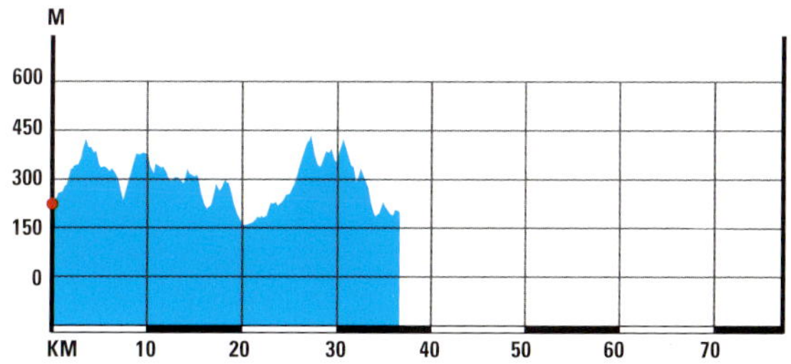

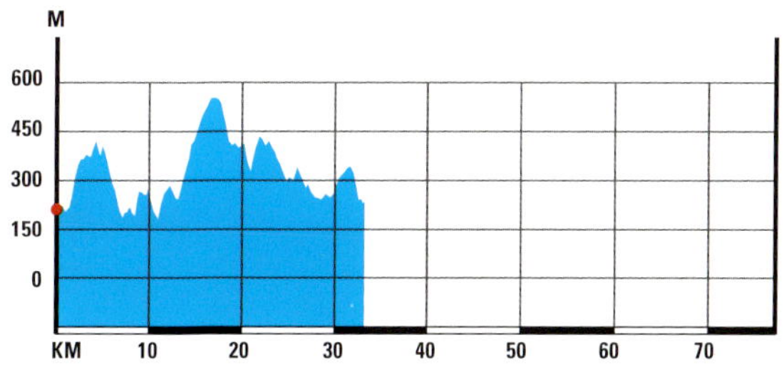

auf einem langen Singletrail hinunter nach Bad Bergzabern zu cruisen, immer weiter auf schönen Waldwegen und Trails in die Südpfalz. Bei Schweigen-Rechtenbach können wir zum Weintor abbiegen oder aber auch auf unserer Strecke durch den Wald auf einem anspruchsvollen, da steilen Uphill bleiben.

Auf dem Grenzgängerweg pedalieren wir weiter direkt an der Grenze zu Frankreich zum oberen Abtskopf. Von hier aus geht es rasant auf Waldwegen oberhalb von St. Germanshof zur Landstraße hinab, bevor uns ein schmaler Trail wieder bergauf führt. Die Spitzkehren am Ende sind selbst für Könner eine Challenge. Man durchquert den Mundatwald und kommt zum Steinernen Tisch, eine weitere Felsformation, die sich im Laufe der Jahre gebildet hat. Der Name ist Programm, sieht sie doch tatsächlich wie ein Felstisch aus. Die folgende Abfahrt erfordert unsere volle Konzentration. Sehr steil und verblockt geht der Sahnetrail zum Wanderparkplatz Drei Eichen. Hier in der Nähe befindet sich auch einer der Trekkingplätze der Tour.

Anschließend fahren wir zur Landstraße hinunter und auf einsamen Waldwegen am Hohlstein vorbei nach Lauterschwan und am Ende über den Hirschberg zurück zum Ausgangspunkt in Vorderweidenthal.

TIPP DES AUTORS

Zu einem besonderen Erlebnis wird diese Mehrtagestour, wenn man mitten im Wald auf ausgewiesenen Trekkingplätzen übernachtet. Mehr Infos unter: *https://www.trekking-pfalz.de/*

START/ENDE DER TOUR

Wanderparkplatz Am Friedhof
Lindelbrunnstraße,
76889 Vorderweidenthal

EINKEHREN

Waldgaststätte Cramerhaus
Familie Becker, Lindelbrunn 4,
76889 Vorderweidenthal
www.cramerhaus.de

Restaurant Deutsches Weintor
Weinstraße 4,
76889 Schweigen-Rechtenbach
https://www.weintor.de/restaurant

STRECKENVERLAUF

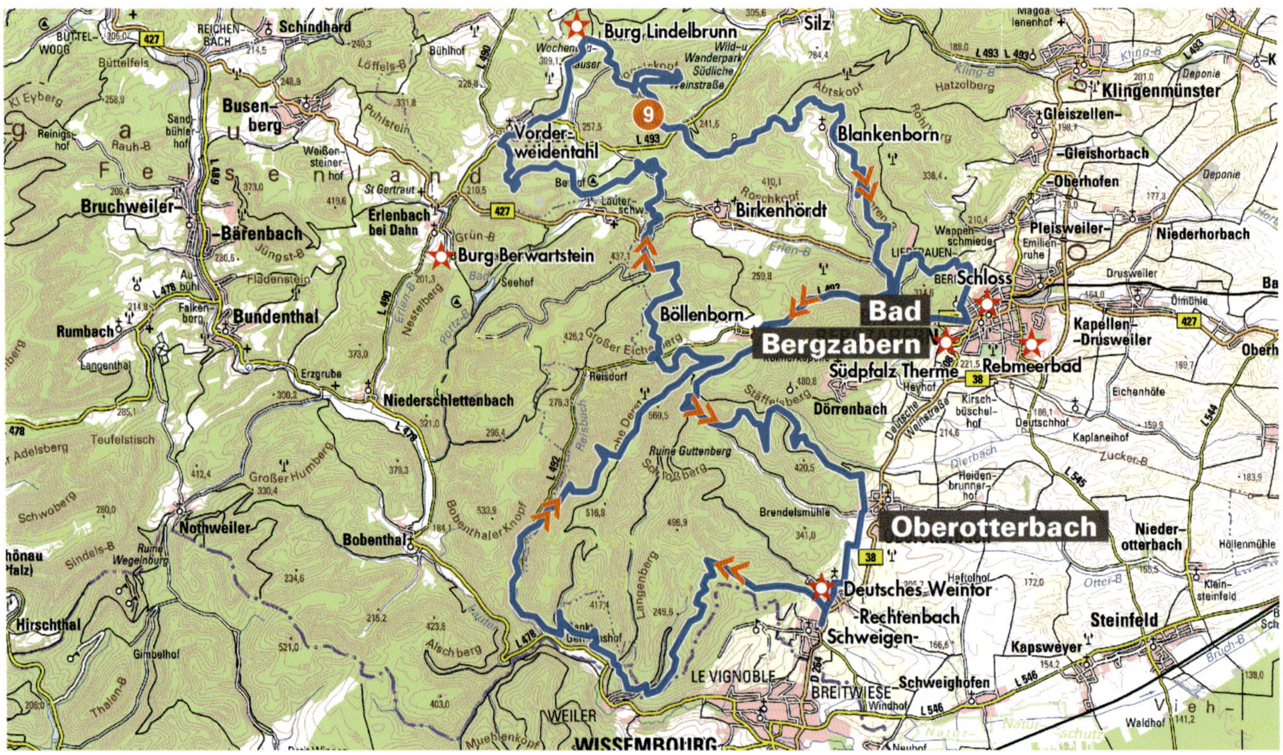

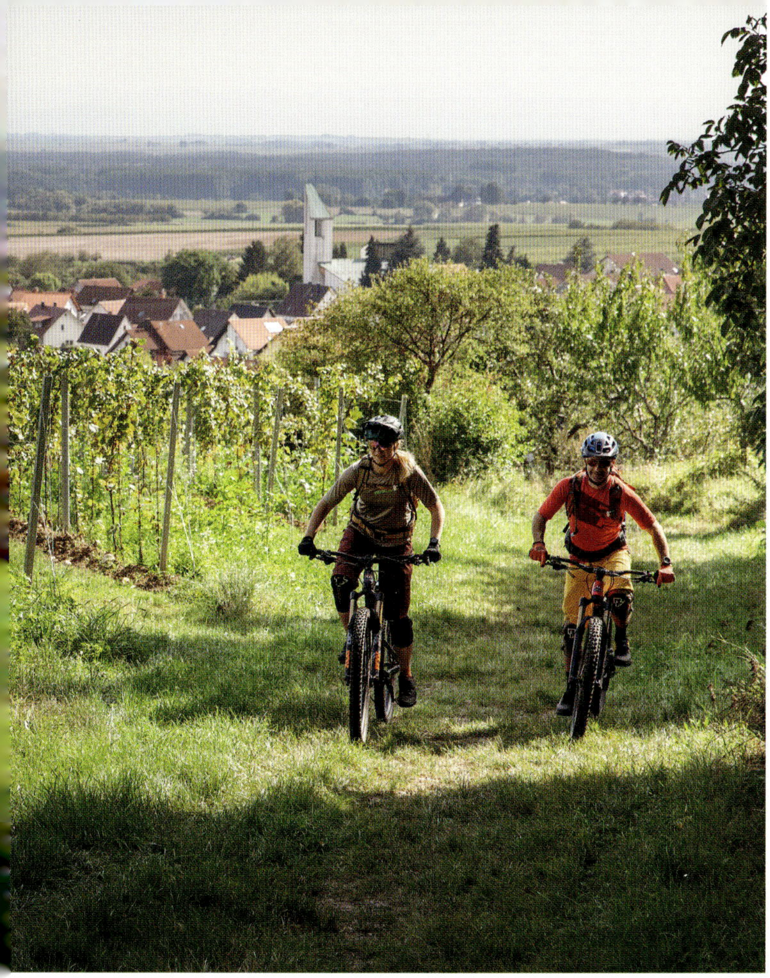

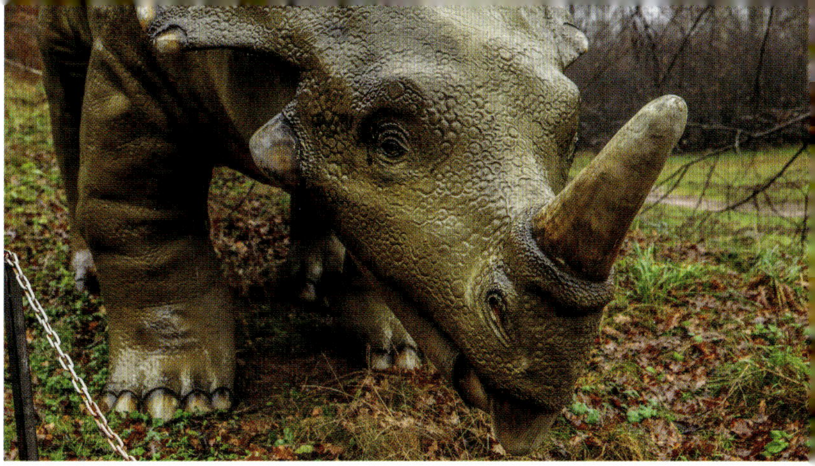

Steil bergauf inmitten von Weinreben geht es im Dinoland vorbei an herrlichen Aussichtspunkten. Die meist flowigen Singletrails haben Suchtpotenzial.

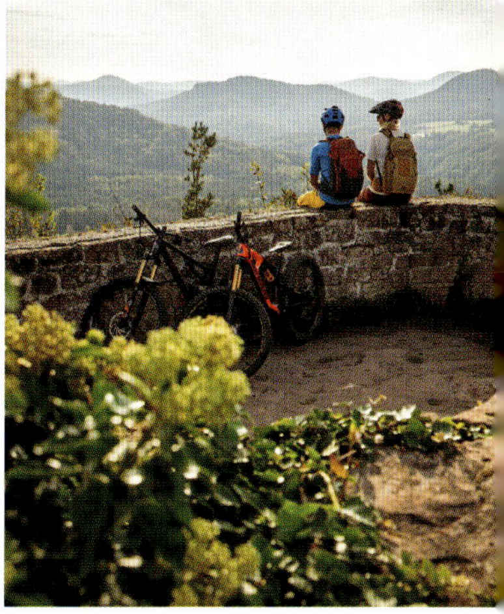

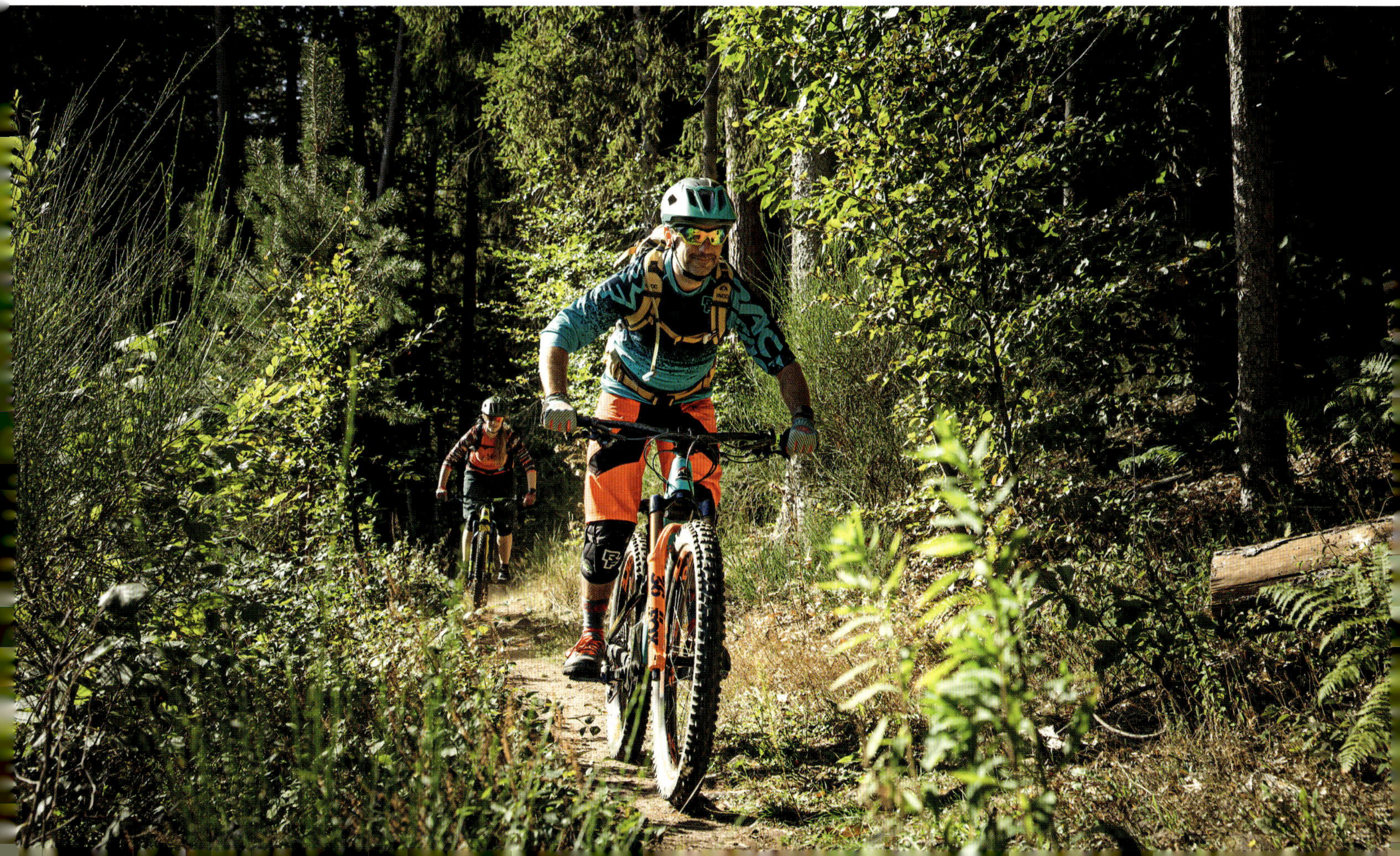

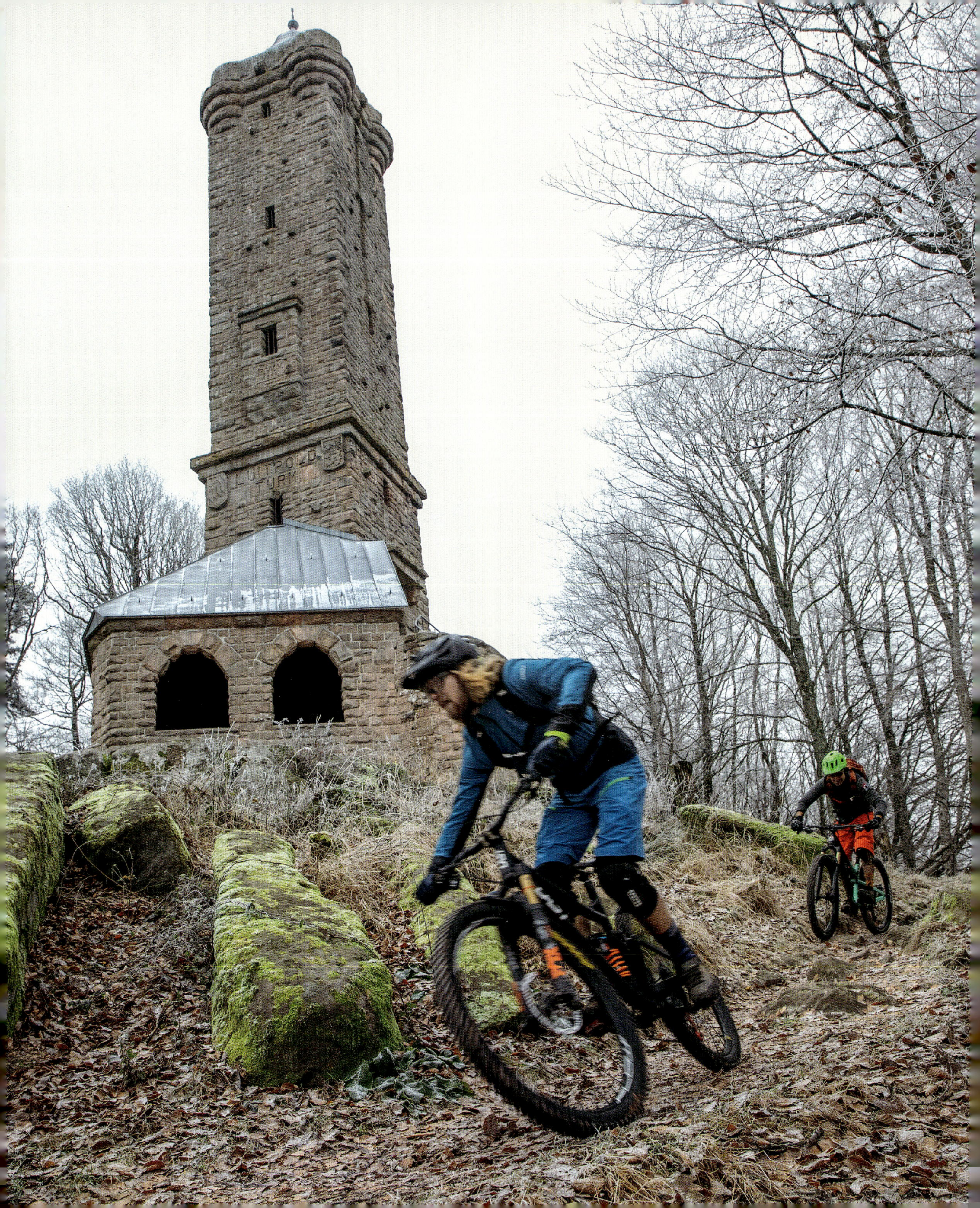
LUITPOLD
TURM

DAUER 8 STUNDEN im Tourenmodus

FAHRTECHNIK ●●●○○○ **KONDITION** ●●●●●● **ERLEBNIS** ●●●●●○ **LANDSCHAFT** ●●●●●○

25 PFALZCROSS
70 KM / 1.800 HM

MIT DEM MOUNTAINBIKE QUER DURCH DEN PFÄLZERWALD – UNTERWEGS DURCH URIGE NATUR UND LANG GEZOGENE TÄLER MIT TYPISCHEN TRAILS DER REGION. ETWAIGE ÜBERNACHTUNGEN KÖNNEN FREI GEPLANT WERDEN.

Abfahrt vom Luitpoldturm.

Die Pfalz – zu Urzeiten war diese Region schon sehr beliebt und ein Garten Eden auch für Saurier. Ein versteinerter Fußabdruck eines Ursauriers, den ein Wanderer im Jahr 2020 an einem Waldweg am Rande der Südpfalz fand, war eine geologische Sensation. Die seitdem stattfindenden Grabungen haben gezeigt, dass es in dem hiesigen Teil der Pfalz vor Ursauriern und anderem Urgetier zu Urzeiten nur so wimmelte. Stolze 200 Kilogramm schwer waren die Pareiasauridae, die vor etwa 255 Millionen Jahren in der heutigen Pfalz lebten. Die war damals, im ausgehenden Erdaltertum, ein ziemlich paradiesisches Fleckchen Erde mit subtropischem Klima, idyllisch gelegen an einer Bucht des Zechsteinmeeres, das große Teile Nord- und Mitteleuropas bedeckte. Darauf folgte ein großes Massensterben aufgrund von Klimaveränderungen, und erst 30 Millionen Jahre später keimte wieder Leben, und die Dinosaurier als Nachfahren der Ursaurier traten ihren zeitweiligen Siegeszug an. Ist man also in der Pfalz unterwegs, bewegt man sich ständig auf einem geschichtsträchtigen und urzeitlichen Fleckchen Erde. Wobei gerade die verschiedenen Gesteinsformationen, die sich im Laufe von Jahrmillionen bildeten, diverse Artefakte und Lebewesen konservieren konnten, also Augen auf auch bei diesem Mountainbiketrip, vielleicht findet man ja urzeitliche Fußabdrücke.

Bei dieser Tour wollen wir einen Teil der Pfalz von Norden bis zur französischen Grenze im Süden durchfahren. Eine anstrengende, aber sehr lohnenswerte Tour, die man gern in zwei oder drei Etappen unterteilen kann. Wir starten in Johanniskreuz und folgen zuerst einer Forststraße, biegen dann auf einen kurzen Trail ab, der uns wiederum zur Straße führt; dieser folgen wir nur kurz und fahren dann bergauf zum Eschkopfturm. Direkt am Turm beginnt ein klasse Abfahrtstrail, danach rollen wir eine Weile über breitere Waldwege wellig dahin. Nun folgt eine längere Auffahrt zum 610 Meter hohen Weißenberg. Dort wartet das nächste Highlight der Tour, der Luitpoldturm. Er besteht aus behauenem Sandstein und aus einer Freitreppe, dem eigentlichen Aussichtsturm und einem Anbau. Mit seinen knapp 35 Meter Höhe bietet er von der Aussichtsplattform freie Sicht auf

HÖHENPROFIL

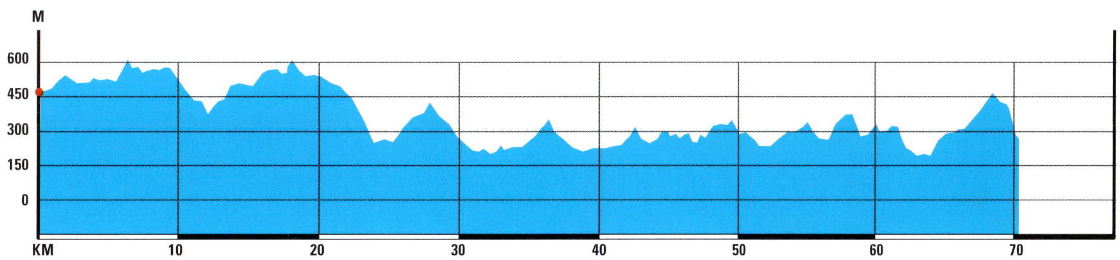

über 450 namentlich bekannte Ziele im Pfälzerwald und im angrenzenden Baden-Württemberg bis zu den Nordvogesen und dem Saarland. Den Blick von oben sollte man sich nicht entgehen lassen. Nach dem Luitpoldturm geht es zuerst auf einem etwas breiterem Weg und kurzem Trail über eine Nebenstraße zum kleinen Ort Hermersbergerhof, der exponiert auf einem Hochplateau liegt. Dieser Ort war früher auch ein Wintersportort, es gab sogar einen Skilift, der aber schon vor einiger Zeit demontiert wurde. Nach der Ortsdurchfahrt geht es auf einer sehr langen und abwechslungsreichen Abfahrt nach Wilgartswiesen. Der Trail zieht sich endlos dahin, zuerst eher flach, um dann im dichten Kiefernwald Fahrt aufzunehmen und uns rasant nach unten zu bringen. Dort angekommen, fahren wir nach Spirkelbach. Auch hier nehmen wir einen anspruchsvolleren, mit Wurzeln besetzten Trailabschnitt mit und rollen weiter über Schwanheim und Darstein nach Oberschlettenbach. Dort geht es nach einer Auffahrt am Bühlhof vorbei, einem schön gelegenen Restaurant. Nun kurbeln wir über den Ort Busenberg zum Jüngstberg, zunächst anstrengend einen Trail bergauf, um uns dann mit einem langen Downhill zu belohnen. Wieder unten angekommen, müssen wir eine Weile kurbeln und kommen nach Bundenthal, von dort geht es nochmals bergauf zu unserem finalen Downhill nach Nothweiler.

TIPP DES AUTORS

Der Luitpoldturm bietet eine Sicht auf die Sehenswürdigkeiten im Umland, aber auch auf mehr als 100 Gipfel im Pfälzerwald und den angrenzenden Nordvogesen.

START DER TOUR

Parkplatz »Haus der Nachhaltigkeit«
Johanniskreuz 1, 67705 Trippstadt

ENDE DER TOUR

Ende: Nothweiler
Hauptstraße, 76891 Nothweiler

EINKEHREN

Bühlhof
Glimbornstr. 30, 76889 Oberotterbach
www.buehlhof.de

Wasgauhütte Schwanheim
Hubertusstraße, 76848 Schwanheim
www.schöne-aussicht.de/wasgauhuette

Landgasthof Weißensteiner Hof
An der B427, 76891 Busenberg
www.weissensteinerhof.de

Landgasthaus/Hotel Zur Wegelnburg
Hauptstr. 15, 76891 Nothweiler
www.zur-wegelnburg.de

STRECKENVERLAUF

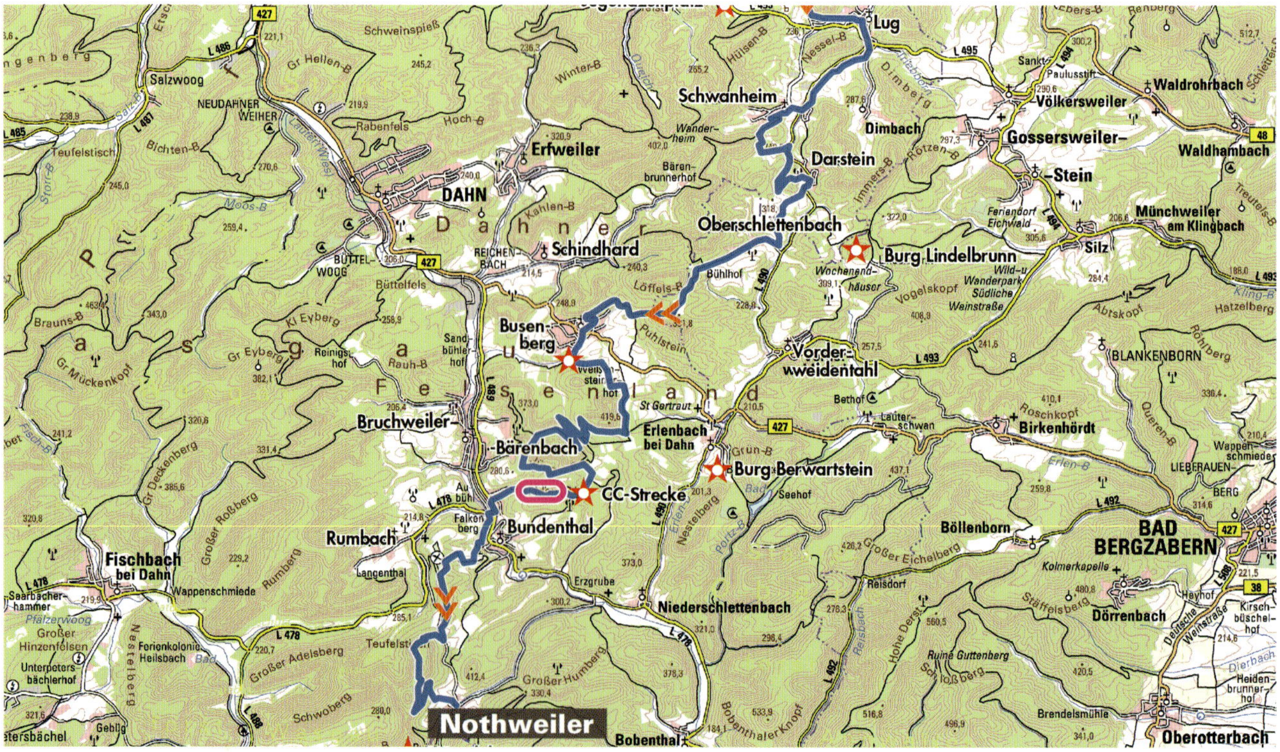

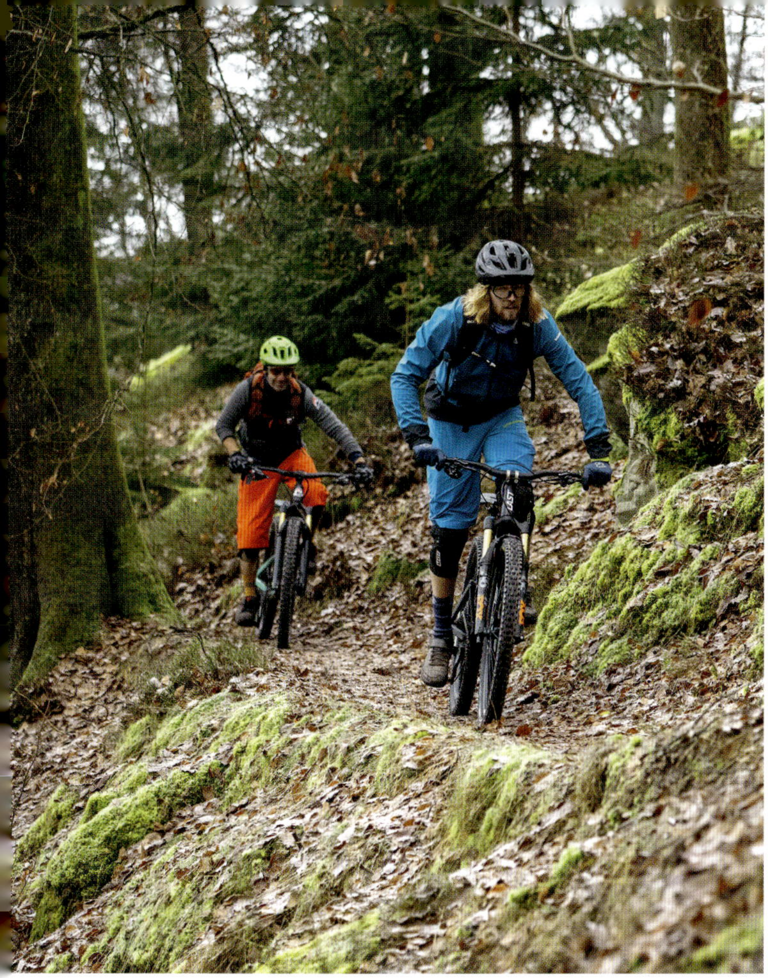

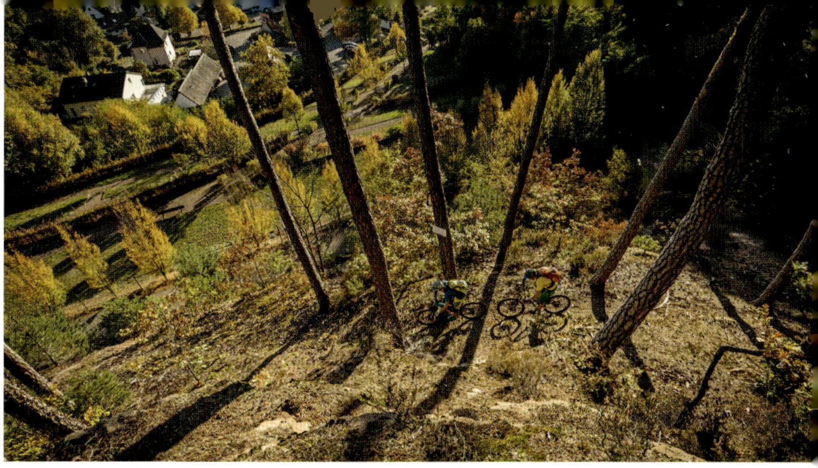

Sehenswert und erlebbar –
die Streckenführung hält einige
Überraschungen bereit, daher viel Zeit
mitnehmen und genießen.

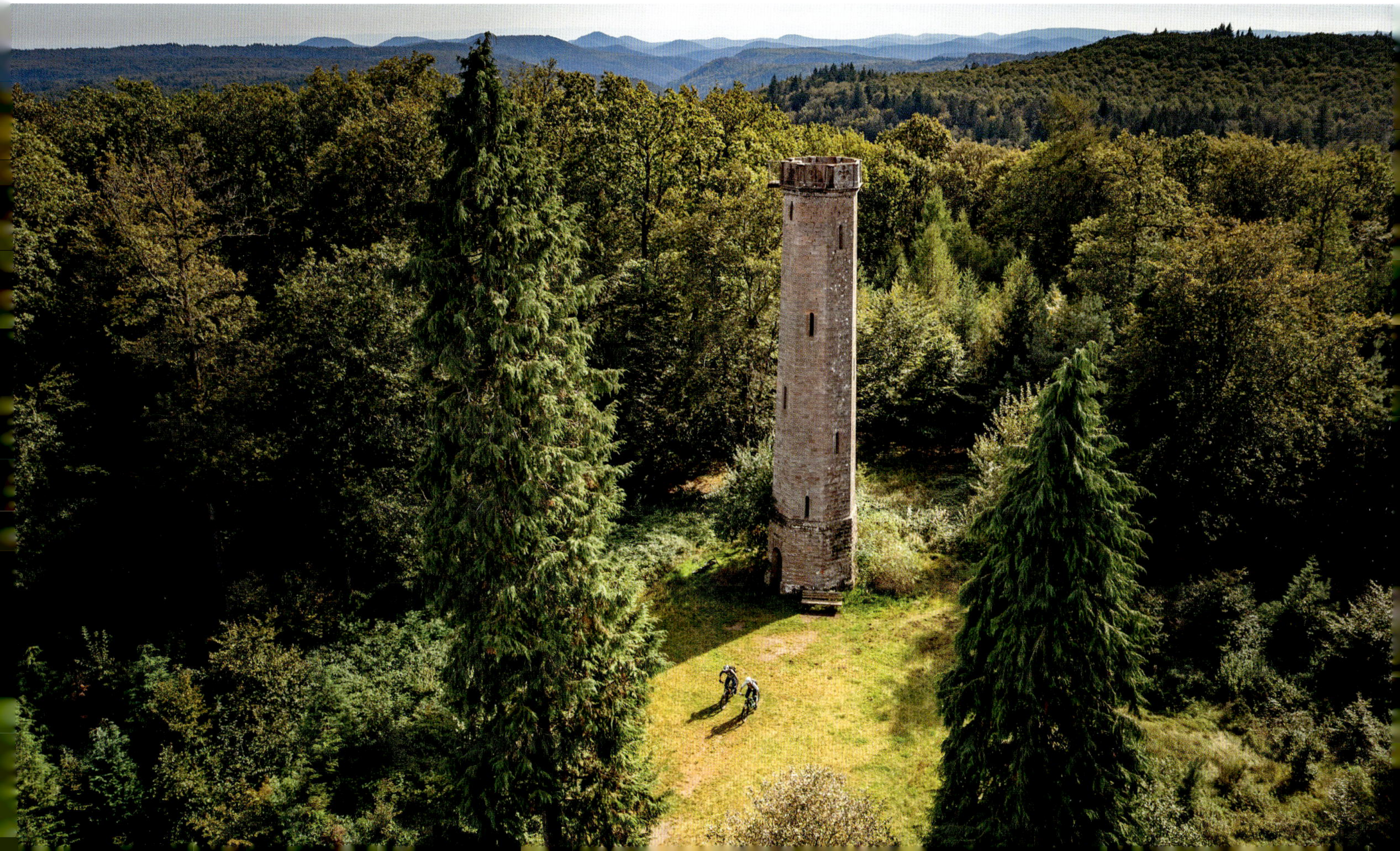

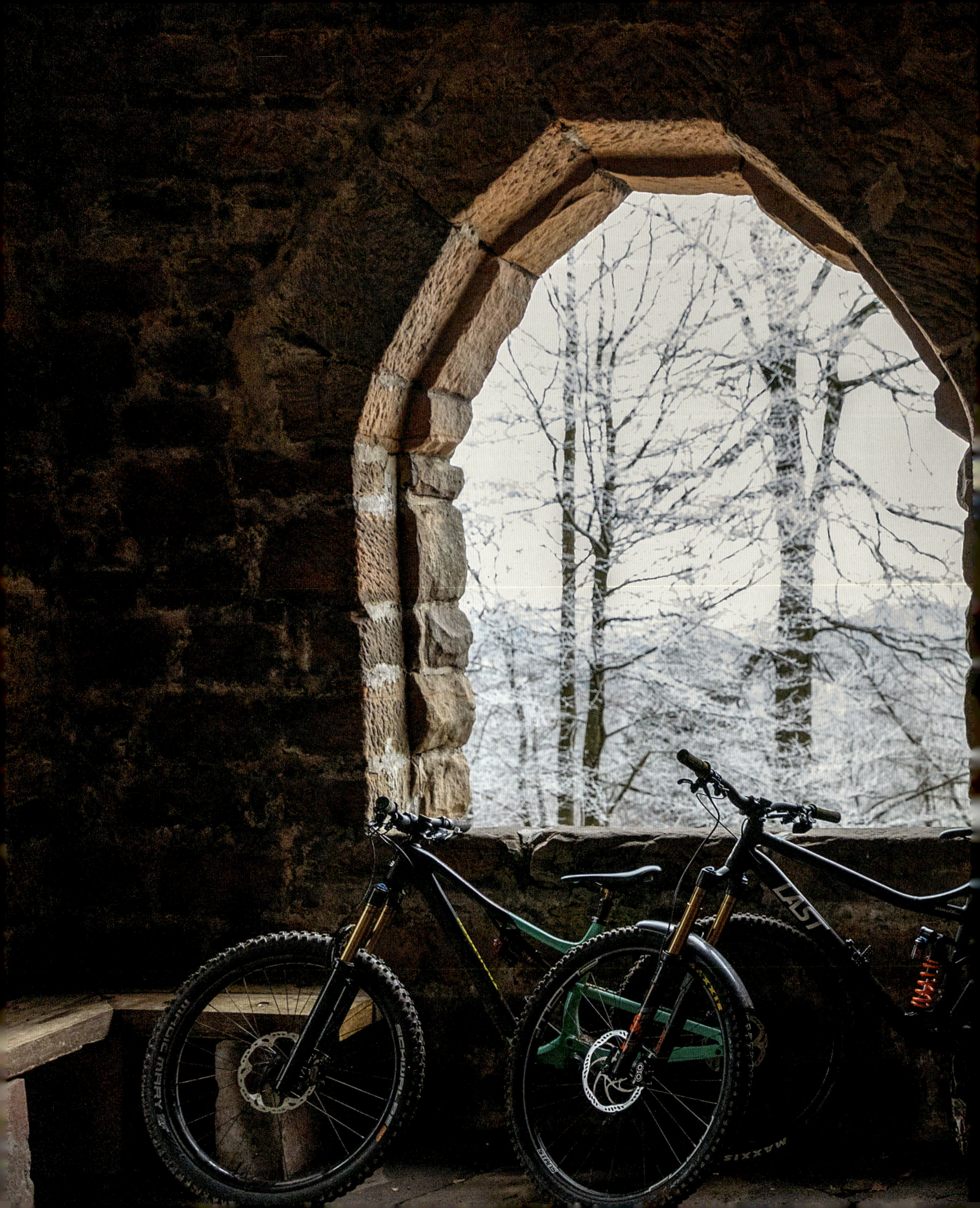
LAST

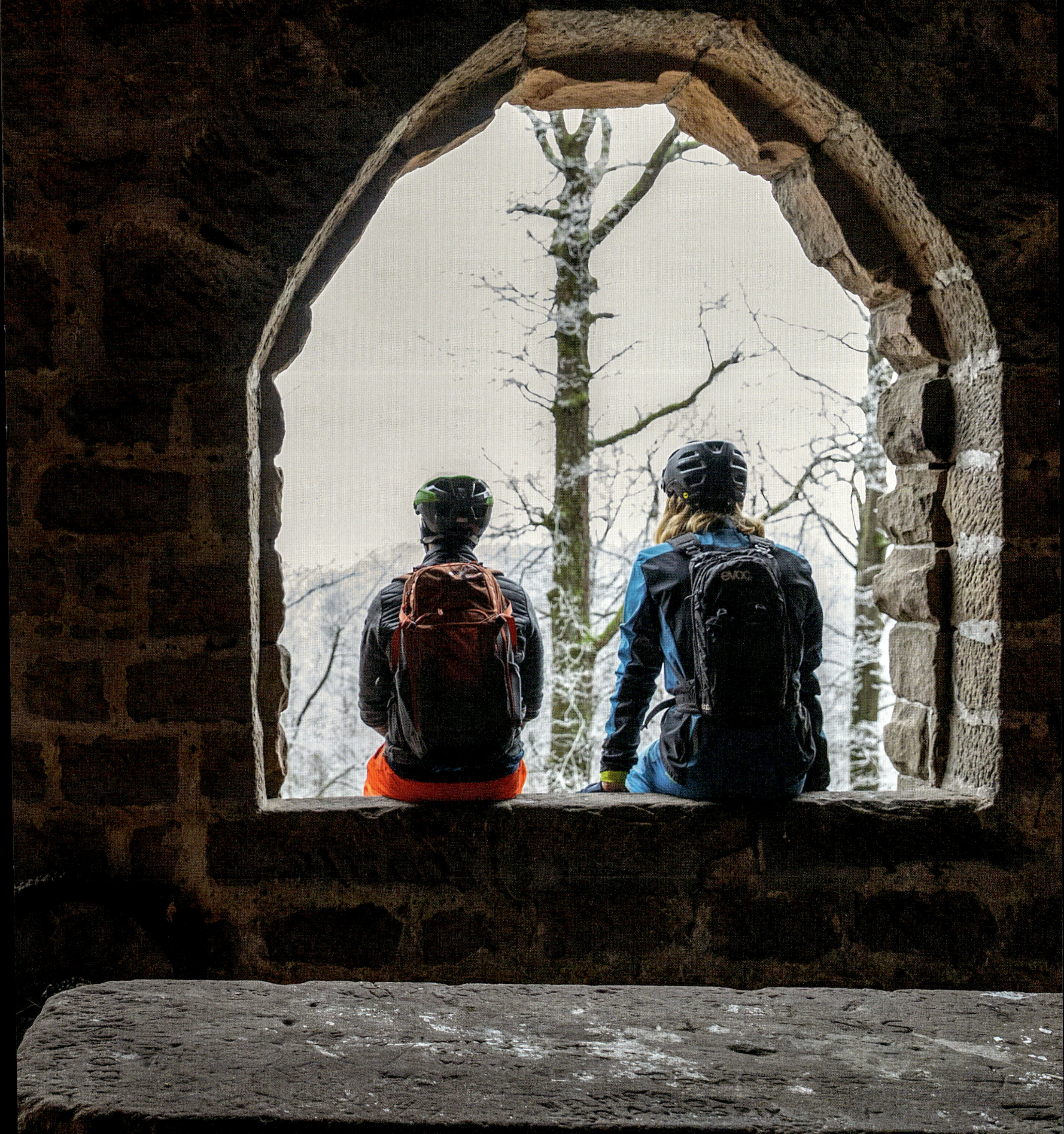

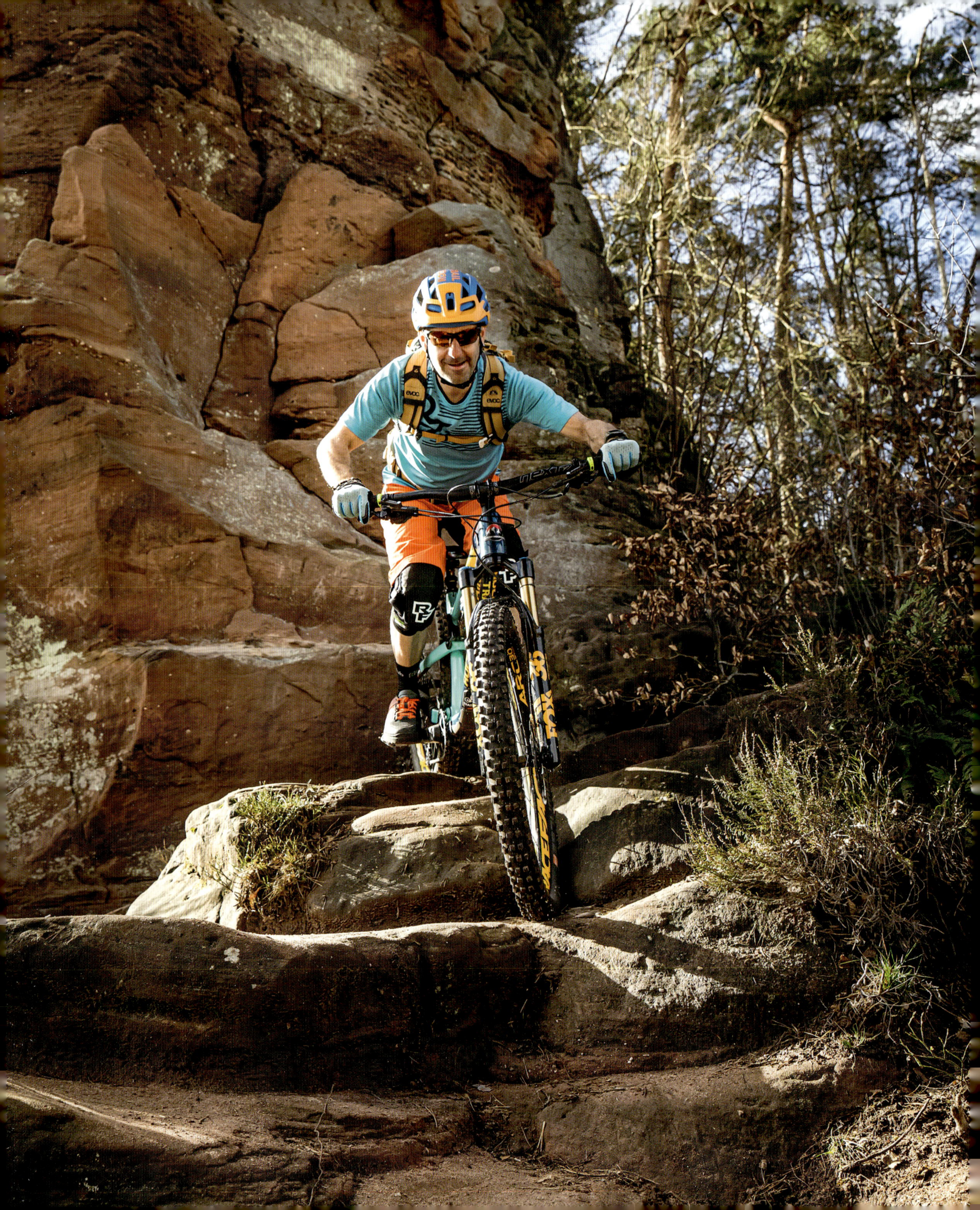

TRAILROCK
MOUNTAINBIKE-FAHRTECHNIKSCHULE UND TRAILCAMPS

MEHR SPASS UND SICHERHEIT AUF DEM MOUNTAINBIKE MIT UNSEREN FAHRTECHNIKKURSEN!

Unsere Fahrtechnikschule ist führend in Sachen professionelle, durchdachte und zielführende Fahrtechnikvermittlung auf dem Mountainbike und auf dem E-Bike! Wir garantieren mit unserer mittlerweile 15-jährigen Erfahrung erlebnisreiche Veranstaltungen und motivierte, bestens ausgebildete Guides und Fahrtechniktrainer!

TRAILCAMPS IM PFÄLZERWALD UND AUF DEN BESTEN TRAILS IN AUSGESUCHTEN BIKEREVIEREN.

Mit Trailrock einzigartige, spaßdurchtränkte und traillastige Trailcamps im Pfälzerwald und in ausgesuchten Mountainbike-Revieren in Europa erleben.

WIR BIETEN:

FAHRTECHNIKKURSE

Basic bis Advanced
Trailride
Spitzkehren/Enduro

E-BIKE-KURSE

Basic/Advanced/Spitzkehren

TRAILCAMPS

Pfälzerwald
Alpenregionen
Mittelmeerregionen
Ladies Only
und dort, wo der schöne Singletrail zu finden ist!

INFORMATIONEN/BUCHUNG

unter: *www.trailrock.de*

160

EIN HERZLICHES DANKESCHÖN FÜR EURE UNTERSTÜTZUNG

FOTOFAHRER:
Michèle Quint
Susan Brendel
Anne Wiedemann
Michael Sarter
Henning Bäumchen
Paul Schilling

SUPPORT:
Rocky Mountain Deutschland
Race Face
Evoc
Uvex Cycling
ION
Fox Factory Deutschland
Stephan Marx/
Mountainbikepark Pfälzerwald e. V.

Bibliografische Information der Deutschen Nationalbibliothek
Die Deutsche Nationalbibliothek verzeichnet diese Publikation in der Deutschen Nationalbibliografie; detaillierte bibliografische Daten sind im Internet über http://dnb.dnb.de abrufbar.

1. Auflage
ISBN 978-3-667- 12357-2

Text: Patrick Wiedemann
Fotos: Adrian Greiter
Karten und Höhenprofile: Christoph Riemeyer,
Kartengrundlage: ©GeoBasis-DE / LVermGeoRP 2021, dl-de/by-2-0, www.lvermgeo.rlp.de
Lektorat: René Stein, Stephanie Jaeschke, Petra Schomburg
Layout & Einbandgestaltung: Felix Kempf, www.fx68.de
Lithografie: Mohn Media, Gütersloh
Druck: COULEURS Print & More GmbH, Köln
Printed in Slovenia 2022

Delius Klasing Verlag
Siekerwall 21, D-33602 Bielefeld
Tel.: 0521/559-0, Fax: 0521/559-115
E-Mail: info@delius-klasing.de
www.delius-klasing.de